D1696510

Für meine Tochter und meine Enkelkinder Michelle, Ella und Nik

For my daughter and my grandchildren Michelle, Ella and Nik

Pour ma fille et mes petits-enfants Michelle, Ella et Nik

EUGÈNE REITER

Passion

für Jagd und Wildtiere in Europa

for Hunting and Wildlife in Europe

pour la Chasse et la Faune sauvage en Europe

Inhalt / Contents / Sommaire

Der Tag erwacht / *At the crack of dawn* / L'aurore	16
Wildtiere in Bewegung / *Animals in movement* / En plein mouvement	40
Am Anfang neuen Lebens / *New life* / Voir le jour	78
Im Verborgenen / *Hidden away* / Cache cache	178
Unverhoffte Momente / *Unexpected moments* / Rencontres fortuites	206
Begegnungen in Schnee und Eis / *Winter encounters* / Rencontres hivernales	322
Auf der Jagd / *Gone hunting* / A la chasse	350

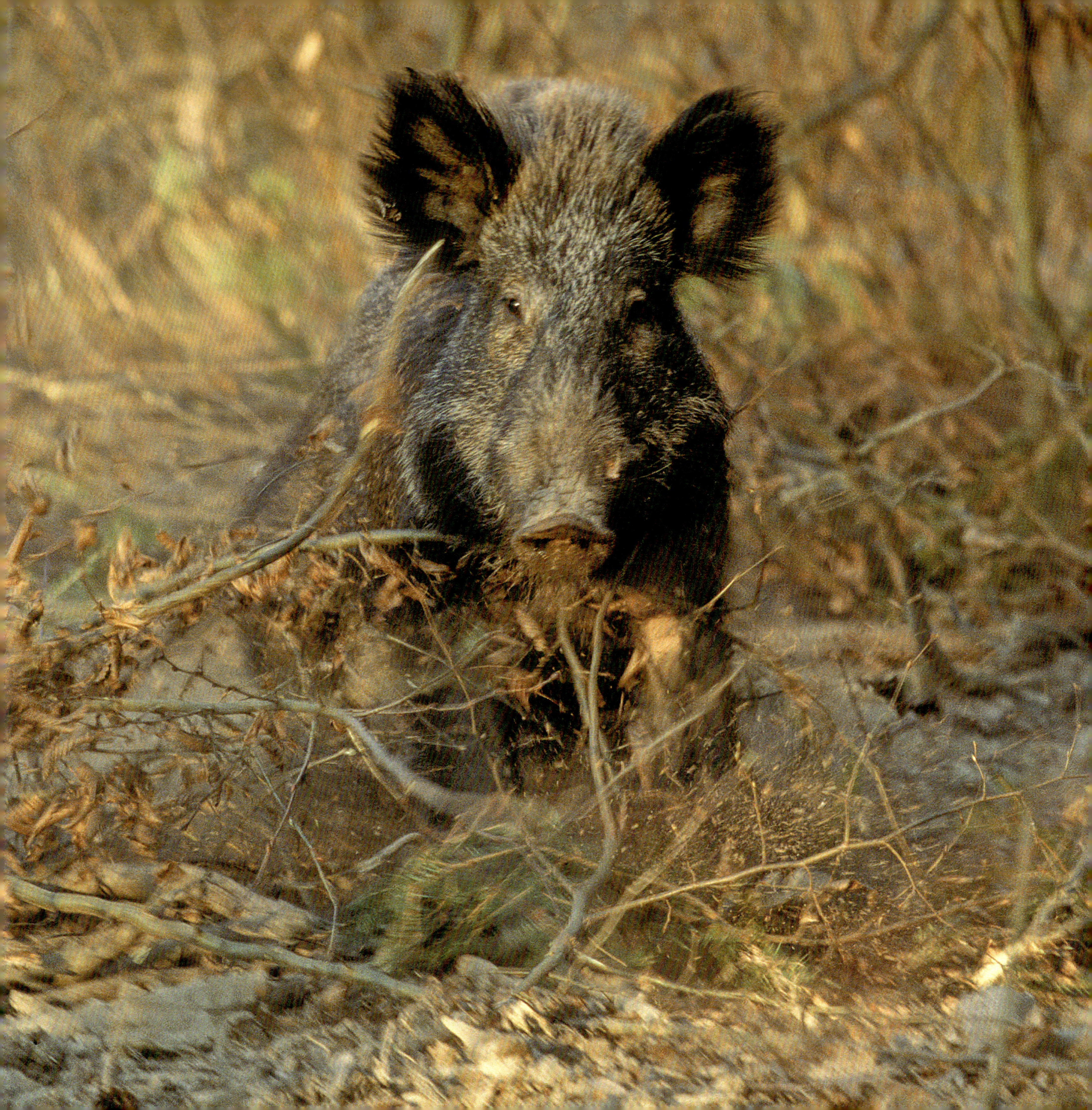

Fédération des Associations de Chasse et Conservation de la Faune Sauvage de l'UE

Wildtiere in ihrer natürlichen Umgebung zu fotografieren, setzt voraus, eine ganze Reihe von Dingen zu berücksichtigen. Dazu zählen zum Beispiel eine angemessene Ausrüstung und deren durchdachter Einsatz: Nur mit dem richtigen „Equipment" ist es möglich, so scheue und unberechenbare „Fotomodelle" wie Wildtiere auf den Film zu bannen und das ungeachtet der herrschenden Wetter- und Lichtverhältnisse. Darüber hinaus muss der Fotograf fundierte Kenntnisse über die Biologie und das Verhalten der Arten besitzen, die er zu finden hofft, und über deren Lebensraum. Und nicht zuletzt muss er ein Künstler sein, der die einzigartige Schönheit einer Szene erkennt und im Bild einzufangen vermag, um sie später mit anderen teilen zu können.
Eugène Reiter verfügt in hohem Maße über alle diese Qualitäten. Die Faszination seiner Fotos, deren Unverwechselbarkeit und auch die beeindruckende Fähigkeit, ein Szene genau im richtigen Moment aufzunehmen, verdeutlichen jedoch auch das intuitive Gefühl des Jägers. Und tatsächlich verlangt das „Erlegen" eines Tieres – ob mit der Waffe oder der Kamera – gleichermaßen das geduldige Verhalten eines Beutemachers, der die Empfindlichkeit der Wildtiere und der Ökosysteme streng respektiert.
Nachdem Eugene Reiter in vielen Teilen Europas leidenschaftlich gejagt und alle Kontinente bereist hatte – auf der Suche nach großen Erfahrungen ebenso wie nach denkwürdigen Trophäen –, beschloss er vor einigen Jahren, sich auf die Jagd mit der Fotokamera zu konzentrieren. Für ihn ist die Fotografie eine ganz spezielle Form der Jagd, die es ihm erlaubt, seine Beute mit anderen zu teilen. Dank dieses großartigen Buches hat nun ein großer Personenkreis die Gelegenheit, faszinierende Wildtiere und unberührte Natur zu erleben – und so besser verstehen zu können, warum und wie sehr Jäger in aller Welt diese Natur lieben und respektieren. Und genau diese „Passion" ist es, die nationale und internationale Jagdorganisationen wie FACE, die sieben Millionen Jäger in Europa vertritt, dazu bewegt, sich aktiv für den Erhalt der Biodiversität der Erde zu engagieren.

Zum Geleit / Preface / Préface

Für uns Jäger wie auch für andere Naturliebhaber wird jede einzelnen Seite dieses Buches zu einem Genuss, weil die brillanten Fotos unsere eigenen schönsten Erinnerungen wachrufen und in uns erneut die Höhepunkte unserer Beobachtungen, unserer Reisen, unserer Jagdausflüge und anderer Erfahrungen mit unseren Wildtieren auferstehen lassen. Wir sind dem Autor dankbar für die Freude, die er uns mit seinen Fotos bereitet, und vor allem dafür, dass er uns die unglaubliche Kostbarkeit der Artenvielfalt Europas vor Augen führt. Und uns verdeutlicht, dass wir diese Vielfalt unter allen Umständen schützen müssen, wenn wir uns weiterhin daran erfreuen und sie unseren Kindern unversehrt überlassen wollen.

Ganz hervorragend gemacht, lieber Eugène, diese Sammlung deiner schönsten Fotografien! Darauf haben deine Freunde schon lange gewartet! Dieses Buch ist das, was du wolltest, wovon du träumtest, an dem du so hart gearbeitet und das du zu einem guten Ende gebracht hast. Es ist in der Tat dein „Kind", das Werk des großen Wildtierfotografen, zu dem du geworden bist! Und wie alle, die das Privileg deiner persönlichen Bekanntschaft genießen, bin ich mir bewusst, welche Leidenschaft du für die Jagd, die Natur und die Fotografie hegst. Die hier zusammengestellte Fotoauswahl bringt diese kraftvolle Leidenschaft und dein Empfinden für die Natur, die uns allen so am Herzen liegt, intensiv zum Ausdruck.

Gilbert de Turckheim
Präsident der FACE (Zusammenschluss der
Verbände für Jagd und Wildtiererhaltung
in der EU)

*T*he successful taking of a good and attractive photograph of a wild animal in its natural environment requires numerous factors to be taken into account: such as the appropriate use of sophisticated equipment enabling the capture on film of an unpredictable and shy model; and this regardless of the weather or light conditions. The photographer must further have a thorough knowledge not only of the biology and behaviour of the species he hopes to encounter but also of the natural environment in which the creatures occur. He also needs to be an artist, expressing in his photographs the unique beauty of the scene he wants to capture before sharing it with others.

Eugene Reiter is a master of all these essential qualities. The beauty of his photos, their originality and the constant care to capture an image at the right moment illustrate his intuitive feeling as a hunter. Indeed, taking an animal as well as capturing its image requires the patient behaviour of a predator – strictly respecting the tranquillity of wildlife and of ecosystems.

The author, after having hunted passionately in many parts of Europe and visited all continents in his search for great emotions as well as memorable trophies, opted some years ago to focus on hunting with a camera. For him, photography is a very particular hunting discipline, enabling him to share his hunting bag with all his friends.

A very wide audience has now, thanks to this magnificent book, the opportunity to discover wild nature and to better understand how much hunters love and respect it. It is precisely this passion which has brought the hunters' organisations – including FACE, representing seven million hunters in Europe – to involve themselves actively in the conservation of biodiversity.

For us hunters as well as for others with a keen passion for nature, the discovery of each page of this book becomes a source of joy. The splendour of the photographs awakens our very best memories, bringing back to us the intense sensation of our observations, our travels, our hunting outings and other great encounters with the world of wildlife. We are grateful to the author for giving us so much pleasure through his photos; reminding us to what degree the diversity of Europe's nature is precious and that, in order to continue enjoying it, we must protect it at all costs so that we may bequeath it to our children.

Well done, dear Eugene: Your friends have already been waiting a long time for this splendid collection of your best photographs. This book is what you wished, about which you were dreaming, on which you have been working so hard and which you brought to a fine conclusion. It is in fact your baby, the product of the great wildlife artist you have become. And, as with all who have the privilege of getting to know you, I am aware how much you have a passion for hunting, for nature and for photography. It is thanks to these strengths that the collection of images you now offer us expresses fully your commitment to this wild nature we all love dearly.

Gilbert de Turckheim
President of FACE (Federation
of Associations for Hunting and
conservation of the EU)

Rotschenkel *(Tringa totanus)*

Redshank

Chevallier gambette

Réussir une bonne et belle photo d'un animal sauvage dans son environnement naturel exige une prise en considération d'une multitude de facteurs tels que l'utilisation adéquate d'un matériel sophistiqué permettant la prise de vue d'un modèle furtif et imprévisible en tout temps. En outre, le chasseur photographe doit connaître la biologie des espèces recherchées ainsi que leur comportement dans les habitats naturels dans lesquels elles évoluent. Finalement, il doit aussi être un artiste parvenant à traduire dans sa photo toute la beauté unique de la scène qu'il souhaite immortaliser afin de la partager avec d'autres.

Eugène Reiter excelle dans toutes ces qualités essentielles, mais la beauté de ses photos, leur originalité et ses prises de vue à l'instant juste démontrent son sens intuitif de la chasse. La capture d'un gibier, tout comme la prise de vue, nécessite en effet un comportement de prédateur patient respectant strictement la tranquillité de la faune et des écosystèmes.

L'auteur, qui a intensément chassé en de nombreuses régions d'Europe et parcouru tous les continents à la recherche de grandes émotions et de trophées mémorables, a fait le choix il y a quelques années déjà de se tourner vers la chasse photographique. Pour lui, la photo est un mode de chasse particulier lui permettant de partager son tableau avec tous ses amis.

Pour nous chasseurs, comme pour les autres naturalistes, la découverte de chaque page de ce livre est source de plaisir car la beauté des photos réveille nos meilleurs souvenirs et nous replonge dans les vécus intenses de nos observations, nos voyages, nos chasses et autres grandes rencontres avec le monde sauvage. Nous remercions l'auteur de nous procurer tant de plaisir à travers ses photos qui nous rappellent à quel point la diversité de la nature européenne est précieuse et ô combien il est crucial de la protéger pour pouvoir encore s'en réjouir et la léguer à nos enfants.

Ce magnifique ouvrage permettra à tout un chacun de découvrir la nature sauvage et de mieux comprendre à quel point les chasseurs l'aiment et la respectent. C'est précisément cette passion qui a conduit les structures de chasse – dont la FACE, représentant sept millions de chasseurs en Europe – à s'investir activement dans la conservation de la biodiversité.

Bravo, mon cher Eugène, pour ce magnifique recueil de tes plus belles photos que tous tes amis attendent depuis si longtemps. Cet ouvrage tu l'as voulu, tu en as rêvé, tu y as travaillé dur et tu l'as fait. Il est un peu ton enfant, le fruit du grand artiste animalier que tu es devenu. En effet, comme tous ceux qui ont le bonheur de te connaître, je sais combien grande est ta passion pour la chasse, la nature et la photo. Cette force qui est la tienne t'a permis de réaliser cette collection d'images qui s'offre à nous et cristallise tout ton attachement à cette nature sauvage que nous aimons tant.

Gilbert de Turckheim
Président de la FACE (Fédération des
Associations de Chasse et Conservation
de la Faune Sauvage de l'UE)

Faszinierendes Europa – so wunderschön und abwechslungsreich wie die Landschaften in diesem Teil der Erde sind, so vielfältig und einzigartig ist auch die darin lebende Tierwelt. In allen Ländern setzen sich Jäger und deren internationale Organisationen wie FACE und der CIC für ihren Erhalt ein.

Fascinating Europe – the landscapes of this part of the world are beautiful and diverse, and so is the wildlife living in them. Hunters in all countries and their international organisations like FACE and CIC engage in the conservation of wildlife and biodiversity in Europe.

L'Europe, un continent fascinant par sa beauté et la diversité de ses paysages ainsi que la faune y vivant. Dans tous les pays les chasseurs et leurs organisations internationales, tels que la FACE et le CIC, s'engagent à conserver cette richesse naturelle.

International Council for Game
and Wildlife Conservation

Eugène Reiter ist ein Idealbeispiel dafür, dass auch die Menschen des 21. Jahrhunderts noch über urzeitliche Instinkte verfügen. Das gilt vor allem für erfolgsorientierte Menschen, seien sie Fotografen, Manager, Wissenschaftler oder auch Sportler. Sie alle handeln nach einem uralten Erfolgsrezept, wollen ihre Existenz sichern und verfolgen dabei ein Ziel. Bis heute treibt den Menschen sein Beute- und Sammeltrieb an – er geht mit allen erdenklichen Raffinessen zur „Jagd": einst auf Beute aus Fleisch und Blut und heute auf den Erfolg. Der „moderne Mensch" hat sich vom urzeitlichen Ernährungsjäger zu einem Beutemacher gewandelt und den Erfordernissen seiner Zeit angepasst, seine Instinkte sind jedoch uralt und unverändert geblieben.

„Usch" Reiter war jahrzehntelang Jäger, und auch als Fotograf folgt er auf seinem Erfolgsweg diesen uralten Instinkten: Das Wild erlegt er zwar nicht mehr im klassischen Sinne, aber er jagt ihm nach allen Regeln jagdlicher Kunst hinterher. Die Jagd des Jägers nach Beute und die Jagd des Fotografen nach außergewöhnlichen Motiven haben mehr Gemeinsames als Trennendes. Hier wie dort wird das Gerät sorgsam zusammengestellt. Hier wie dort wird das Terrain nach den Erfolgsaussichten ausgesucht. Dann wird gepirscht, gelauert und das Wild beziehungsweise das Foto geschossen. In beiden Fällen geht es um die Kunst der Verstellung, der Tarnung, der Schauspielerei. Denn hier wie dort sträubt sich die Beute dagegen, „in Besitz" genommen zu werden, und macht dem Wildtier- wie dem Fotojäger mit allen verfügbaren Tricks das Leben schwer. Beiden lässt sie das Herz bis zum Hals schlagen. Und Wild- wie Fotojäger erfahren letztlich das gleiche Glücksgefühl, wenn sie erfolgreich sind. Dann halten beide etwas in den Händen. Das Haben-Wollen ist umgewandelt in Besitz.

Fotograf und Jäger – zwei jagende Beutemacher. Ihre Beute aber unterscheidet sich. Der Jäger möchte den Leib des Tieres haben, der Fotojäger dessen Abbild. Beides ist nur zu erreichen durch genaues Beobachten. Wo aber ist das Schauen dichter an der Beute als beim Fotojäger mit seiner Kamera? Der andere Jäger, der mit der Waffe, wählt die

Zum Geleit / Preface / Préface

ernstere, die endgültigere Variante. So schlägt er in den Augen vieler eine Schneise in die Zivilisation, weil er den Vorhang vor dem gesellschaftlichen Tabu des Tötens wegreißt. Da er den Tod als Bestandteil des Lebens begreift, muss und will er mit dem Tod der Tiere umgehen. Er sollte sein Tun aber nicht nur mit dem Argument der Wildstandsregulierung erklären, denn er will ebenso seinen Erfolg, die Beute. Die Regulierung des Wildbestands ist zwar wichtig, das „Ernten" aber, das Beutemachen und die Freude an diesem Tun sind die Aspekte, die man dem modernen Menschen erklären muss. Dem Menschen, der nicht mehr in und mit der Natur lebt, der die Natur nur aus „zweiter" Hand über die Medien erfährt und folglich einseitig informiert wird. Darum gibt es eine Konvention über die nachhaltige Nutzung unserer Biologischen Vielfalt, genannt CBD. Die internationale Gemeinschaft hat im Rahmen dieser Konvention mit 194 Staaten verbindlich die Richtlinien hierfür festgelegt (Addis-Abeba-Richtlinien 2004). Und der Europarat hat 2007 in seiner Europäischen Jagdcharta festgeschrieben: Die verantwortungsbewusste Nutzung ist eine ganz wesentliche Voraussetzung für den Naturschutz. Diese Vereinbarungen untermauern also die nachhaltige Nutzung der Wildtiere durch Jagd, da nur so Flora und Fauna den Schutz erhalten, den sie benötigen. Und der CIC, heute vertreten in 84 Ländern, setzt sich – im Verein mit anderen nationalen und internationalen Naturschutzverbänden einschließlich der Organisationen der Vereinten Nationen – weltweit für diese Nachhaltigkeit ein. Die Jagd – auch in der Variante der Fotojagd – ist die Schnittstelle, an der Natur und Kultur sich verschränken. Hier wird der Beutetrieb in die symbolische Ordnung der Kultur integriert und in eine soziale Form gebracht.

Fotojäger und Jäger legen sich Beschränkungen auf. Der Fotograf stört den Geburtsvorgang eines Wildtieres mit seinem „Schuss" ebenso wenig, wie der nachhaltige Jäger die Mutter eines noch abhängigen jungen Wildtieres erlegt. Der „echte" Jäger wird eher an die Körperlichkeit und Vergänglichkeit des Menschen erinnert, der Fotojäger an die Schöngeistigkeit. Obwohl diese Grenzen nicht einfach mit einem scharfen Strich zu ziehen sind, markieren sie schon einen Unterschied.

In jedem Bild von Usch Reiter ist diese auch mir so bekannte Emotion, ja Liebe, zu spüren. Er nimmt uns alle mit auf die Pirsch, lässt uns staunen und miterleben. So stellt der Fotojäger Reiter die enge Verbindung zum Ursprungsjäger her. Während dieser noch heute in vielen Teilen der Welt sein soziales Umfeld mit physischer Nahrung versorgt, versorgen Menschen wie Usch Reiter ihre Mitmenschen mit geistiger Nahrung, mit Kunst.

Aber nicht nur das: Dieser Fotograf weckt beim zunehmend naturentfremdeten urbanen Menschen unserer Zeit das tiefe Bedürfnis, sich mit den wirklichen Zusammenhängen in der Natur zu beschäftigen. Dabei wird mit diesem Werk gerade diesem interessierten – aber nicht informierten – Mitmenschen der einzige zielführende Weg, der zur Erhaltung der Biodiversität im wahrsten Sinne taugt, „vor Augen geführt": „Schützen durch Nützen". Und was daraus resultiert, ist weitaus gewinnbringender als so manche kopflos-panische Erste-Hilfe-Maßnahme an einer verunglückten Natur.

So wie es die internationale Staatengemeinschaft, so wie es in diesem Zusammenhang auch der Europarat festgehalten hat.

Dieter Schramm
Ehrenpräsident des CIC (Internationaler Jagdrat zur Erhaltung des Wildes)

E ugene Reiter is an ideal example of the principle that even humans of the 21st century still have the instincts they have inherited from the dawn of time. This applies in particular to people for whom success is important, whether they be photographers, managers, scientists, or sportsmen or sportswomen. They all act in accordance with a recipe for success which is as old as mankind. They seek to safeguard their existence, and in the process they pursue a goal. To this very day, humans pursue their hunter-gatherer instincts, going on the "hunt" with every conceivable refinement. Once it was bounty in the form of meat and blood; today it is success. "Modern man" has turned from the hunter of food of ancient days to a seeker of gain. He may have adapted to the demands of the time, but his instincts are still primeval, and remain unchanged.

"Usch" Reiter was a hunter for decades, and as a photographer he pursued the path to success by following these ancient instincts. True, he did not hunt game in the traditional sense, but he hunted in accordance with all the rules of the hunter's art. The hunt for prey and the photographer's hunt for extraordinary motifs have more in common than they have in distinction. In both cases, the implements are carefully gathered. In both cases, the terrain is spied out for its prospects of success. Then comes the stalk, the lying in wait, and then the shoot – be it of the game or the photograph. In both cases it is the art of deception, of camouflage, of playing a role which comes to the fore. In both cases, the prey resists being "taken", and uses every trick in the book to make life difficult for the hunter and the photographer alike.

Both strive to the limit to make the "kill". And, in the end, both the hunter and the photographer have that same feeling of contentment if they succeed. They both hold something in their hands, and the desire to take becomes the pleasure of having.

Photographer and hunter – two bounty hunters on the prowl. But their ultimate aim is different. The hunter wants the body of the animal, the photographer wants the picture. Both can only be won by the closest of observation. And where is the prey more closely observed than by the photographer with his camera?

The other hunter, the one with the weapon, chooses the more serious, more final variant. In the eyes of many, he gouges a piece out of civilisation, because he dares to tear the curtain back from the social taboo of death. Because he conceives of death as a basic conclusion of life, he must deal with the death of animals – and indeed seeks to do so. But he should not try to explain his acts with the argument of game management or control, because he, likewise, seeks his reward, the prey. Game management is indeed important, but it is the "harvesting", the winning of bounty and the pleasure taken in these acts that need to be explained to modern man. Man, that is, who no longer lives in and with nature, but experiences nature only "second-hand" by way of the media, and in consequence sees only one side of the argument. There is a Convention on Biodiversity (CBD), which also deals with its sustainable use. Within the framework of this Convention, the international community, in the form of 194 states, has established firm guidelines for this (the so-called Addis Ababa Guidelines, 2004). In 2007, too, the Council of Europe made its position clear in its European Charter on Hunting and Biodiversity: *Responsible use is an essential precondition for the protection of nature. These agreements, then, support and bolster the sustainable hunting of wild animals, since only in this way will both the flora and fauna be given the protection they need. The CIC, today represented in 84 countries, is committed to this sustainable hunting worldwide, in union with other national and international nature protection associations, including departments of the United Nations.*

Hunting, including the variant of the photographic hunt, is the interface at which nature and culture meet. It is here that the drive to win the bounty is integrated into the symbolic ordering of culture, and is cast into a social form.

The photographer hunter and the hunter of game impose limits on themselves. The photographer disturbs the birth process of a wild animal with his "shot" just as little as the hunter would think of killing the mother of a still dependent young animal. The "real" hunter will tend to recall the physicality and transitory nature of man; the photographer hunter will think of his aestheticism. Although it is not possible to draw a sharp delineation to these considerations, they are nevertheless clearly distinct.

In every picture by "Usch" Reiter this emotion, indeed love, can be felt, a sensation so familiar to me. He takes all of us with him on the stalk, lets us watch in fascination, lets us share the experience. This is how the photo hunter Reiter shows us the close bond with the primeval hunter. While the "real" hunter still, in many parts of the world, provides his social environment with physical nourishment, people such as "Usch" Reiter provide their fellow humans with food for the spirit, with art.

But not just that: this photographer awakes among urban people of our age, people increasingly alienated from nature, the deep need to engage with the real interconnections which pertain in nature. In this context, it is this work which, in the truest meaning of the words, brings "before the very eyes" of fellow humans, who may be interested but are not informed, the only really successful path that leads to the sustaining of biodiversity: "Protect by use". And what results from this is far more rewarding than many of panicky unthinking acts of first aid inflicted on luckless nature.

This is the path followed by the international Community of States, and so, in this connection, it is the path taken by the Council of Europe.

Dieter Schramm
Honorary President of CIC (International
Council for Game and Wildlife Conservation)

Eugène Reiter est le parfait exemple de ces personnes du 21ᵉ siècle qui ont encore un instinct primitif. C'est particulièrement le cas des gens orientés vers la réussite, qu'ils soient photographes, managers, scientifiques ou encore sportifs. Ils agissent tous selon une recette très ancienne, veulent assurer leur existence et poursuivent un but. Jusqu'à aujourd'hui, ce sont ses prises et ses récoltes qui ont fait avancer l'homme – il part à la »chasse«, autrefois de prises de chair et de sang, aujourd'hui du succès, avec toutes les ruses imaginables. L'»homme moderne« a évolué de l'état de chasseur de nourriture à celui de chasseur de proies et a su s'adapter aux exigences de son temps. Ses instincts sont cependant très anciens et n'ont pas changé.

»Usch« Reiter a été chasseur pendant des décennies, et en tant que photographe, il suit également ce très ancien instinct sur le chemin du succès. Il n'abat certes plus le gibier au sens classique du terme, mais il le poursuit en suivant les règles de l'art de la chasse. La quête de proies du chasseur et la quête de thèmes sortant de l'ordinaire du photographe ont plus de points communs que de différences. Dans les deux cas, l'appareil est assemblé avec soin. Dans les deux cas, le terrain est choisi en fonction des chances de réussite. Puis la proie ou la photo est épiée puis chassée. Dans les deux cas, l'art de la simulation, du camouflage et de l'observation entrent en jeu. Car dans les deux cas, la proie refuse de se laisser »attraper« et complique la vie du chasseur de gibier ou d'images en lui jouant tous les tours possibles. Elle fait battre le cœur des deux à la chamade. Puis le chasseur de gibier et le chasseur d'images ressentent le même sentiment de joie lorsqu'ils réussissent. Ils ont ensuite chacun quelque chose entre les mains. Le désir de possession devient réalité.

Le photographe et le chasseur sont tous les deux à la poursuite d'une proie. Mais leurs proies se différencient. Le chasseur veut avoir le corps de l'animal, le photographe son image. Les deux ne s'obtiennent que grâce à une observation méticuleuse. Mais le regard sur la proie peut-il être plus intense que chez le photographe avec son appareil?

L'autre chasseur, celui avec l'arme, choisit la variante la plus sérieuse, la plus définitive. Alors il choque de nombreuses personnes car il brise le tabou social de la mort et conçoit la mort comme un élément de la vie, il veut et doit composer avec la mort de l'animal. Il ne devrait cependant pas expliquer ses actes seulement avec l'argument de la régulation du gibier, parce qu'il désire également son succès, sa proie. La régulation du gibier est certes importante mais la »récolte«, la capture de la proie et la joie que cela procure doivent être expliquées à l'homme moderne. À l'homme qui ne vit plus dans la nature ou avec la nature, qui ne fait l'expérience de la nature qu'à travers les médias et par conséquent n'est informé que de manière unilatérale. Il existe une convention qui concerne également l'utilisation durable de notre diversité biologique, appelée CDB (Convention sur la diversité biologique). Dans le cadre de cette convention, la communauté internationale a établi de manière contractuelle avec 194 Etats des directives pour cela (appelées Directives d'Addis Abeba, 2004). Et le Conseil de l'Europe a fixé sa position par écrit en 2007 dans sa Charte européenne de la chasse et de la biodiversité : l'utilisation consciente qu'on fait de la nature est fondamentale pour sa protection. Ces accords étayent donc l'utilisation durable des animaux sauvages par la chasse car c'est seulement de cette manière que la faune et la flore reçoivent la protection nécessaire. Et le CIC, représenté aujourd'hui dans 84 pays, s'engage à soutenir cette gestion durable dans le monde entier, en association avec d'autres groupements nationaux et internationaux, y compris le département des Nations Unies.

La chasse, également dans la version de la chasse à l'image, est l'interface où nature et culture se rencontrent. Ici, le chasseur de proies est intégré dans l'ordre symbolique de la culture et se fond dans la société.

Le chasseur d'images et le chasseur se mettent des limites. Le photographe ne dérangera pas plus le déroulement de la naissance avec son »tir«, que le chasseur »durable« n'abattra la mère d'un jeune animal sauvage encore dépendant. Le »vrai« chasseur rappelle plutôt le caractère physique et éphémère de l'homme, et le photographe son caractère esthétique. Bien qu'il ne soit pas facile de tracer des frontières claires, il existe bien une différence.

Sur chaque photo de Usch Reiter, on peut ressentir cette émotion que je connais si bien, oui, l'amour. Il nous emmène tous à la chasse et nous laisse nous émerveiller et vivre cette expérience. C'est ainsi que le chasseur d'image établit un lien étroit avec le chasseur des origines. Pendant que dans de nombreuses régions du monde ce dernier ravitaille encore aujourd'hui son environnement social en nourriture physique, des hommes comme Usch Reiter ravitaillent leurs semblables en nourriture spirituelle, en art.

Mais ce photographe éveille aussi de plus en plus, chez les gens de notre époque qui ne connaissent pas la nature, le besoin d'un rapport vrai à la nature. Grâce à cette œuvre, il montre à ces personnes intéressées mais pas informées le seul chemin qui mène à la conservation de la biodiversité : »la protection par l'utilisation«. Et ce qui en résulte est bien plus profitable que quelques mesures d'urgence prises sans réfléchir dans la panique pour protéger la nature accidentée. Comme la communauté internationale et le Conseil de l'Europe l'ont établit par écrit dans ce même ordre d'idées.

Dieter Schramm
Président Honoraire du CIC (Conseil International de la Chasse et de la Conservation du Gibier)

Europäischer Wolf *(Canis lupus lupus)*

Grey wolf

Loup gris commun

Rehkitz

Roe kid

Chevrillard

Der Tag erwacht   At the crack of dawn   L'aurore

„Nachteule" ist zwar ein gängiger Begriff, um einen Menschen zu beschreiben, der seine Aktivitäten, seien dies Arbeit oder Feiern, gerne in die dunkle Hälfte des Tages legt, biologisch betrachtet sind wir aber tagaktiv. Wir können in der Dunkelheit ohne technische Hilfsmittel nicht sehen. Das mag ein Grund sein, warum es den meisten Menschen schwerfällt, die einzigartige Atmosphäre der frühen Stunden des Tages wertzuschätzen.

Die aufgehende Sonne enthüllt Schritt für Schritt die Geschehnisse in der Natur – gerade zu jenem Zeitpunkt, in dem viele Wildtiere einen Höhepunkt ihrer Aktivität erreichen: Nahrungssuche, Balz- und Revierverhalten, Jungenaufzucht, etc. Selbst unter der Landbevölkerung gibt es nur wenige, die privilegiert sind, diese kostbaren Momente zu erleben: Bauern, Fischer, Jäger, Ornithologen und natürlich – die Naturfotografen! Ausgerüstet mit Kamera, Objektiven und einer Vielzahl von großen und kleinen Ausrüstungsgegenständen kämpft der Fotograf mit schwachem Licht, um jene Momente mit der Kamera einzufangen, die er später mit einem breiten Publikum teilen möchte. Das schließt jene ein, die es nicht geschafft haben, in der Frühe das warme Bett für den Genuss der Balz des Birkhahnes im Moor zu verlassen, oder um selbst zu erleben, wie Rothirsch und Wildschweine bummelnd ihrer Deckung zustreben oder der Fuchs auf dem abgeernteten Feld jagt.

Viele Tiere sind heute allerdings nicht aus freien Stücken nachtaktiv. Dies gilt besonders für manche Wildarten. Ständige Störungen und Verfolgung durch den Menschen, einschließlich der Einflüsse der Jagd, selbst wenn diese nicht notwendigerweise das Töten beinhaltet, machen sie heimlich. Der Jäger, Wildbeobachter oder Fotograf mag sich noch so vorsichtig verhalten und sich gar unentdeckt wähnen – das Objekt seiner Suche ist ihm nicht nur „eine Nasenlänge" voraus. In den meisten Fällen nimmt es den Menschen frühzeitig wahr. Die Sinne des Wildes sind weitaus höher entwickelt, als viele glauben. Der menschliche Geruch ist intensiv und hat eine Alarmwirkung – ein steter Nachteil für uns. Die Gegenwart des Menschen in der Natur, besonders fernab der Wege und Straßen und zu ungewöhnlichen Tageszeiten wie der Morgen- oder Abenddämmerung, kann die Wildtiere auch über den Moment hinaus für längere Zeit verunsichern und somit zum heimlichen Verhalten beitragen.

Daher sollten Naturfreunde stets darauf bedacht sein, Wildtiere nicht unnötig zu belästigen, weder aus Achtlosigkeit und schon gar nicht absichtlich. Unter allen Umständen müssen sie verhindern, Wildtiere an Orten und zu Zeiten, wo sie sich sicher fühlen, zu verschrecken. Lieber ruhig vom Hochsitz oder aus einem Versteck beobachten als laufen und pirschen. Erfahrung, Können sowie große Selbstdisziplin sind ein Muss für jeden guten Jäger, Beobachter oder Fotografen.

Although some people seem to behave like owls and become more active after sunset, biologically speaking, man is a diurnal species, unable to see in darkness without the aid of technology. That is why most people are unable, or unwilling, to appreciate the remarkable ambience of the very early hours of the day, when the rising sun progressively reveals the spectacle which is that of nature. Precisely at this moment is when most wild species are at their peak of activity: searching for food, displaying courtship behaviour, caring for their young, defending their territory, etc. Even among countryside people, few are fortunate enough to witness these precious moments: farmers, anglers, hunters, some keen naturalists, and, of course, wildlife photographers. Despite high-quality lenses and other high-tech gadgets, they have to struggle with poor light conditions to capture the images they want afterwards to share with a wider audience, including those who did not manage to get out of their warm beds early enough to see the male black grouse performing at the lekking grounds, the wild boar and deer leisurely returning to safe cover or the fox hunting for prey on the harvested field.

Many animals, however, are not more or less nocturnal by choice, and this applies especially to many game species; they have become wary of daylight activities because of ongoing disturbance, harassment or even persecution by man. This includes the effect of hunting, even when it does not necessarily involve actual killing. Even when they believe they have taken sufficient precautions and are fully convinced that they have not been seen or heard by wild animals, a hunter, wildlife observer or photographer will most often have been detected by these creatures. Wildlife's senses are indeed much more developed than we may think, and the human scent is so strong, and therefore alarming, that it is an unfair disadvantage to us. Human presence in nature – in particular away from roads and paths, and certainly at unusual hours of the day, including daybreak or dusk – may continue to alarm wild animals for longer periods and contribute to their feeling of insecurity and to their secretive behaviour.

That is why wildlife enthusiasts should act with the utmost care not to harass wildlife, deliberately or by ignorance. Every precaution needs to be taken to avoid frightening wild animals at places and at times when they would normally feel secure. Too intensive stalking or walking is to be replaced by quiet observation sessions from a high-seat or hide. That is the challenge for which a good hunter, observer or photographer will have to utilise all their skills and demonstrate discipline and restraint.

Bien que certaines personnes se comportent comme des oiseaux de nuit et s'activent souvent, pour des raisons professionnelles ou plus divertissantes, bien après le coucher du soleil, il faut admettre que du point de vue biologique, l'homme est une espèce diurne, incapable de voir dans l'obscurité sans aide technique. C'est pourquoi la plupart des gens ne sont pas capables (ou n'ont pas l'envie) d'apprécier l'atmosphère unique du lever du jour, quand le soleil commence à révéler l'activité de la nature et précisément au moment où la faune sauvage a tendance à concentrer ses activités : recherche de nourriture, scènes de parade nuptiale, soins aux jeunes, défense de territoire, ... Même parmi les gens de la campagne, peu ont le privilège de pouvoir témoigner de ces instants précieux : agriculteurs, pêcheurs, chasseurs, certains naturalistes passionnés et bien entendu les photographes animaliers. Malgré des téléobjectifs de grande qualité et de nombreux gadgets technologiques, il est très difficile d'obtenir de bons clichés dans des conditions de luminosité aussi faible. Le photographe pourra ensuite les partager avec un plus grand public, et offrir même à ceux qui n'auront pas eu le courage de sortir aussi tôt de leur lit douillet, l'occasion de voir les tétras-lyres à la parade, le sanglier et le cerf retourner paisiblement au couvert ou le renard chassant sa proie sur le champ moissonné ...

De nombreux animaux ne sont toutefois pas devenus nocturnes par choix, mais plutôt par nécessité face aux dérangements, aux harcèlements et même aux persécutions de l'homme. Ceci inclut malheureusement les effets de la chasse, même si elle n'implique pas nécessairement la mise à mort. Même en prenant toutes les précautions et en étant convaincu de ne pas avoir été vu ou entendu par la faune sauvage qu'il ou elle recherche, un chasseur, un observateur ou un photographe aura pratiquement toujours été perçu par ces animaux. Le système sensoriel de la faune sauvage est en effet bien plus développé que ce que l'on pourrait imaginer et l'odeur humaine est tellement forte et donc alarmante que cela le désavantage sérieusement par rapport à l'animal. La présence humaine dans la nature – particulièrement hors des routes et chemins, et certainement à des heures inhabituelles comme au lever du jour ou à la tombée de la nuit – va parfois continuer à déranger la faune pendant une longue période et contribuer à leur sentiment d'insécurité ce qui accentuera davantage leur comportement farouche.

C'est la raison pour laquelle les passionnés de faune sauvage doivent faire attention à ne pas déranger les animaux de manière délibérée ou par ignorance; toutes les précautions doivent être prises pour éviter d'effrayer les animaux sauvages dans les lieux et les moments où ils se sentent normalement en sécurité. Une chasse à l'approche trop intensive devrait par exemple être remplacée par des sessions d'observation d'un mirador. C'est le défi que le bon chasseur, observateur ou photographe devra relever en utilisant toutes ses qualités et étant discipliné et modéré.

Auf ihrem Flug zu den Äsungsplätzen kreuzen heiser rufende Graugänse den Weg des zottigen Bassen, der in den schützenden Tageseinstand zurückwechselt.

Greylag geese, in their morning flight towards the feeding grounds, encounter some bristly creature moving back into safe cover for the day.

Les oies cendrées rencontrent durant leur vol matinal vers les lieux de nourrissage une créature hérissée qui se remet à couvert pour la journée.

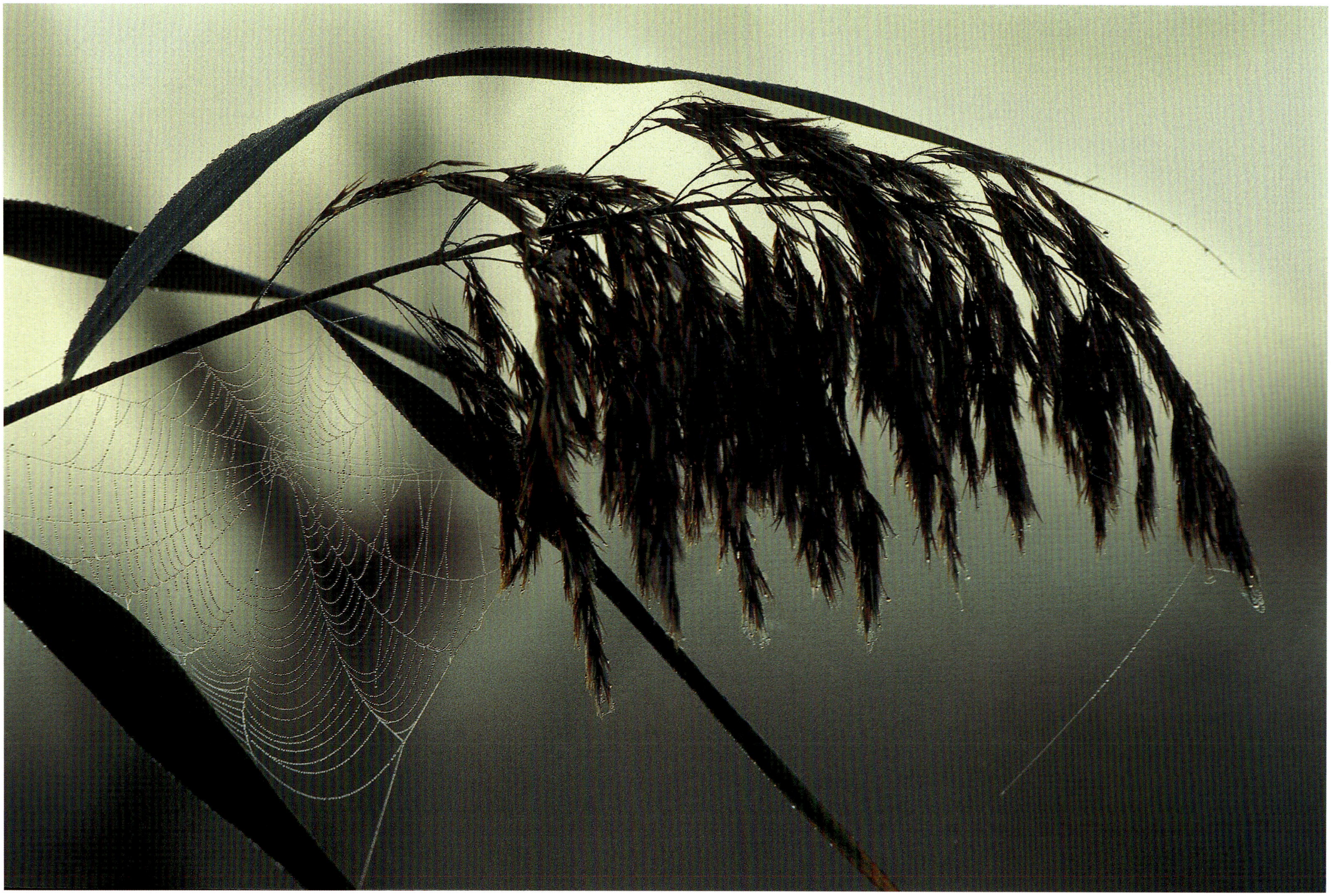

Begegnung im Morgengrauen – hinter Tausenden von glitzernden Tautropfen erschien plötzlich wie eine Fata Morgana der „König des Waldes"!

An early morning encounter: behind thousands of dewdrops there suddenly appears, like a fata morgana or mirage, the "king of the forest"!

Rencontre à l'aube: derrière un rideau de rosée, le roi de la forêt apparaît telle une Fata Morgana …

Besiegt ist die Nacht – der Tag erwacht!
„Wer den Weg zur Natur findet,
findet auch den Weg zu sich selbst!"
(Klaus Ender, Kunstfotograf)

*The night is over, the day awakens.
"He who finds the path to nature will
also find the path to himself".*

La nuit s'efface, le jour se lève. »Celui qui
trouve le chemin vers la nature, trouve
le chemin de son bien-être intérieur.«

23

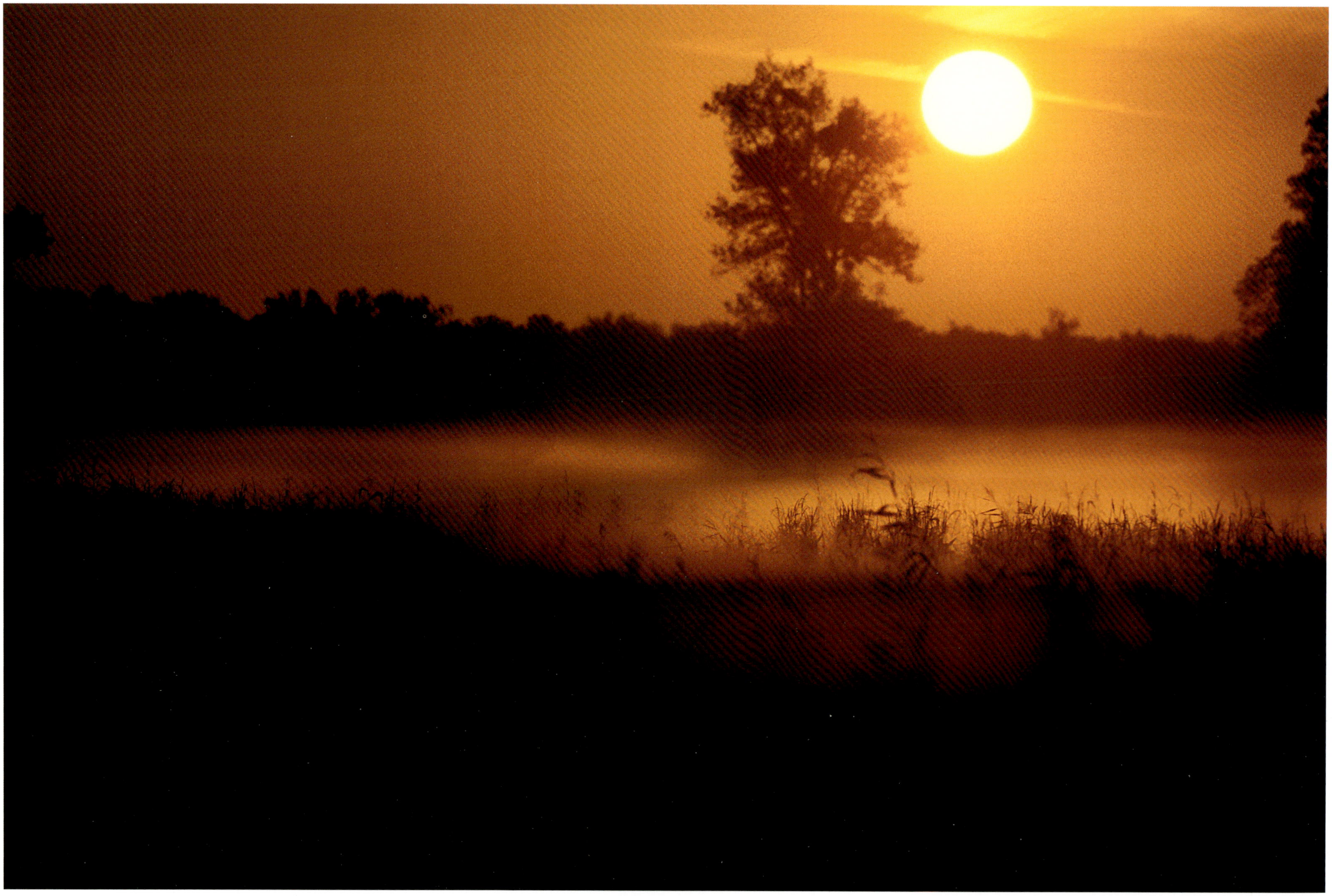

Ein starker Hirsch, Diana ist mir hold, tritt heraus ins Morgengold! – Sternstunden der Jagd mit der Fotokamera!

A fine stag – thank Diana – comes into view in the golden morning light. The finest hour for hunting with a camera!

Un cerf puissant, merci Diane, apparaît dans les rayons dorés du matin. La meilleure heure pour chasser avec son appareil photo!

Das schützende Dunkel der Nacht weicht dem Tag. Zaghaft wie das Morgenlicht geistert der Rehbock durch den Frühnebel.

Dawn removes the cover of darkness. Shy as the early light, a roebuck appears through the morning haze.

L'aurore soulève la couverture d'obscurité. Hésitant comme la lumière de l'aube, un brocard apparaît à travers la brume matinale.

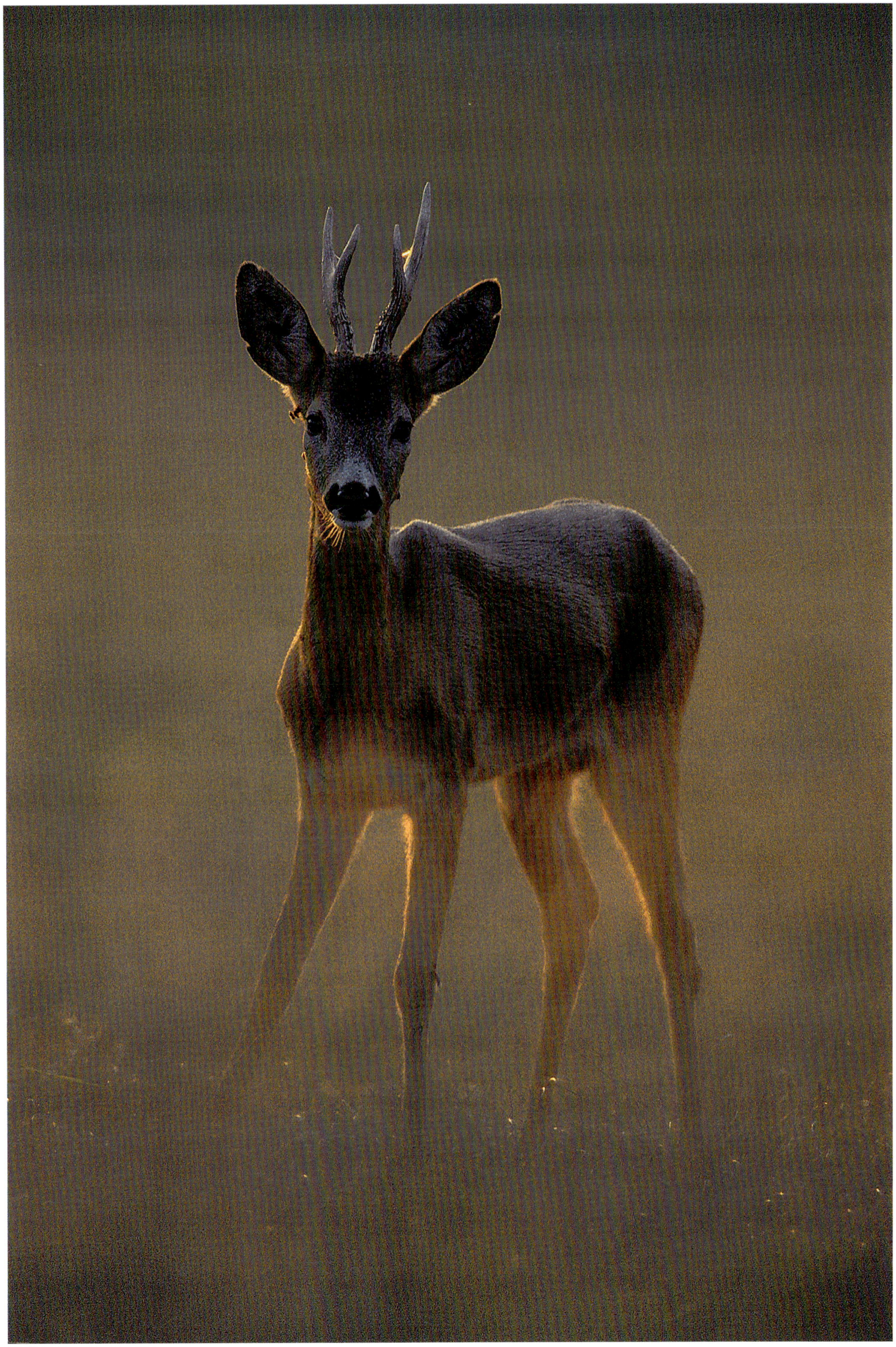

Frühjahr im Burgenland. Eine Stockente dümpelt im Morgengold des anbrechenden Tages, gockend und flatternd präsentiert sich der schillernde Fasanenhahn. Viel Glück! Die Hennen bestimmen nämlich, welchen Kavalier sie erhören. Sie sind die „heimlichen Herren" der Fasanenbalz.

Springtime in Austrian Burgenland: *a Mallard sways in the golden light of a new day, while a cock Pheasant proudly displays his courtship behaviour. Let us wish him good luck, as it is up to the hens to select their lover and to decide on the outcome of the parade ...*

Le printemps dans le Burgenland autrichien. Un colvert patauge à la lumière du jour nouveau, pendant qu'un coq faisan exécute fièrement sa parade amoureuse. Souhaitons-lui bonne chance, car ce sont les poules qui choisissent leurs partenaires et elles ne s'offrent qu'au plus valeureux.

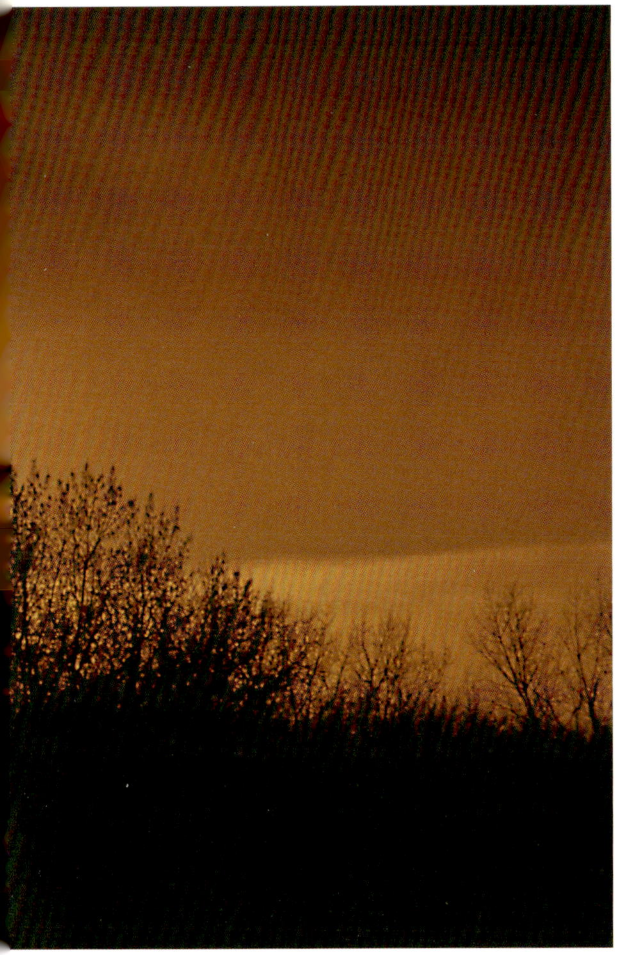

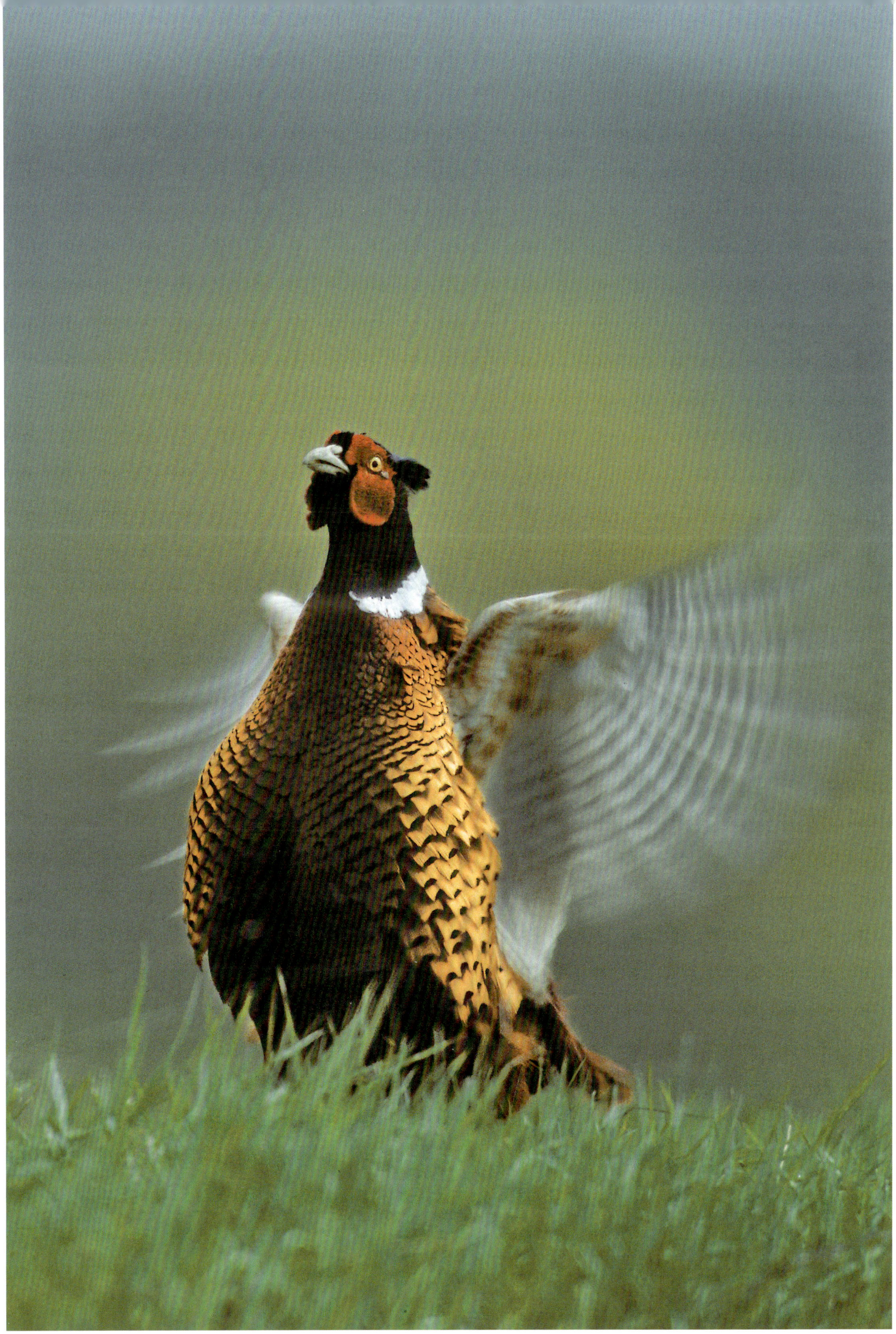

Sonne und Mond, am Himmel vereint

Sun and moon, united in the sky

Le soleil et la lune, unis dans le ciel

Für einen kurzen Augenblick nur gab der über dem Wasser aufsteigende Nebel einen verschleierten Blick auf das kleine Kahlwildrudel frei – das erste Klicken der Kamera blieb den Stücken nicht verborgen ...

For only a short moment a small herd of Red deer hinds appeared through the haze rising from the water – the animals immediately noticed the first click of my camera ...

La petite harde de biches apparaît, pour une fraction de seconde, au travers de la brume qui émane du plan d'eau – le moindre clic est repéré immédiatement par les animaux ...

Die Wettergötter sind sich uneins, über der untergehenden Sonne stehen unruhige Regenwolken am Abendhimmel ... Rastlos sind auch die Rothirsche, jetzt, zum Ende der Feistzeit. Ihre bequeme Verträglichkeit weicht zunehmender Aggressivität – nach und nach lösen sich die Feisthirschrudel auf.

Weather conditions are uncertain: under the setting sun, rainy clouds move through the evening sky ... The Red deer stags are also restless, it will soon be the rutting season and their usual tolerance is giving way to increased aggressiveness.

Les conditions atmosphériques sont incertaines: sous le soleil couchant, des nuages sombres traversent le ciel ... Les cerfs sont nerveux, le brame va commencer et leur tolérance habituelle connaît des failles et laisse place à une montée d'agressivité.

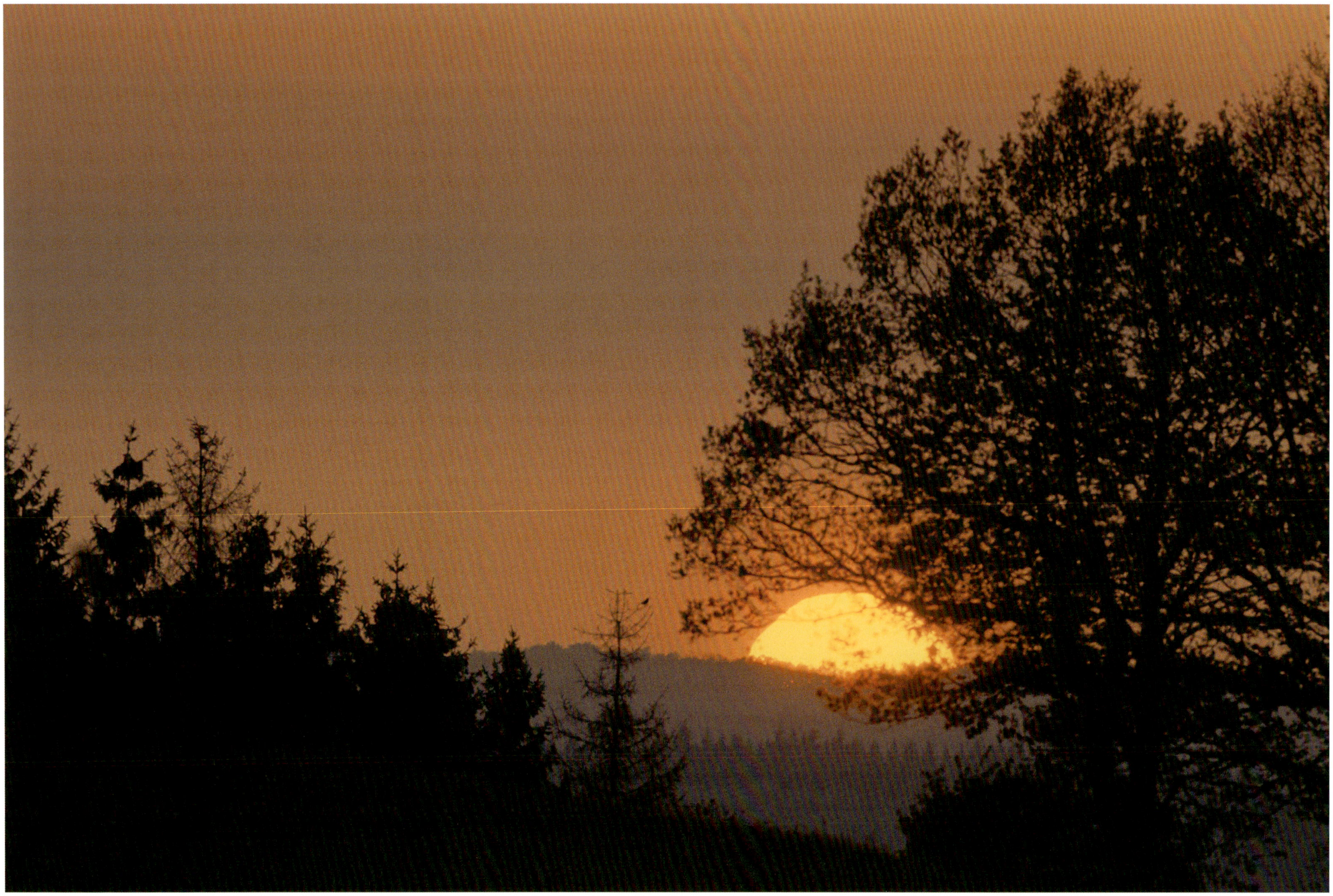

Die frisch gefegten Geweihe und die kraftstrotzenden Körper der Hirsche glänzen im Abendrot. Die „Brombeerzier" im Geweih des Letzten lässt die wachsende Unruhe und Brunftstimmung der Hirsche erahnen, die sich in Schlagen und Bodenforkeln entlädt. Zuerst werden die alten Recken unverträglicher und verlassen die Hirschrudel, zuletzt streifen nur noch die ganz jungen ziellos in Gruppen umher.

Showing off with their freshly cleaned antlers and athletic bodies, Red deer stags appear in the evening light. The tufts of vegetation stuck in the antlers of the last stag is an indication for their increasing unrest and rutting mood, expressed by hitting and tearing the soil. The oldest stags are the first to leave the "boys' band" so that only the younger ones remain in the herd.

Arborant fièrement leurs bois dénudés et leurs corps athlétiques, les cerfs apparaissent dans la rougeur du soleil couchant. La végétation accrochée dans les bois du dernier cerf est signe de leur nervosité à l'approche de la période de rut, exprimée en tapant et frottant le sol. Les vieux cerfs sont les premiers à quitter la »bande« et laissent uniquement les jeunes dans la harde.

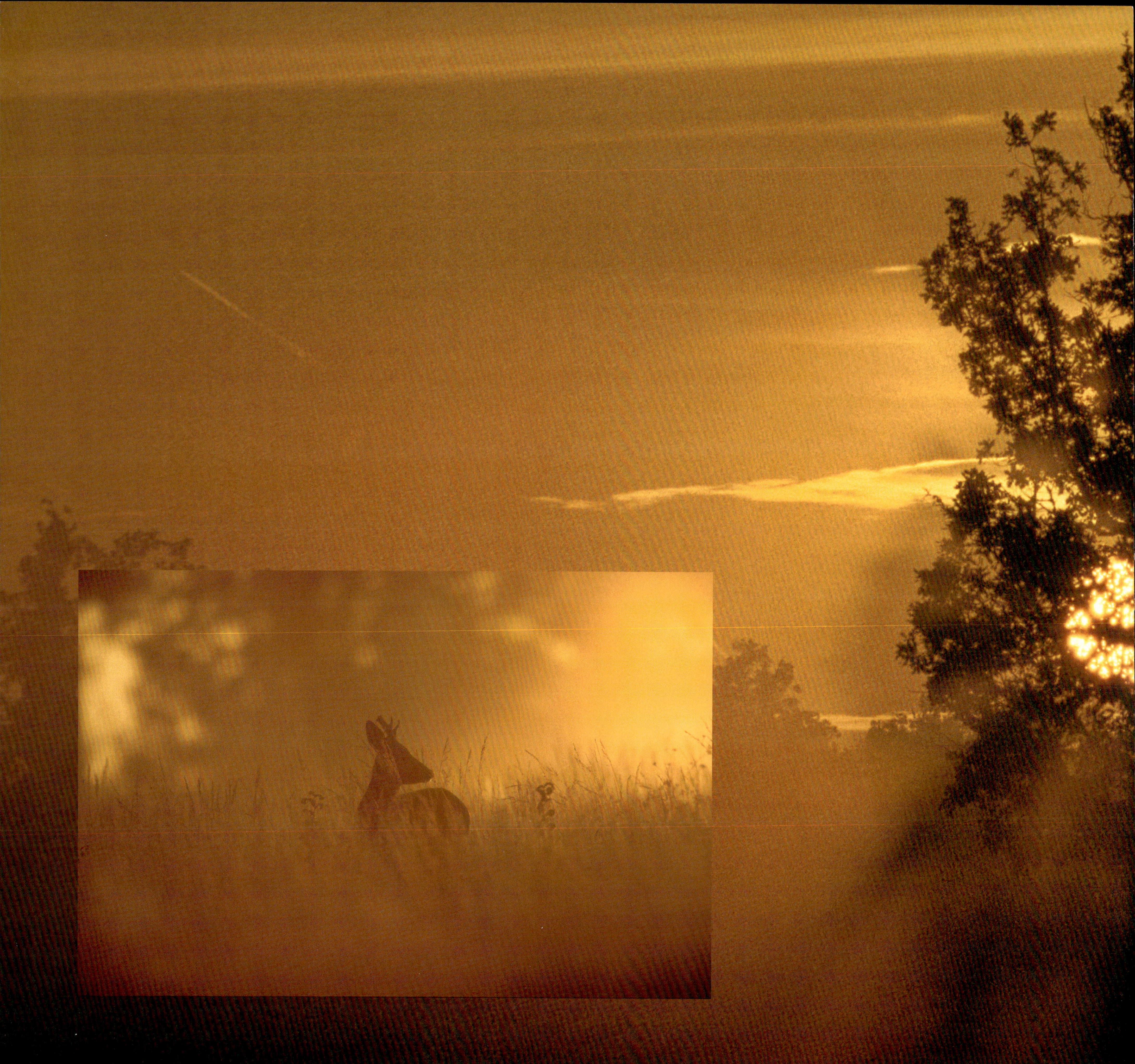

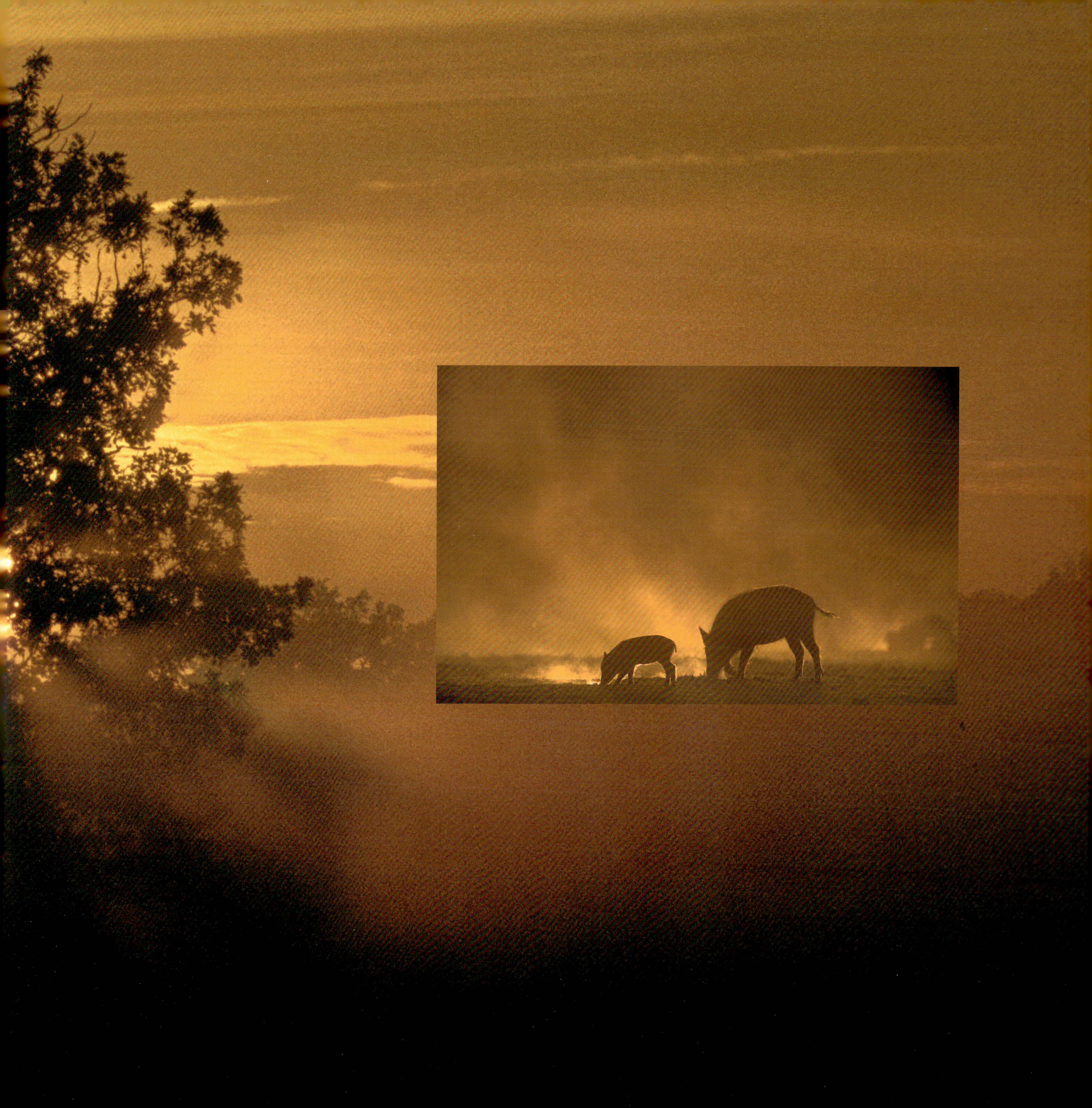

38

Roter Fingerhut (*Digitalis purpurea*)

Purple foxglove

Digitale pourpre

Dieser Bildband möchte Sie mitnehmen auf einen fotografischen Streifzug durch die paradiesischen Wildbahnen Europas. Um die beeindruckende Schönheit und versteckte Vielfalt der Natur wahrzunehmen, braucht man oft aber „Augen wie ein Luchs". Die meisten Wildtiere sind „wahre Meister der Tarnung", und selbst der geübte Beobachter entdeckt sie nur bei genauem Hinschauen. Versuchen Sie Ihr Glück auf diesen Bildern!

This book aims to take you on a photographic tour of the splendid wilderness areas in Europe. In order to fully observe and enjoy the impressive beauty and hidden diversity of Nature, a pair of "lynx eyes", however, would be useful. Most wild animals are true champions in keeping a low profile and even for an experienced observer it is often not easy to discover them. Try for yourself on these pictures!

L'ambition de ce livre est de vous faire visiter les plus belles zones de nature vierge d'Europe par le biais de la photographie. Pour pouvoir pleinement l'apprécier et observer la beauté impressionnante et la diversité cachée de la nature, des yeux de lynx vous seraient bien utiles. La plupart des animaux sont de véritables champions du camouflage et même un observateur expérimenté pourrait les manquer. Faites-en le test avec ces photos!

Wildtiere in Bewegung   Animals in movement   En plein mouvement

Für die meisten Lebewesen ist Wegrennen oder -fliegen die übliche Reaktion, wenn sie sich in Gefahr wähnen, z. B. durch den Menschen bedroht fühlen, oder einfach überrascht werden. Selbst für Tierarten, die deutlich größer und stärker sind als der Mensch wie etwa Braunbär oder Elchbulle, ist die Flucht vor ihm im Laufe der Evolution zu einem Selbsterhaltungstrieb geworden. Schnelle Bewegungen – Fliegen, Laufen und Springen – sind ebenso ganz natürliche Verhaltensmuster, wie sie auf den Wanderungen, bei der Suche nach neuen Nahrungsplätzen, auf der Flucht vor Räubern, beim Kampf oder der Jagd nach Beutetieren Anwendung finden. Da allerdings die meisten dieser Bewegungen sehr schnell ablaufen, werden sie vom menschlichen Auge nicht im Detail wahrgenommen. Es ist eine der größten Herausforderungen für den Wildtierfotografen, diese Momente kaum wahrnehmbarer Bewegung mit der Kamera einzufangen und dem späteren Betrachter vor Augen zu führen.

Bedenkt man die widrigen Lichtverhältnisse, unter denen gerade der Wildtierfotograf oft arbeiten muss – nur in Ausnahmefälle präsentieren sich Wildtiere in bestem Tageslicht –, sowie die Komplexität und Anforderungen seiner technischen Ausrüstung und noch dazu die Unvorhersehbarkeit des tierischen Verhaltens, wird leicht verständlich, dass eine gute Aufnahme eines Wildtieres in schneller Bewegung ein wahres Kunstwerk ist!
Eine weitere Herausforderung für ein wirklich gutes Wildtierfoto ist die Bewegung des Tieres selbst: Sie soll in aller Regel natürlich sein und nicht das Resultat einer plötzlichen Flucht vor dem anwesenden Beobachter.
Hier ist nicht selten ein ausgeprägtes Maß an Geduld gefragt! Der Fotograf muss oftmals Stunden, wenn nicht Tage, bewegungslos und still in Kälte oder Hitze verharren, darf nicht einmal die Beine strecken und muss sich von unzähligen Mücken stechen lassen – bis es passiert!

Dieses Es, dieser Moment mag auch gar nicht kommen, oder ausgerechnet in einem Augenblick nachlassender Konzentration, bei besonders schwachem Licht oder während eines kräftigen Regenschauers, sodass nach stundenlangem Warten eine gelungene Aufnahme unmöglich ist. Dennoch ist das Warten für den aufmerksamen Naturliebhaber – und zu ihnen zählt der passionierte Wildtierfotograf wie kaum ein anderer – nie langweilig. Es passiert immer „etwas" in der Natur, wenn auch dieses „etwas" oft nicht immer so spektakulär ist, dass es im Bild festgehalten zu werden verdient: ein Pärchen Rotkehlchen, das seine Jungen nur wenige Meter vom Versteck entfernt füttert, zwei Käfer, die sich um eine saftige Beere balgen, oder ein Wiesel, das eine unvorsichtige Maus anpirscht – auch dies ist Natur in all ihrer Vielfalt.

For the vast majority of wild creatures, running off or flying away is by far the most common reaction when feeling threatened or being taken by surprise, in particular by humans. Even for species far stronger than human beings, such as the brown bear or the moose bull, fleeing is an instinct, an automatic survival mechanism that compels them to move. But flying, running, or jumping are, of course, also natural behaviour patterns, be it for migration, seeking new feeding areas, escaping from predators, or fighting or chasing other animals.

While most of these movements occur too quickly for the human eye to record them fully, it is the challenge for wildlife photographers to immortalise them in their pictures. Considering the poor light conditions under which they have to operate (as most of the time wild animals will not emerge in bright daylight), the complexity and technical demands of their equipment and the unforeseeable character of animal behaviour, a good photograph of a wild animal in rapid movement is truly a piece of art.

An additional challenge for the wildlife photographer is that the movement of the animal should be natural and not simply the result of it escaping the unexpected presence of man. This too will require the photographer to spend many hours, or even days, waiting patiently, motionless and in total silence, despite the freezing or baking temperatures, in a confined or cramped space in which one cannot hope to stretch one's legs, until it happens. But this it may never happen or, if it does, it is likely to be just at a moment when one has let down one's guard or there is particularly poor light or weather conditions. And yet, this waiting is seldom completely boring. There is almost always something going on in nature, even if this "something" is not spectacular enough to deserve being photographed: a pair of robins feeding their young in the nest, two beetles fighting for a juicy berry or a weasel stalking some careless mice, all taking place only a few metres away from the hide. That, too, is nature in all its diversity.

Pour la grande majorité des créatures sauvages, la fuite est de loin la réaction la plus répandue quand elles se sentent menacées ou prises en surprise, en particulier par l'homme. Même des espèces bien plus fortes que l'homme comme l'ours brun ou l'élan s'enfuiront par instinct, un mécanisme de survie automatique qui les pousse à s'éloigner. Voler, courir, sauter sont bien entendu aussi des comportements naturels pour migrer, chercher de la nourriture, échapper à des prédateurs, se battre ou poursuivre d'autres animaux. Alors que la plupart de ces mouvements se produisent trop rapidement pour que l'œil humain puisse les enregistrer complètement, c'est le défi des photographes animaliers de les immortaliser dans leurs photos. En considérant la faible luminosité avec laquelle ils doivent travailler – vu que les animaux sauvages ont tendance à ne pas se présenter en pleine journée – la complexité et les nécessités techniques de leur matériel et le caractère imprévisible du comportement animal, il faut considérer une bonne photo d'un animal sauvage en mouvement comme une véritable œuvre d'art.

Un défi supplémentaire pour un photographe animalier est que le mouvement de l'animal doit être naturel et pas seulement une fuite face à la présence inattendue de l'homme. Ceci va imposer également au photographe de passer de longues heures, ou même des journées entières, à attendre patiemment sans bouger et dans un silence total, malgré le froid ou la chaleur, confiné dans un lieu étroit où il n'est même pas question d'étendre ne fut-ce qu'une jambe, avant que LA chose ne se produise. Mais cet événement peut très bien ne jamais arriver, ou survenir durant un instant d'inattention ou dans des conditions de lumière ou de météo trop mauvaises. Cette attente n'est cependant que très rarement ennuyante. Il y a presque toujours quelque chose qui se passe dans la nature même si ce n'est pas toujours suffisamment spectaculaire pour le fixer sur une pellicule : un couple de rouges-gorges nourrissant les jeunes au nid, deux scarabées se battant pour une baie juteuse ou une fouine chassant une souris imprudente, tout ceci à quelques mètres de l'observatoire. Ceci aussi fait partie de la nature dans toute sa diversité.

Begegnungen in Schwarz ...

Black encounters ...

Rencontres en noir ...

Im pastellfarbenen Morgenlicht späht der Terzel der Rohrweihe *(Circus aeroginosus)* schon nach Beute.

In the pastel morning light, a Marsh harrier searches for its prey.

Dans la lumière pastel du matin, le busard des roseaux cherche sa proie.

Der weißgesichtige Rehbock hat es eilig ...

The white-faced roebuck is in a hurry ...

Le brocard à la tête blanche est pressé ...

Die Segnungen der „modernen Landwirtschaft". Was hier geschieht, ist nicht immer nur „unkrautvernichtend".

The blessings of "modern farming". This is more than just killing weeds.

Les bienfaits de »l'agriculture moderne«. Il s'agit de bien plus que de tuer des mauvaises herbes.

Auch der Neuntöter *(Lanius collurio)* ergreift die Flucht.

The Red-backed shrike too decides to take flight.

La pie-grièche écorcheur décide elle aussi de se sauver.

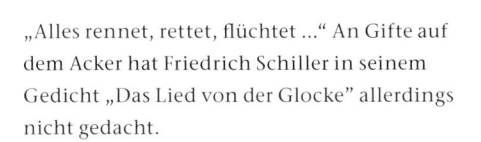

„Alles rennet, rettet, flüchtet ..." An Gifte auf dem Acker hat Friedrich Schiller in seinem Gedicht „Das Lied von der Glocke" allerdings nicht gedacht.

"Everyone runs, rescues, flees ..." When the famous German poet and philosopher Schiller wrote his poem Song of the Bell, *it was not pesticides he had in mind.*

»Tous courent, se sauvent, s'enfuient ...« Lorsque le célèbre poète et philosophe SCHILLER a écrit sa »chanson de la cloche«, il ne pensait pas aux pesticides.

Weidenkätzchen, von filigranem Samt überzogen

Goat willow, covered with a filigree of dust

Saule marsault couvert d'une pellicule de velours

Gelassenheit strahlt die Schafstelze aus. Ganz anders der etwa drei Wochen alte Frischling im „Streifenpyjama" – Anschluss verpasst?

Resignation seems to be the mood of the Yellow wagtail. The attitude of the tree-week-old piglet in its "pyjamas" is very different: is it missing affection?

La bergeronnette printanière semble d'humeur résignée; une attitude très différente de celle de ce marcassin d'à peine trois semaines dans son pyjama rayé qui rattrape son retard.

Purpurnessel (*Lamium purpureum*)

Purple deadnettle

Lamier pourpre

Hochflüchtiges Rehwild – bei dieser Aufnahme leistete mir der ungehindert jagende Hund einer joggenden Dame „Schützenhilfe".

Fleeing Roe deer – taking this picture became possible with the "assistance" of the loose-running dog belonging to a woman jogging nearby.

Chevreuil en fuite – ce cliché a été possible grâce au »concours« d'une joggeuse et de son chien chassant librement.

Prellsprünge sind typisch für Damwild *(Dama dama)*: Schon bei mäßig flotter Gangart schnellt es gazellenartig mit allen vier Läufen gleichzeitig in die Höhe. Das Tier erinnert dabei an Walt Disneys „Bambi" – *das* Symbol für die wenig hilfreiche „Vermenschlichung" der Tierwelt schlechthin ...

"Stotting" or "pronking" is typical of Fallow deer: already at lower speed, they tend to run by jumping up in the air with all four legs simultaneously up in the air, in a gazelle-like manner. It also makes them look like Walt Disney's "Bambi" – the symbol for the rather unhelpful "humanising" of wild animals ...

Le bond est typique pour le daim: déjà à vitesse réduite, il aura tendance à courir telle une gazelle en levant les quatre pattes en l'air. De là sa ressemblance avec le célèbre Bambi de Walt Disney, *le* symbole de l' »humanisation« des animaux sauvages qui nous cause tellement de torts.

Auch dieser Damhirsch beherrscht das „Prellen".

Even the young Fallow buck is able to "pronk".

Même le daim mâle peut bondir.

Der eine landet elegant, der andere startet kraftvoll vom Wasser. Der gelbe Schnabelgrund des Singschwans *(Cygnus cygnus)* ist höckerlos, im Gegensatz zu dem orangenen Schnabel des Höckerschwans *(Cygnus olor)*.

While the one is landing elegantly, the other takes off from the water in full strength. The yellow beak of the Whooper swan lacks the bump on the orange beak of the Mute swan.

Tandis que l'un se pose élégamment, l'autre décolle de la surface en puissance. Il manque au bec jaune du cygne sauvage la bosse du bec orange du cygne tuberculé.

Junge Mittelmeermöwe (*Larus michahellis*)

Young yellow-legged gull

Jeune goéland leucouphée

Neugierig und aufmerksam verfolgt das Rotkehlchen *(Erithacus rubecula)* die „saumäßige" Show des Borstenträgers nach dem Bade.

With curiosity and interest, the Robin observes the "piggy" show of the bristly creatures after bathing.

Le rouge-gorge observe, avec intérêt et curiosité, le spectacle »cochon« d'une créature hirsute après son bain.

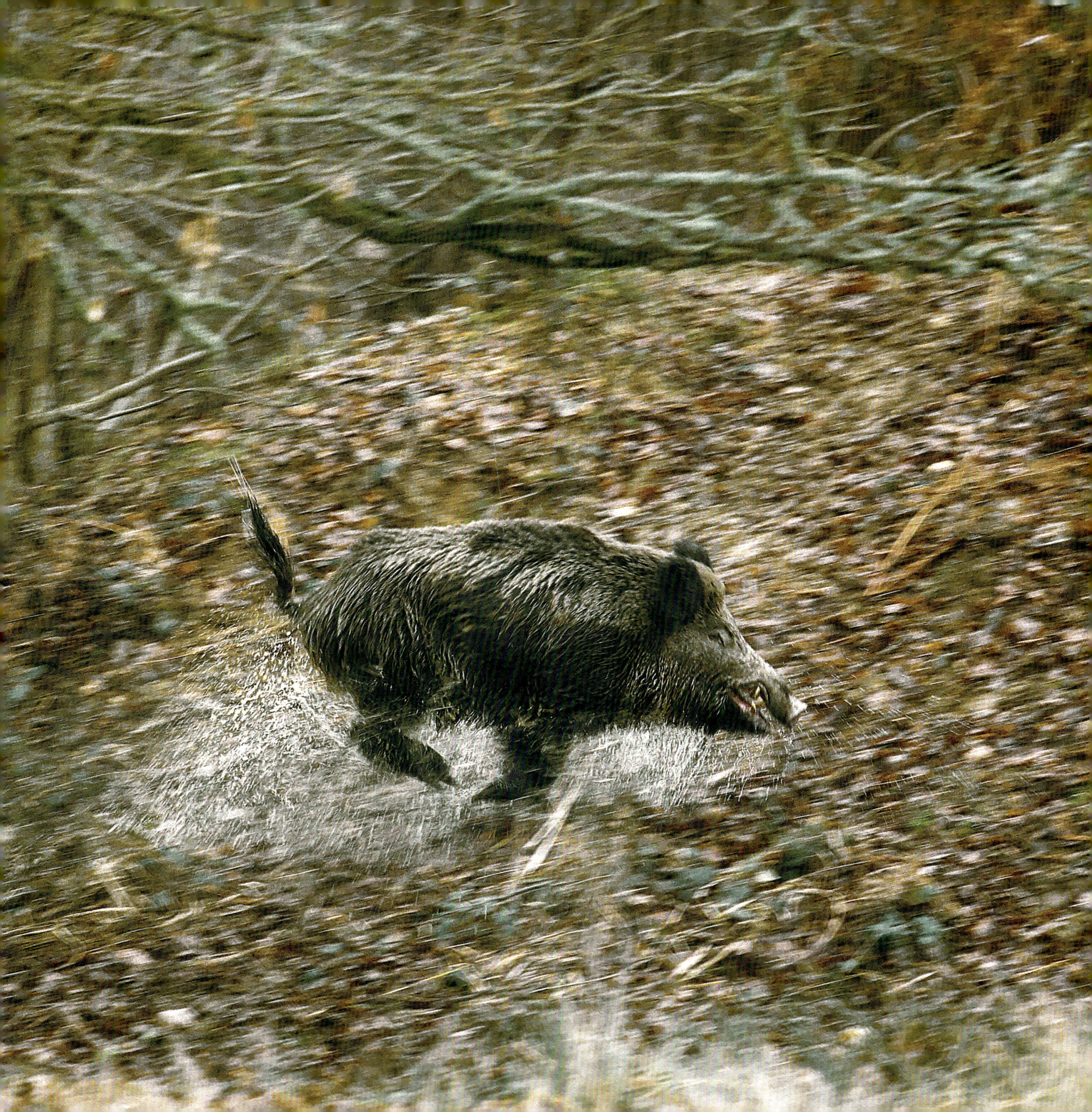

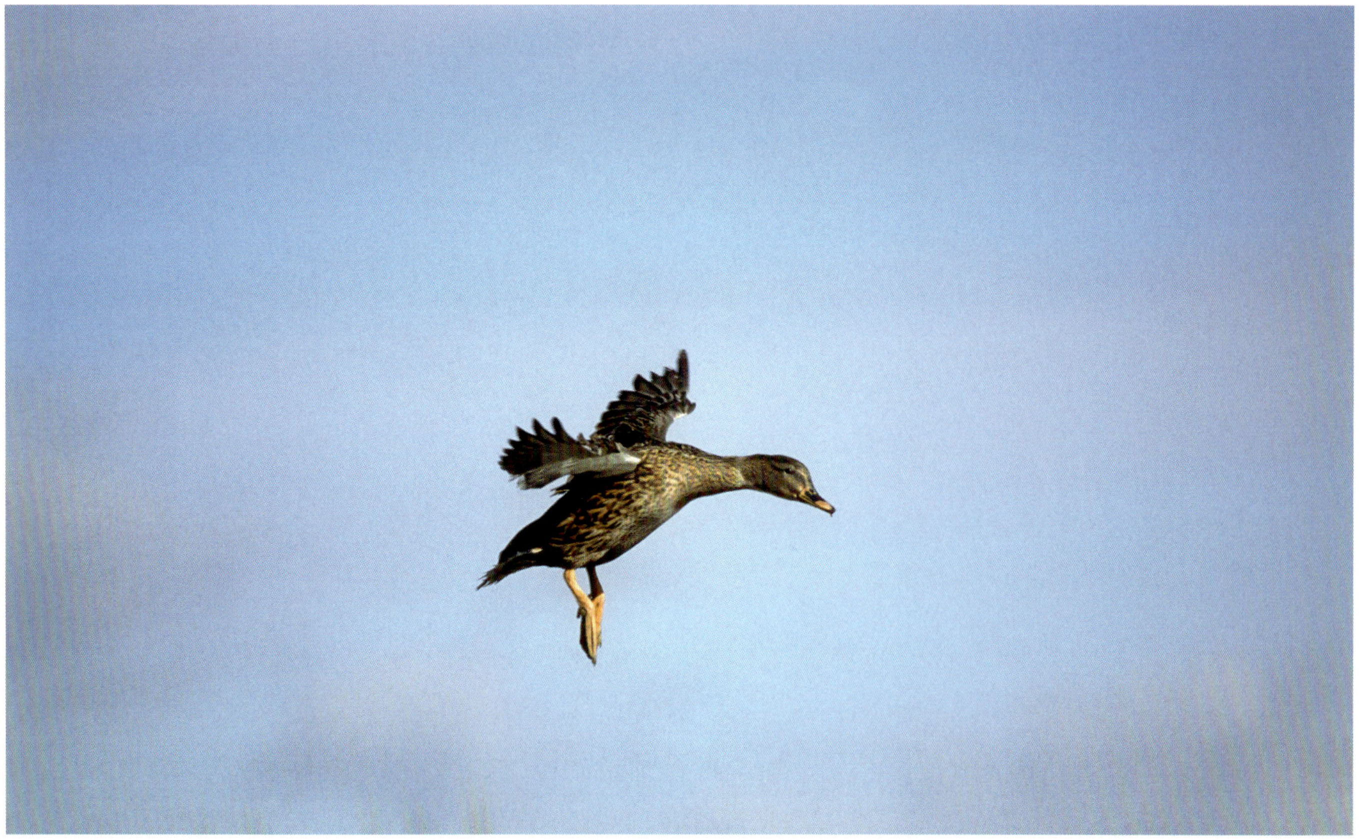

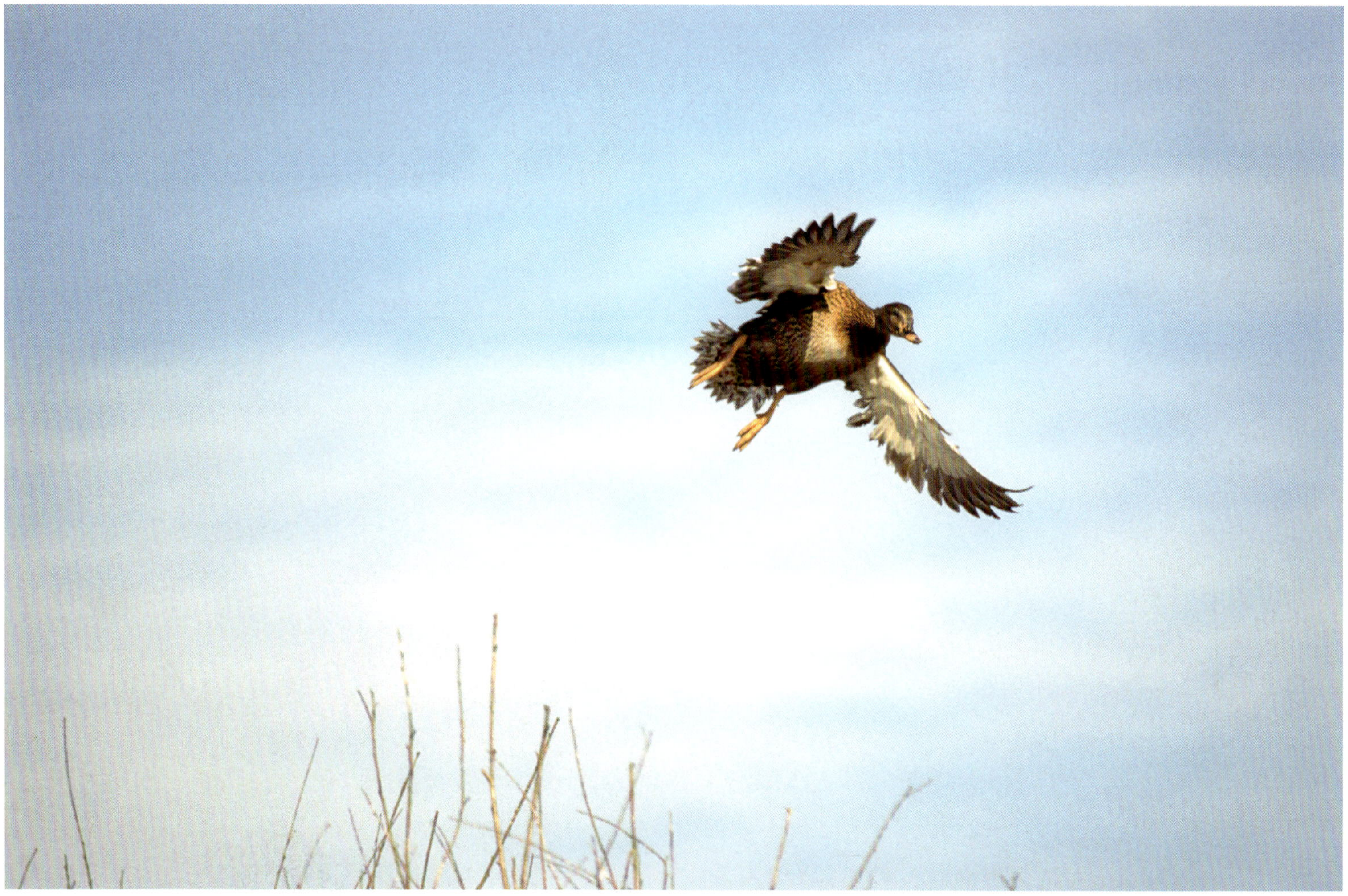

Landung „Schritt für Schritt" – Fotostudie einer auf dem Wasser einfallenden Stockente *(Anas platyrhynchos)*

Landing, stage by stage – recording of a Mallard coming down on water

L'atterrissage, par étape – étude photographique d'un canard colvert se posant sur l'eau

Von den weltweit rund 600 bekannten Schnabelfliegenarten (Ordnung *Mecoptera*) kommen in Europ nur zehn vor.

From the 600 or so known species of scorpion flies (order of Mecoptera*) in the world, only ten occur in Europe.*

Parmi plus de 600 espèces de panorpe (Ordre des mécoptères) dans le monde, seulement 10 sont recensées en Europe.

Zielstrebig folgt der Fuchs der Fährte der verletzten Rehgeiß. Die aber gewinnt trotz eines gebrochenen linken Vorderlaufs in hohen Fluchten rasch Abstand!

A fox tracking an injured Roe doe – but this one manages, despite a broken front leg, to keep a safe distance!

Un renard à la poursuite d'une chevrette blessée – celle-ci réussit à garder la distance malgré une patte avant cassée!

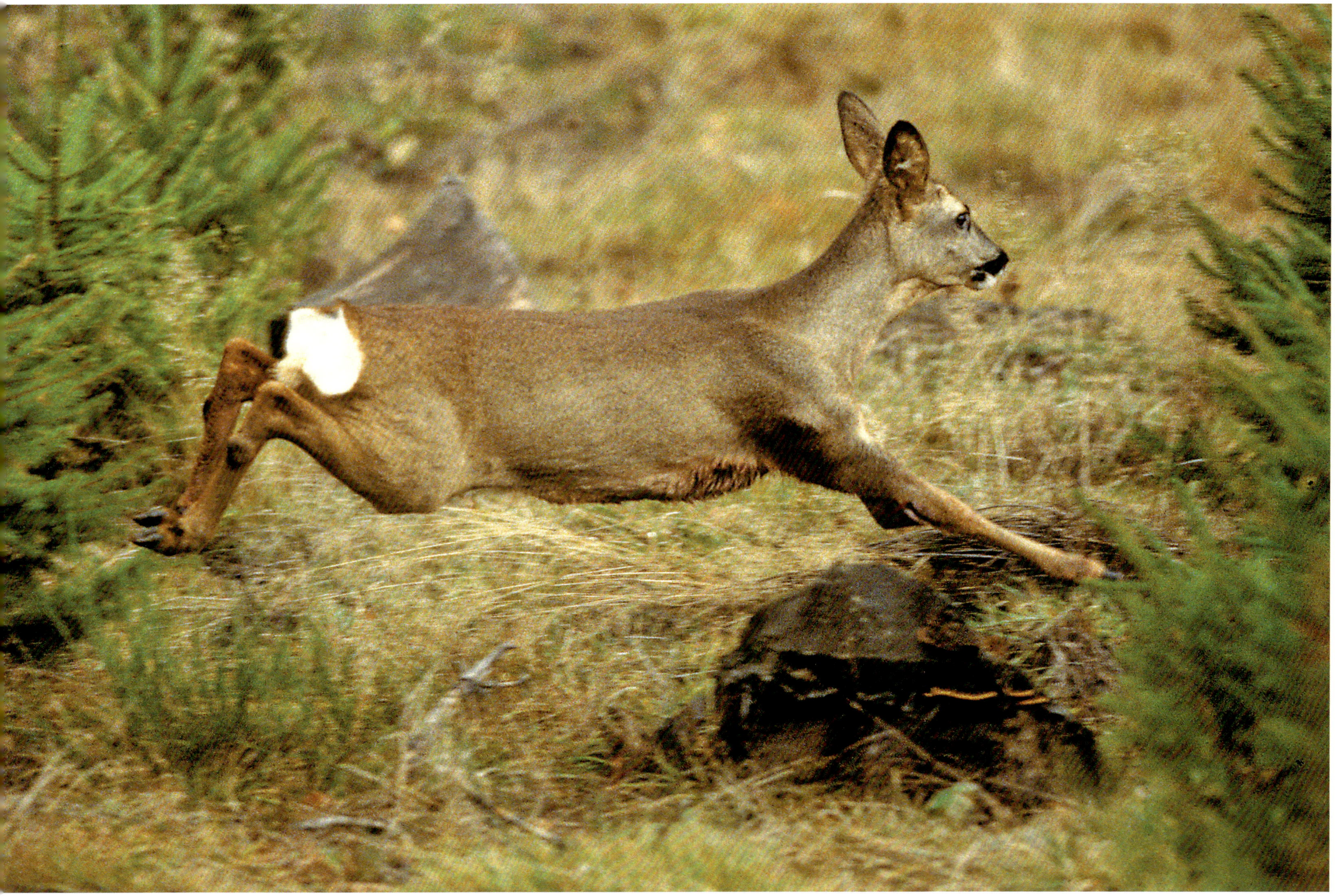

Dicht bei der Mutter ist es auch für kleine Schellenten *(Bucephala clangula)* einfach am sichersten ...

The Goldeneye ducklings feel safest while being close to their mother ...

Les petits garrots à œil d'or se sentent plus en sécurité auprès de leur maman ...

Im Wasser und in der Luft zuhause: Die im Prachtkleid dunkelköpfige Lachmöwe *(Larus ridibundus)* brütet überwiegend im Binnenland, zunehmend aber auch an den Küsten. – Gerade umgekehrt ist es bei der Sturmmöwe *(Larus canus)*. Manche von ihnen ziehen im Winter nach Afrika.

At home on water as well as in the sky: the Black-headed gull breeds mostly inland but increasingly also along the seashore, while for the Common gull it is the other way around. Many of them winter in Africa.

A l'aise sur l'eau comme dans les airs: la mouette rieuse se reproduit principalement à l'intérieur des terres mais aussi de plus en plus fréquemment en bord de mer, alors que le goéland cendré effectue le mouvement inverse. Nombreux d'entre eux passent l'hiver en Afrique.

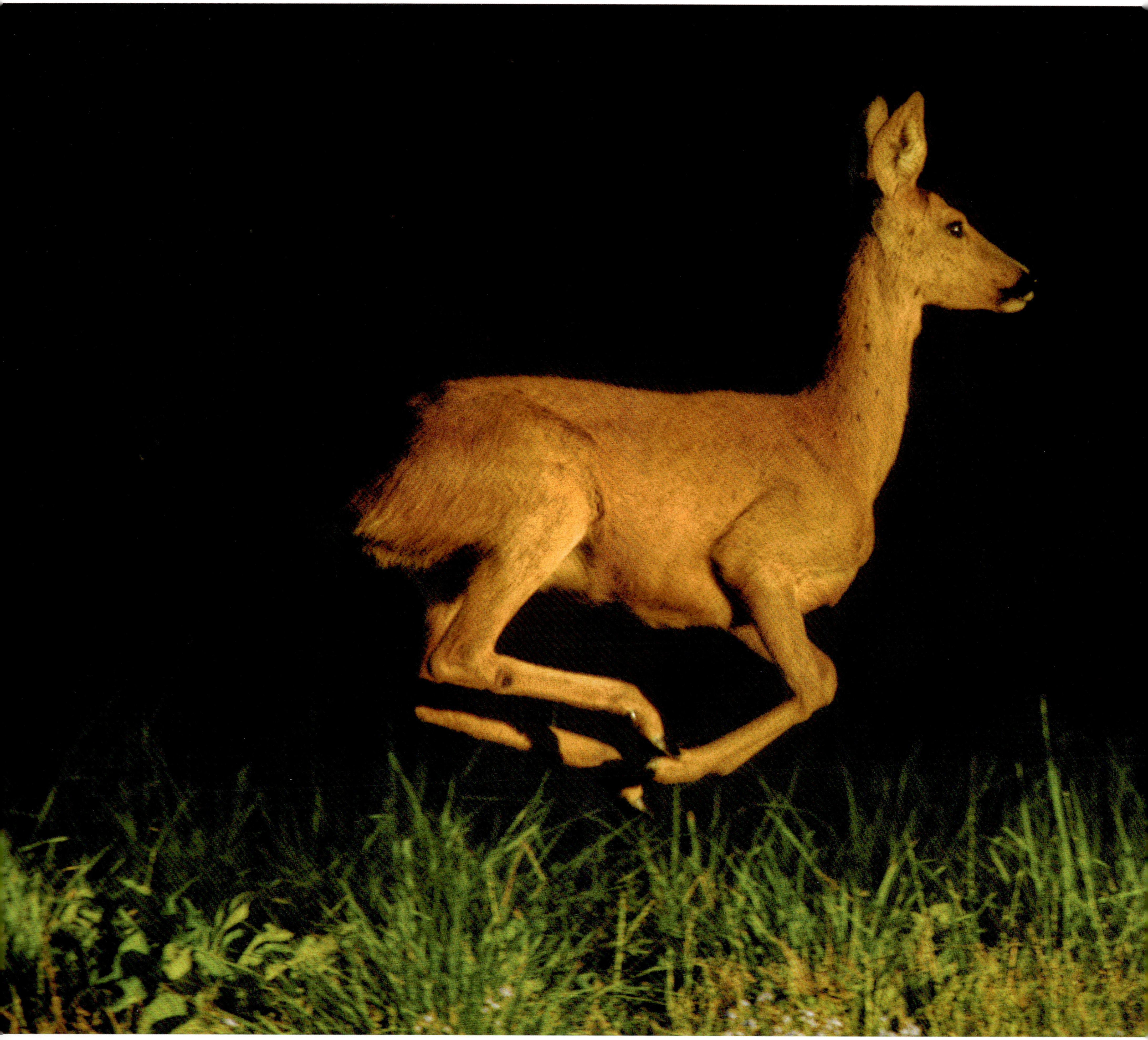

Selbst auf der Flucht verliert diese „bronzene" Rehgeiß nicht ihre Eleganz ... Gaukelnd – fast wie ein Schmetterling – fliegt der Wiedehopf *(Upupa epops)*. In manchen Ländern Europas ist er zu einer Seltenheit geworden.

Even while fleeing, this "bronze" Roe doe remains elegant ...
The flight of the Hoopoe – a rare species in most European countries – is fluttering, almost like a butterfly.

Même en fuite, cette chevrette de »bronze« reste élégante ...
La huppe fasciée possède un battement d'aile similaire à celui du papillon – c'est une espèce rare dans la majorité des pays européens.

Der nur etwa bussardgroße Schmutzgeier *(Neophron percnopterus)* ist in Europa eher selten. Der Greifvogel überwintert in Afrika.

The rather small Egyptian vulture – about the size of buzzard – is fairly rare in Europe; it winters in Africa.

Le petit percnoptère d'Égypte – de la taille d'une buse – est relativement rare en Europe; il hiverne en Afrique.

Wenig königliche Behandlung für einen König! Der majestätische Bart- oder Lämmergeier (Gypaetus barbatus) kommt meistens allein daher, während die schwarzgewandeten „Fresskonkurrenten" meist in Überzahl auftreten. Auffällig an dem mächtigen Geier ist neben dem namengebenden markanten Federbart ein roter Ring um das gelbe Auge, der bei Erregung besonders intensiv leuchtet. Mit bis zu 2,90 Metern Spannweite zählt der Geier zu den größten flugfähigen Vögeln weltweit! Seine Bestandszahlen sind besorgniserregend. Ihn zu erhalten, verlangt Geduld und Beharrlichkeit, aber auch wildbiologischen Sachverstand!

A not-so-royal treatment for a majestic bird, the Bearded vulture – most of the time a solitary bird while its black feathered teasers are usually operating in much larger numbers. Besides the striking beard by which the species got its name, this vulture has a shining red ring around the yellow eyes, particularly obvious when it is excited. With a wingspan of almost three metres, it is one of the world's largest flying birds. Its conservation status being of serious concern, it will require patience and perseverance as well as sound biological knowledge to preserve the species.

Un traitement bien polisson pour ce noble animal – le gypaète barbu – qui se déplace seul la plupart du temps, alors que son aguicheur au plumage noir sort généralement en bande. Outre son impressionnante barbe qui lui a donné son nom, ce vautour possède un anneau rouge étincelant autour des yeux de couleur jaune particulièrement visible durant l'excitation. Avec une envergure de près de trois mètres, il s'agit d'un des plus grands oiseaux volants. Son état de conservation étant assez préoccupant, la préservation de cette espèce va nécessiter beaucoup de patience et de persévérance ainsi que des connaissances biologiques pointues.

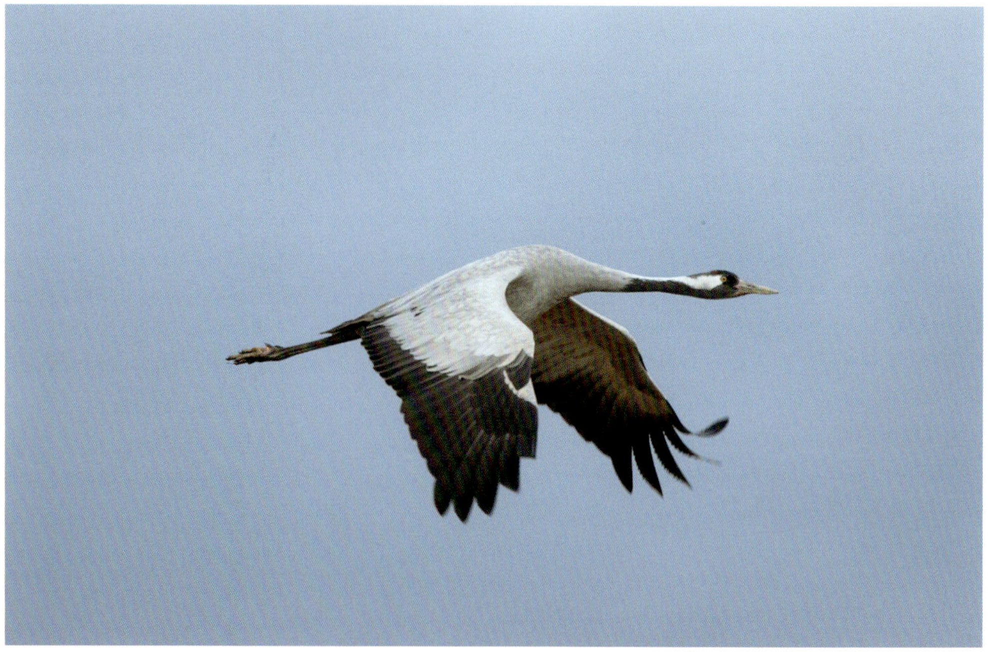

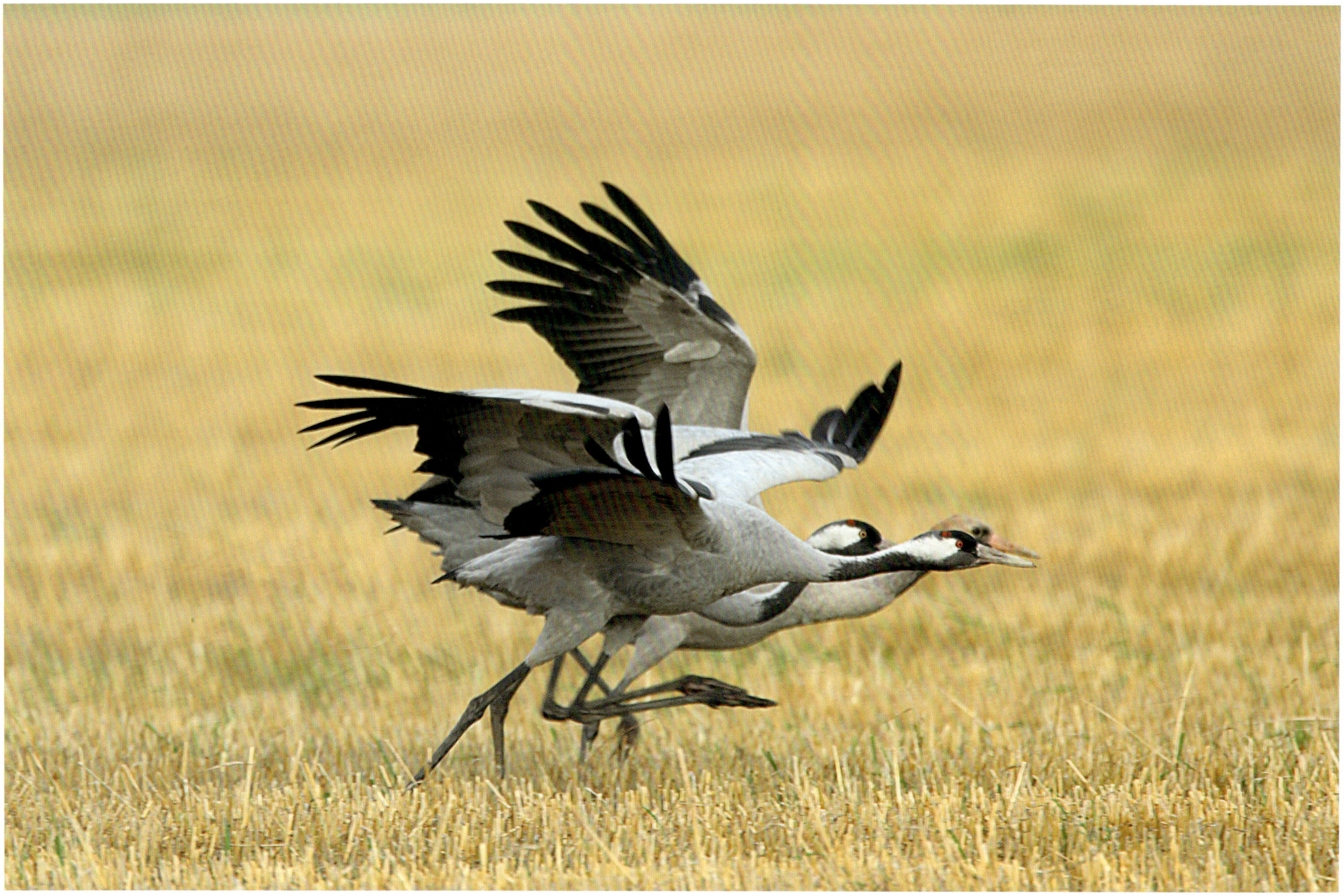

Dank ihres kraftvollen Anlaufs in vorgeneigter Körperhaltung vermögen Kraniche *(Grus grus)* – unten zwei Altvögel mit einem Jungen – nach wenigen Schritten abzuheben. Bis zu 6 000 Kilometer legen sie auf dem herbstlichen Zug in den Süden etappenweise zurück, je nach Windrichtung mit Spitzengeschwindigkeiten von 50 bis 130 Stundenkilometern. In Keilformation ziehen Trupps aus 100 oder mehr Vögeln durch traditionelle Zugkorridore. Als Vorboten des Frühlings kehren sie im Jahr darauf in ihre Brutgebiete zurück.

Being powerful birds, cranes (here two adults with their young) are able to take off after a very short run. Covering distances of up to 6,000 kilometres during their autumn migration in several stages, they can reach speeds – depending on prevailing wind directions – of between 50 and 130 kilometres per hour, flying in typical V-formation. Returning the following year to their breeding areas, they act as heralds for the return of spring.

Robustes comme elles le sont, les grues cendrées – ci-dessous deux adultes avec un jeune – peuvent prendre leur envol sur une distance très courte. Se déplaçant par étapes et parcourant jusqu'à 6000 kilomètres durant leur migration automnale, elles peuvent atteindre des vitesses de 50 à 130 kilomètres à l'heure, selon la direction du vent, en adoptant une formation de vol en V. Elles reviennent l'année suivante à leur lieu de reproduction pour annoncer un nouveau printemps.

„Fang mich doch, wenn du kannst!" – Der Knäkerpel *(Anas querquedula)* im Prachtkleid startet durch. Das Wasser ist sein Element und so hat der Magyar Vizsla das Nachsehen.

"Catch me if you can!" The Garganey drake in breeding plumage takes flight. Water is its element and so the Hungarian Vizsla search remains unsuccessful ...

»Attrape-moi si tu peux« La sarcelle d'été dans son plumage de reproduction est sur le qui-vive. L'eau est son élément et la recherche du braque hongrois ne porte pas ses fruits ...

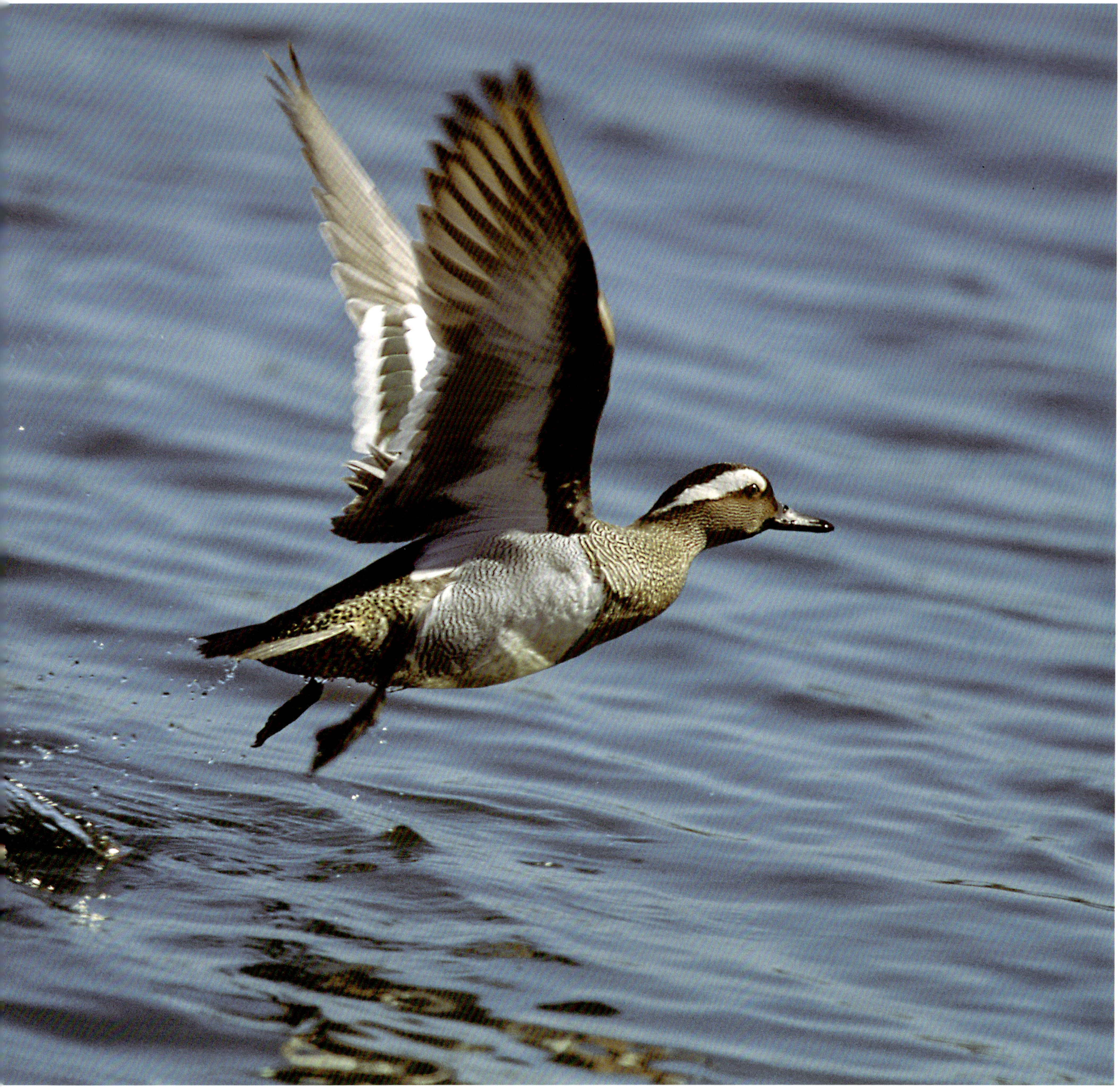

Schon im Januar, wenn das Land noch unter Schnee liegt, geht es los. Die Rammler laufen sich regelrecht „die Sohlen heiß", um paarungsbereite Häsinnen zu finden – die Konkurrenz schläft schließlich nicht, und vielleicht möchten die „Damen" ja auch einen Eindruck von der Kondition der Kavaliere bekommen ...

Already in January, when the ground is still covered by snow, the game starts: male hares (bucks) run madly in search of willing females (does) – there is plenty of competition and perhaps it's also a way to impress the ladies ...

Le jeu commence déjà en janvier, alors que le sol est toujours recouvert de neige: les lièvres courent éperdument derrière les femelles consentantes – la compétition est rude, mais peut-être est-ce une autre façon d'impressionner les dames ...

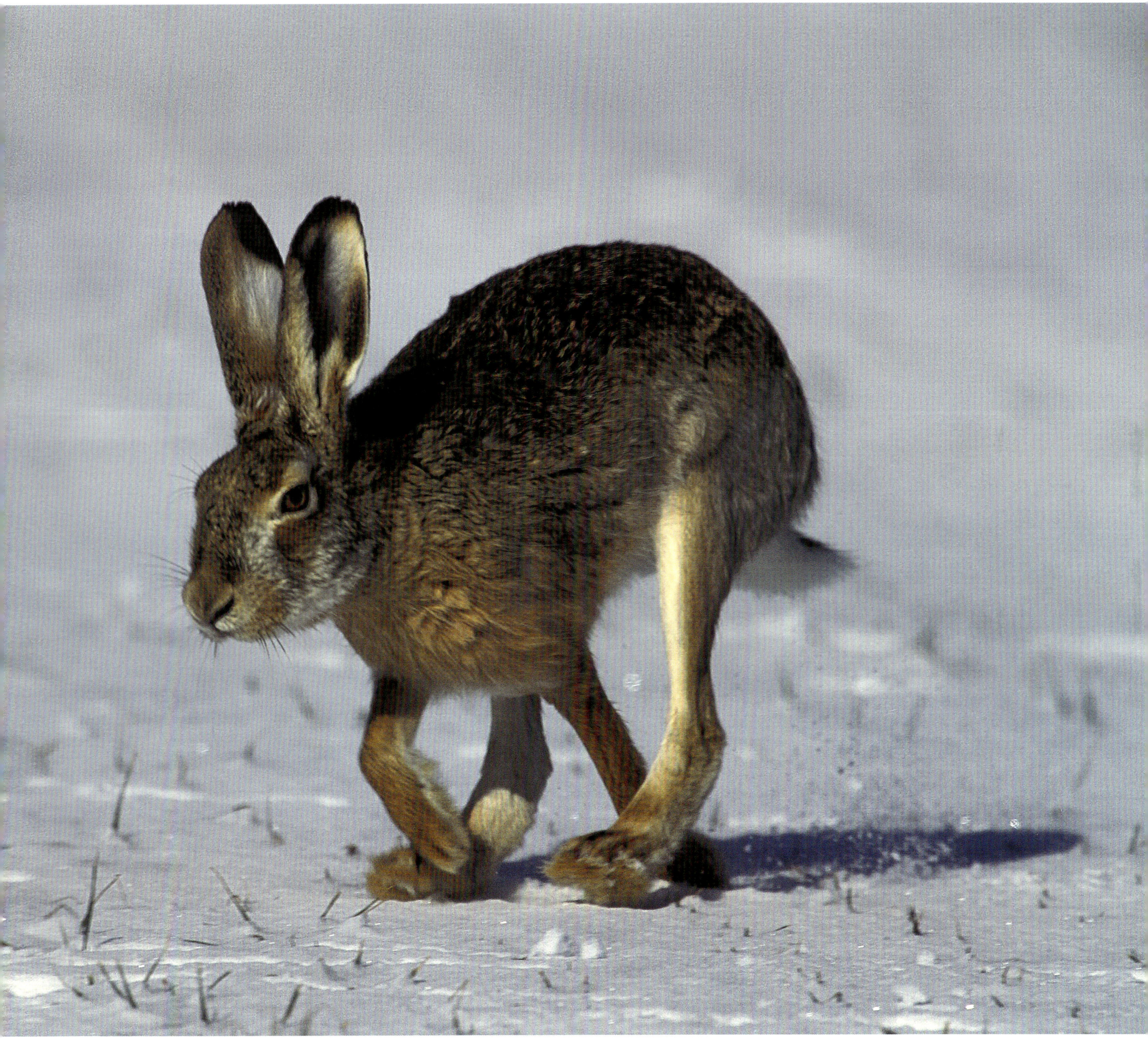

Ein Schwarzkehlchen *(Saxicola torquata)* verfolgt gebannt und vielleicht auch etwas misstrauisch den anwechselnden Überläufer. (Das Überläufer-Foto wurde doppelt belichtet.)

A Stonechat focuses its attention, with some mistrust, on the young wild boar. (The photo of the wild boar was exposed twice.)

Avec une certaine méfiance, le traquet pâtre fixe son attention sur un jeune sanglier. (La photo du sanglier a été exposée deux fois.)

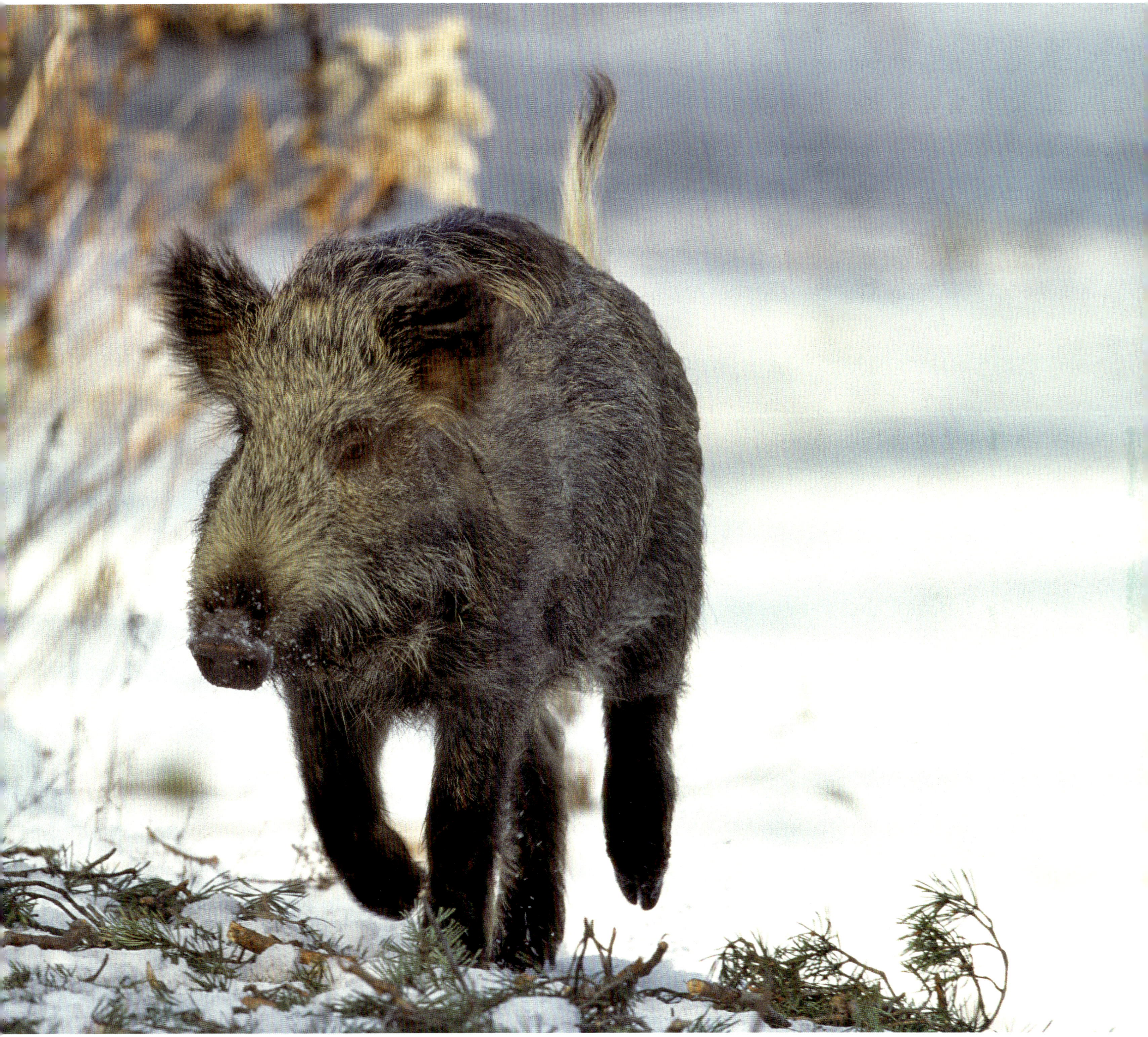

Bei Gefahr bilden Moschusochsen *(Ovibos moschatus)* oft mit nach außen gesenkten Hörnern einen schützenden Kreis um die Kälber der Herde. Einmal in Bewegung geraten, stürmen die bulligen, bis zu 400 Kilogramm schweren Tiere aber unaufhaltsam voran! So gelassen wie das Schneehuhn vermag da nicht jeder zu bleiben ...

When feeling threatened, Musk oxen lower their heads with horns turned outwards, thereby forming a protective circle around the calves of the herd. Once they get moving, there is nothing that will stop these impressive animals that weigh up to 400 kilograms. Few will then remain as undisturbed as this Ptarmigan.

Lorsqu'ils se sentent menacés, les bœufs musqués baissent la tête et forment de leurs cornes tournées vers l'extérieur, un cercle protecteur autour des jeunes du troupeau. Lorsqu'ils s'élancent, rien ne peut arrêter ces animaux impressionnants pouvant atteindre jusqu'à 400 kilos. Très peu resteront alors impassibles comme ce lagopède des Alpes.

Am Anfang neuen Lebens   New life   Voir le jour

Leben ohne Nachwuchs wäre nicht möglich, weil jedes Wesen, ob Pflanze oder Tier, früher oder später stirbt. Es ist sehr simpel: Das Leben auf der Erde ist ein ständiger Kreislauf aus Kommen und Vergehen. Da alle Lebewesen Nachkommen zeugen, ist der Tod, ob natürlich, durch Krankheiten, Unfälle oder Beutegreifer oder sogar den direkten oder indirekten Einfluss des Menschen bedingt, biologisch notwendig. Er erhält das biologische Gleichgewicht aufrecht und verhindert Schäden am Ökosystem.

Der Versuchung, hier einzugreifen, sei es durch Schutz oder Reduktion, manchmal gar Ausrottung bestimmter Tiervorkommen, ist der Mensch in der Vergangenheit oft erlegen. Zweifelsohne sind zumindest in Europa nur kümmerliche Reste von Wildnis, also ursprünglicher und vom Menschen nahezu unbeeinflusster Gebiete, übrig.

In den meisten natürlichen oder halb natürlichen Lebensräumen ist ein Management bzw. die nachhaltige Nutzung natürlicher Ressourcen nicht nur möglich sondern zum Teil auch nötig. Dieses Prinzip ist heute von den führenden Naturschutzorganisationen, unter ihnen die Weltnaturschutzunion IUCN, vollauf anerkannt, in globalen rechtlichen Abkommen wie beispielsweise der Konvention über die biologische Vielfalt (CBD) verankert und von weiteren Institutionen (zum Beispiel dem Europarat mit seiner Europäischen Charta über die Jagd und biologische Vielfalt) getragen. Und so ist – nachhaltige! – Jagd eine Form des Naturschutzes bzw. der Erhaltung der biologischen Vielfalt.

Glücklicherweise sind intime Kenntnisse all dieser Zusammenhänge nicht nötig, um den Anblick neuen Lebens mit Freude und aus ganzem Herzen genießen zu können! Verspielte Jungfüchse vor dem Bau, die beiden Rehkitze, die von ihrer Mutter gesäugt werden, oder das Haubentaucherpärchen, das liebevoll seine Jungen umsorgt – sie alle schlagen den wahren Naturfreund in ihren Bann. Tier-Babys sind „süß", ganz egal, welchen hässlichen, wilden oder ausdruckslosen Eindruck sie als ausgewachsene Tiere erwecken mögen. Daher sind Jungtiere stets attraktiv für den Wildtierfotografen, zumal sie in der Regel weniger scheu sind und die mögliche Gefahr „Mensch" noch nicht kennen. Es ist allerdings genau dieses unschuldige Verhalten, dass dem Beobachter angemessenen Respekt und Zurückhaltung abverlangt. Das Versteck sollte zum Beispiel nicht zu dicht an das Vogelnest heran gebaut werden. Auch sollte man sich nicht zu lange in Gegenwart der Jungtiere aufhalten, damit die Eltern nicht aus Furcht fernbleiben und sie nicht füttern.

Jeder Naturliebhaber und Beobachter muss sich einen Verhaltenskodex auferlegen, der seinen Einfluss auf wildlebende Arten und das Ökosystem auf das absolut notwendige Minimum reduziert. Selbstverständlich gilt dies gerade auch für den Jäger – ob der nun mit dem Gewehr oder der Kamera jagt.

Life without reproduction would not be (by any means) possible, simply because all plants and animals will sooner or later die. It is indeed as simple as that: life on Earth is an ongoing cycle of appearing and disappearing. It is precisely because all wild species have a tendency to over-populate that death – whether natural, through diseases, accidents or depredation – but also as a direct or indirect result of human activities, is a biological necessity in order to maintain a certain balance; to avoid ecosystems being irreversibly damaged or a scenario in which certain species will cause the disappearance of others. The temptation for mankind to interfere in this process is real, whether through strict protection or, on the contrary, by trying to reduce or even to eradicate certain species or populations. The fact is that, certainly in Europe, very little wilderness is left, that is, pristine areas where human influence has hardly been felt. In the vast majority of natural and semi-natural habitats however, management as well as sustainable use of natural resources by man is not only possible but in many cases even required. This principle is fully acknowledged by leading conservation organisations, such as the World Conservation Union (IUCN); and recognised by international legal instruments (e.g. Convention on Biological Diversity) and institutions (e.g. the Council of Europe and its European Charter on Hunting and Biodiversity*).*

Luckily, it is not necessary to be entirely aware of all these philosophical, biological, legal or political considerations for people simply to enjoy observing new life, such as fox cubs playing in front of their earth, two Roe kids being fed by the doe or how a pair of crested grebes looks after their chicks. Animal babies are "cute", regardless of how ugly, ferocious or dull they may become once grown up. Therefore, young animals are very attractive models for a wildlife photographer – it also helps that they are often less shy than adults and not yet fully aware of the potential threat man represents. It is precisely this innocent behaviour that requires from the human observer appropriate respect and restraint, for instance, not to mount the hide or tent too close to the bird's nest or to stay in the vicinity of the young too long so that their parents do not remain too afraid to come and feed them. Any naturalist or wildlife observer needs to adopt a code of conduct, limiting his or her impact on wild species as well as on ecosystems to the strict minimum. Needless to say, this applies to hunters too, be it that they hunt with a gun or with a camera.

La vie sans la reproduction serait impossible, tout simplement parce que tous les organismes vivants, plantes ou animaux, mourront bien un jour ou l'autre. C'est en effet aussi simple que cela, la vie sur la terre est un cycle répétitif d'apparitions et de disparitions. Et c'est précisément parce que toutes les espèces sauvages ont tendance au surpeuplement que la mort (naturelle, de maladie, accidentelle ou par prédation, mais aussi comme conséquence directe ou indirecte de l'activité humaine) est une nécessité biologique en vue de maintenir un certain équilibre pour éviter d'endommager les écosystèmes de manière irréversible par une surpopulation ou que certaines espèces causent la disparition d'autres.

La tentation est grande pour l'homme d'interférer dans ce processus, à travers une protection stricte ou au contraire, en essayant de réduire ou même d'éradiquer certaines espèces ou populations. En Europe, il reste très peu de vie totalement sauvage, de lieux intacts où l'influence de l'homme ne s'est jamais fait sentir. Cependant, dans la grande majorité des habitats naturels ou semi-naturels, la gestion et l'utilisation durable des ressources naturelles par l'homme n'est pas seulement possible mais est dans de nombreux cas nécessaire.

Le principe est largement approuvé par les grandes organisations de conservation – comme l'Union Mondiale pour la Nature UICN – et reconnu par des instruments juridiques (la Convention sur la Biodiversité Biologique CBD) ou des institutions internationales (le Conseil de l'Europe et sa Charte sur la Chasse et la Biodiversité).

Heureusement, il n'est pas nécessaire pour chacun d'être entièrement conscient de toutes ces considérations philosophiques, biologiques, juridiques ou politiques pour simplement regarder avec plaisir des renardeaux jouer devant leur tanière, d'observer deux chevrillards nourris par leur mère ou d'admirer la façon dont un couple de grèbes huppés prend soin de ses oisillons. Les bébés animaux sont »mignons«, peu importe s'ils deviennent un jour laids, féroces ou banals. C'est pour cette raison que les jeunes animaux sont des modèles très appréciés du photographe animalier, aussi parce qu'ils sont moins timorés ou plutôt moins conscients du danger que représente l'homme.

Mais c'est précisément ce comportement innocent qui impose à l'observateur humain le respect et la retenue appropriés, par exemple ne pas monter son abri trop près d'un nid ou rester trop longtemps à proximité de jeunes ce qui pourrait dissuader les parents de s'en approcher et de les nourrir. Tout naturaliste ou observateur de la faune doit adopter un code de conduite qui limitera au strict minimum son impact sur les animaux ainsi que sur les écosystèmes. Il n'est pas nécessaire de préciser que ceci est aussi d'application pour les chasseurs, qu'ils chassent avec un fusil ou avec un appareil photo.

Rau geht's zu im Raureif – beim Liebeswerben der Feldhasen *(Lepus europaeus)* setzt es schon einmal Boxhiebe und Ohrfeigen!

Being rough under hoar-frost conditions – boxing and beating are part of the hare's love game!

La brutalité sous une couverture de givre – se cogner et se battre font partie des jeux de l'amour du lièvre!

Regelmäßige Wachablösung gehört zur Überlebensstrategie der Rebhühner *(Perdix perdix).*

Regular relief of the guard is a component of the Grey partridges' survival strategy.

La relève régulière de la garde fait partie de la stratégie de survie de la perdrix.

Hasenhochzeit – Rammler und Häsin folgen einem ausgeklügelten Ritual!

Time for love – hares follow a clever ritual!

Le temps des amours – les lièvres suivent un rituel très astucieux.

Die Balz des Birkwildes *(Lyrurus tetrix oder Tetrao tetrax)* – ein Naturschauspiel! Je nach Lebensraum und Höhenlage spielt es sich von Ende März bis Juni ab. In den frühen Morgenstunden erfüllt der Balzgesang der Hähne – ein raues „Tschu-ischt – tschu-ischt", die Luft. Gleichstarke Hähne ab etwa drei Jahren liefern sich turbulente Auseinandersetzungen am Balzplatz, die Ranghöchsten beanspruchen die Mitte der „Arena". Nach Sonnenaufgang balzen sie oft von erhöhten Warten weiter. Die Hennen aber treffen ihre eigene Wahl unter den Bewerbern.

The "lekking" ceremony of Black grouse – taking place between the end of March and June, depending on place, time and weather. In the early hours of the morning, the sound of displaying males (a harsh "tschu-ist – tschu-ist") fills the air. Cocks of equal rank, from the age of three onwards, undertake turbulent discussions at the "lek", while the highest in rank will occupy the centre of the arena. After sunrise, they might continue their display from an elevated point, but it is up to the hens to select the one they will mate with.

Le cérémonial de l'accouplement du tétras lyre prend place entre fin mars et juin, en fonction de l'endroit, du moment et du climat. Dès les premières heures du matin, les mâles déchirent le ciel de leurs »tschu-ischt – tschu-ischt« stridents. Les coqs de rang égal, à partir de l'âge de trois ans, entament des luttes houleuses au moment de l'accouplement, alors que les rangs plus élevés occupent le centre de l'arène. Au lever du jour, ils continuent parfois leurs parades sur un point élevé. Mais la décision revient aux femelles de sélectionner celui qu'elles accepteront de rencontrer.

„Langbeinige" Eleganz in einem ungarischen Vogelparadies: Seidenreiher *(Egretta garzetta)* und Uferschnepfe *(Limosa limosa)* im Abendrot

"Long-legged" elegance in a Hungarian paradise: Little egret and Black-tailed godwit under the setting sun

Toute l'élégance des »belles courbes« dans un paradis naturel hongrois: petite aigrette garzette et barge à queue noir au coucher du jour

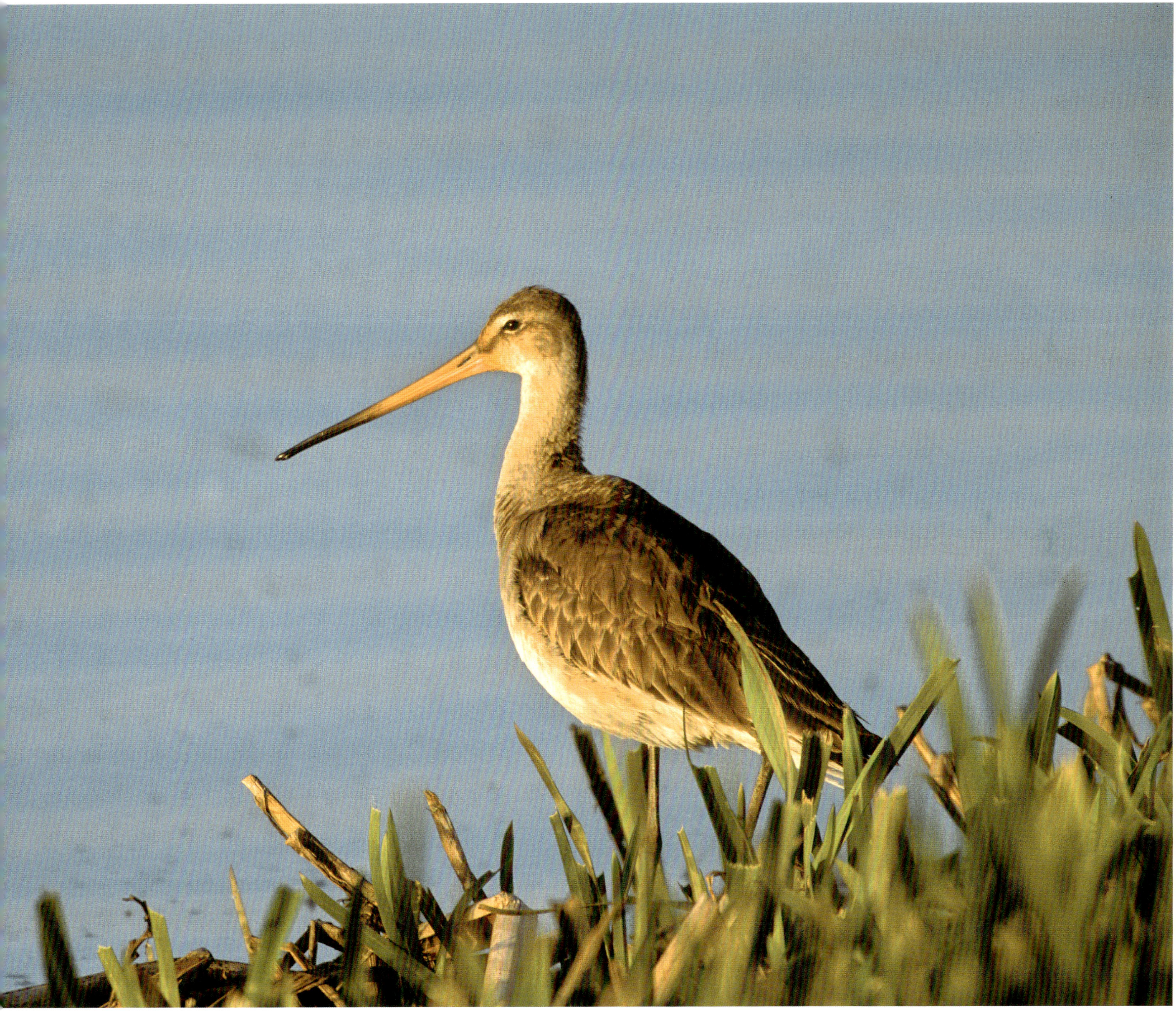

Wald, Weiden, Wiesen und Wasser statt „Agrarsteppe": Klein parzellierte Felder bieten dem Fasan *(Phasanicus colchicus)* Äsung und Deckung. Hier ist gut leben und balzen!

Woodland, fields, meadows and wetlands instead of a "farmed steppe": smaller field parcels offer the best feeding and living conditions to Pheasants.

Bosquets, champs, prairies et zones humides remplacent ici la »steppe agricole«. Ces petites parcelles offrent de bien meilleures conditions de nourrissage et de vie pour les faisans.

Dem unverwechselbaren Revier- und Balzruf lässt der Fasanenhahn seinen brausenden Flügelschlag folgen. In seinem schimmernden Kleid, mit den aufgestellten Federohren und den leuchtend roten Rosen bietet er einen herrlichen Anblick ...

The typical territorial sound of the male pheasant is followed by a loud wing beat – a lovely view, this bird with its colourful feathers, raised tufts and shining red eyebrows.

Le son territorial typique du coq faisan suivi d'un battement d'aile bruyant – quelle vision magnifique que cet oiseau au plumage coloré, à la houppette hérissée et au sourcil rouge étincelant.

Schon Wochen vor Ankunft der Hennen üben die „Schwarzen Ritter" Morgen für Morgen tanzend ihre Balzmelodien, wiederholen leidenschaftlich Strophe um Strophe. Im ersten Dämmern sind erst nur ihre Schatten und die gesträubten weiß leuchtenden Stöße zu erkennen, sind ihre Tanzschritte nur zu erahnen. Fauchen, Kullern und Rodeln untermalt das Ganze und flatternde Schwingenschläge verraten, wenn der eine oder andere seine Grenzen überschreitet!

Weeks before the arrival of the hens, Black grouse rehearse their breeding display, morning after morning. At dawn, first only their shadows and white tail feathers may be seen, well before their dancing movements become visible. The sounds of their voices and beating of wings indicate that some birds are crossing their boundaries ...

Des semaines avant l'arrivée des femelles, les tétras-lyres répètent assidûment et quotidiennement leur parade amoureuse. A l'aube, on verra leurs ombres et les plumes blanches de la queue bien avant les mouvements de danse. Le son de leur voix et des battements d'ailes indiquent que l'un ou l'autre oiseau a osé franchir ses frontières ...

92

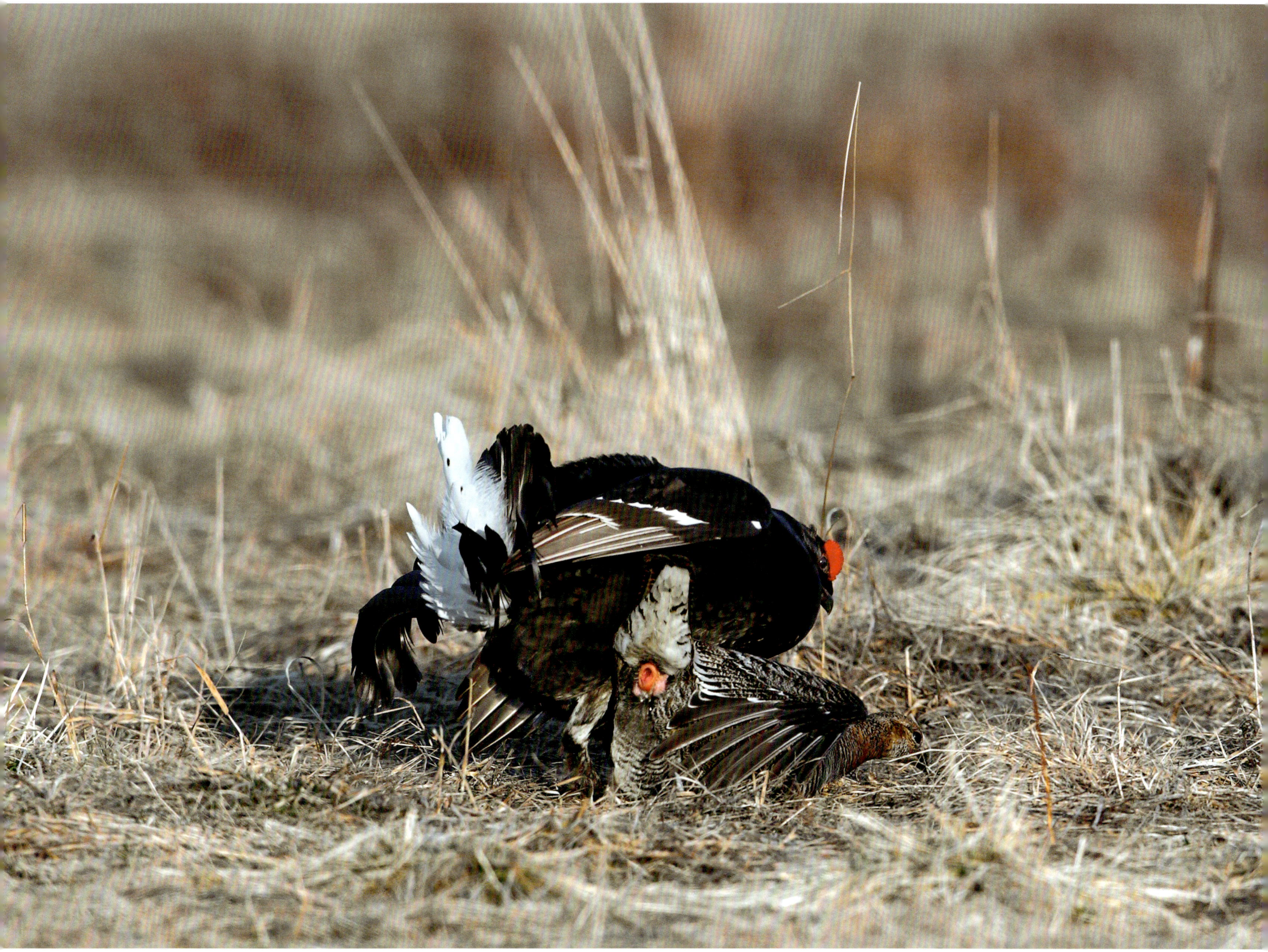

Ein Rehbock beobachtet die raufenden Feldhasen. Von Januar bis September geht es bei ihnen immer wieder um die Liebe – drei- bis viermal jährlich setzt die Häsin zwei bis drei Junghasen. Kein Wunder, dass Langohr zum Fruchtbarkeitssymbol avancierte ...

A Roebuck watches the mating hares. From January all the way through to September, mating is their main focus – the female giving birth to two to three young, and this three to four times each year. Not surprisingly, the hare became a symbol for fertility ...

Un brocard observe le jeu des lièvres. De janvier à septembre, copuler est leur principale activité – la femelle donne naissance à deux ou trois petits trois à quatre fois par an. Pas étonnant que le lièvre soit devenu un symbole de fertilité ...

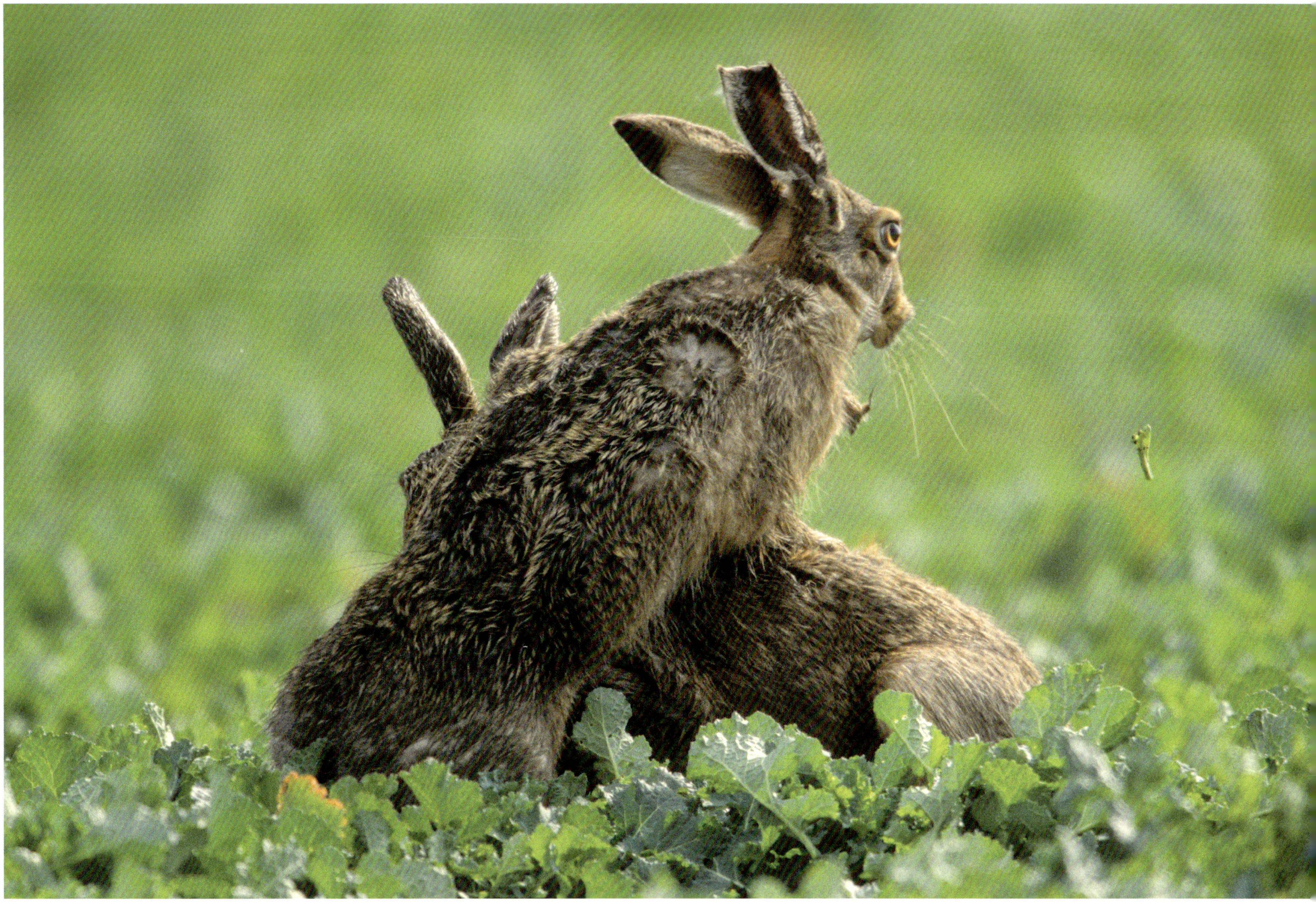

Stockente im Landeanflug

Landing Mallard

Canard colvert à l'atterrissage

Regelrechte „Luftsprünge" vollführt der Fasanenhahn während der Balz und wahre Höhenflüge erlebte der schöne bunte Fremdling auch im Laufe der mehr als zwei Jahrtausende, die er bereits in Europa lebt – als Zierde in Parks und Volieren beliebt, als Jagdwild begehrt und auf festlichen Tafeln ebenso geschätzt wie in den Küchen „kleiner Leute"!

Jumping up in the air is part of the pheasant's display but its presence in Europe over the last two thousand years has also shown its ups and downs: appreciated as a colourful exotic in parks and aviaries, as a challenging high-flying game-bird and, last but not least, as delicious roast – from royal dishes to more modest tables.

Sauter en l'air est un comportement classique du faisan, mais sa présence en Europe durant ces deux derniers millénaires n'a pas toujours été aussi évidente: très apprécié dans les parcs et les animaleries parce qu'étant un animal coloré et exotique, il est aussi considéré comme un défi intéressant pour les chasseurs de gibier de haut vol et comme un mets savoureux de la cour royale à la cour de ferme.

Fasanenhenne im Flug. Mindesten ebenso gut sind die Hühnervögel zu Fuß unterwegs.

Pheasant hen in flight, but these game-birds are excellent runners too.

Poule faisane au vol. Cette espèce de gibier excelle aussi dans la course.

Akrobatisch geht es bei der Paarung der Hasen zu. Gegenseitiges Überspringen gehört bei ihnen und auch bei Kaninchen zum Ritual.

Acrobatic this mating of hares. Leapfrogging each other is part of it, just as for rabbits.

Rencontre acrobatique de lièvres. Le saute-mouton est un classique, comme pour les lapins.

Schafstelze (Motacilla flava)

Yellow wagtail

Bergeronnette printanière

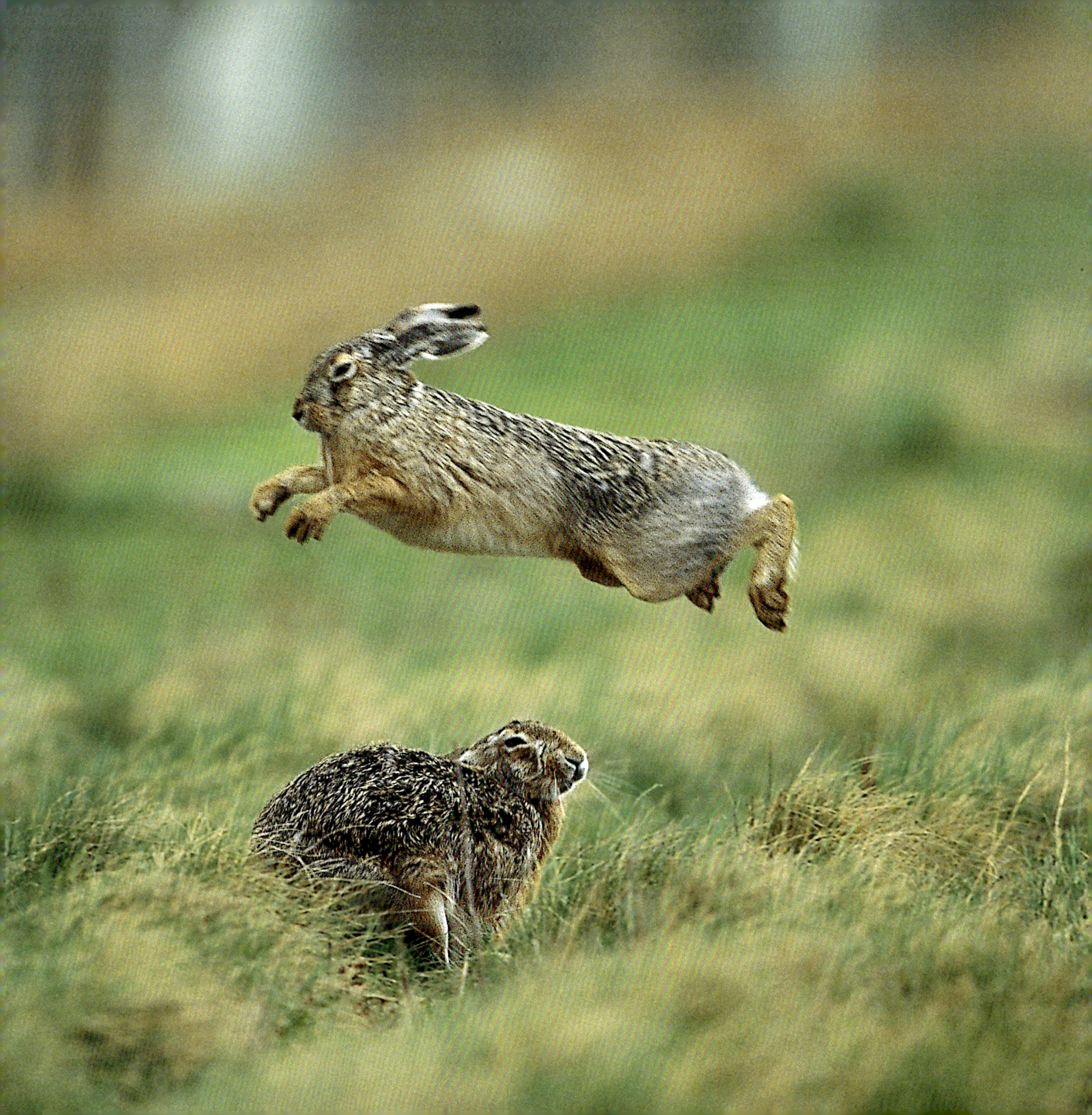

„En garde!" Fast scheint es so, als hätten die Balzgefechte der Uferschnepfen Pate für die Fechtkunst gestanden ...

Duelling godwits – it is almost as if they have served as models for human fencers ...

»En garde« – Comme dans la peau d'escrimeurs en plein combat à l'épee ...

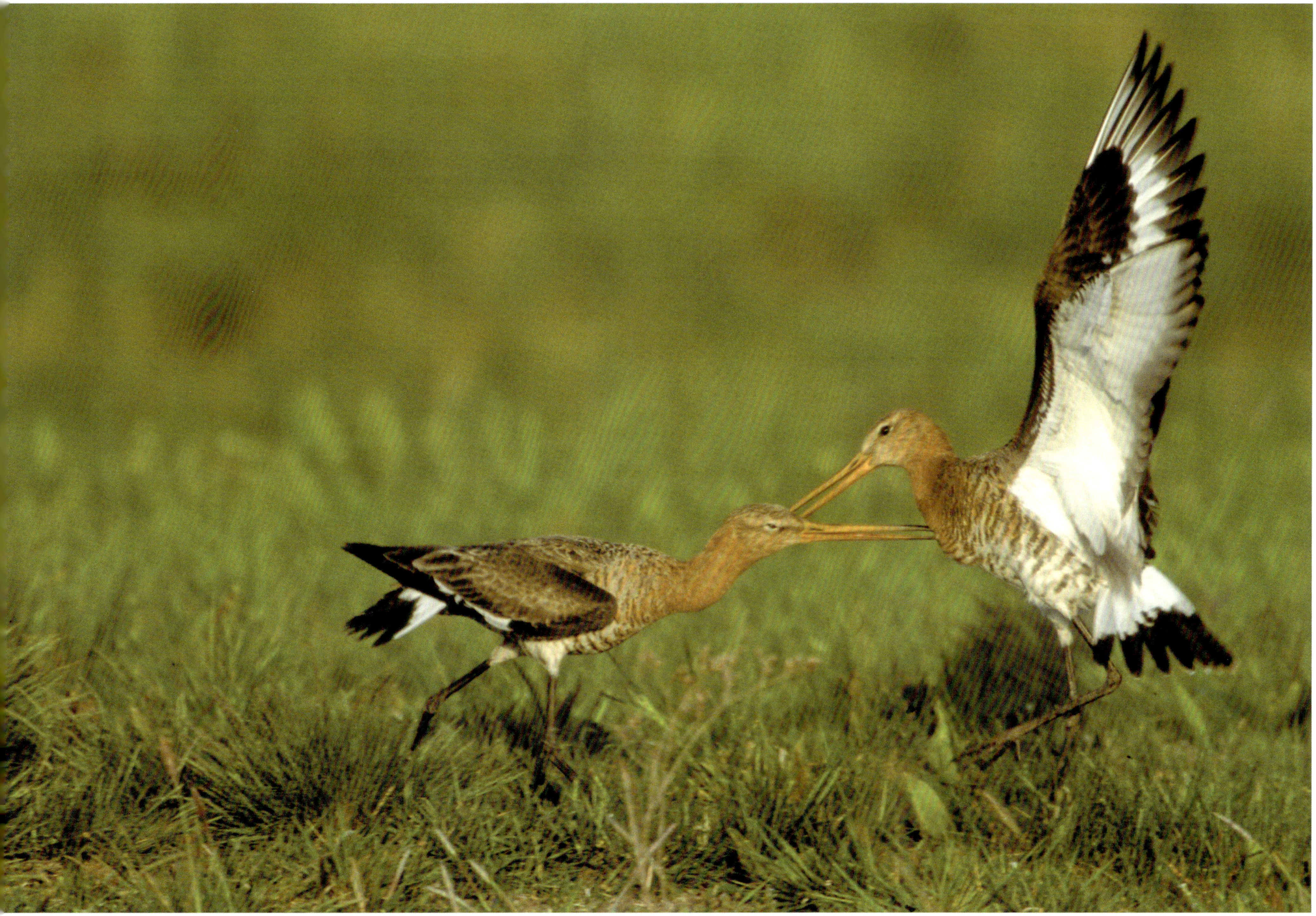

Die Großtrappenbalz ist ein überaus beeindruckendes Naturschauspiel. Zu riesigen, in Weiß und vielen anderen Farbnuancen schimmernden Federbälle werden die werbenden Hähne, wenn sie Flügel und Schwanzfedern verdrehen und spreizen. Der Schnabel verschwindet fast in den aufgerichteten Kehlfedern. Wie hier in einem ungarischen Trappenschutzgebiet lässt sich die Balz der Großtrappe (Otis tarda) in Europa nur noch selten beobachten.

The mating display of the Great bustard is an impressive show: males, turning and spreading wings and tails, change into huge feather balls with many colours, their beaks almost disappearing in the erected throat feathers. Recorded in the Hungarian reserves, these scenes are nowadays rare elsewhere in Europe.

La parade de l'outarde barbue est un spectacle impressionnant: les mâles tournent en rond en étendant les ailes et la queue pour se transformer en boule de plumes énorme et multicolore, leur bec disparaissant presque derrière les plumes hérissées de leur cou. Observées dans les réserves naturelles hongroises, ces scènes sont spécialement rares en d'autres endroits d'Europe.

Schwertlilie (Iris versicolor), benannt nach der griechischen Göttin Iris

Harlequin blueflag, its Latin name referring to the Greek goddess Iris

L'Iris versicolore, en référence au nom de la déesse grecque Iris

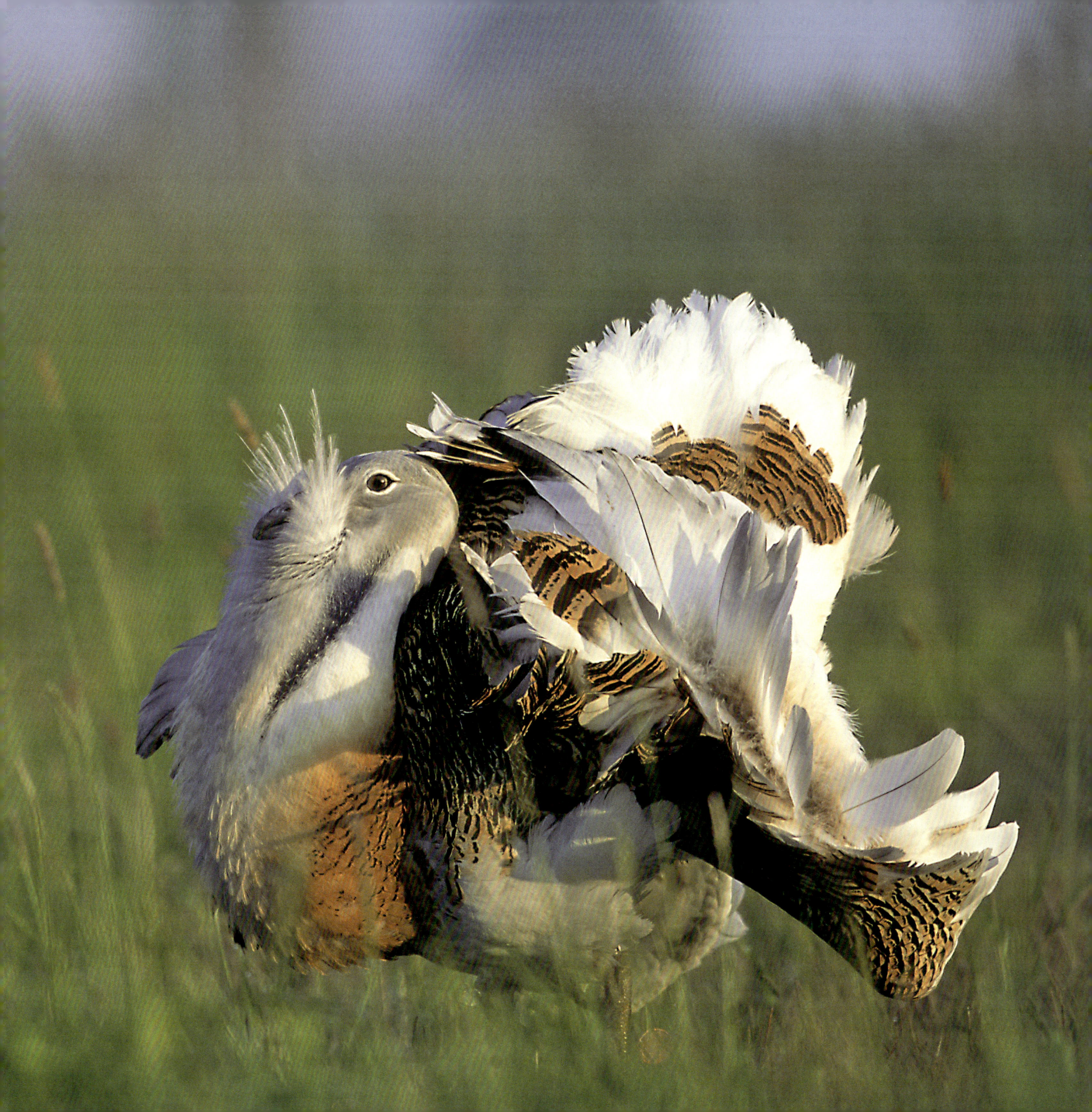

Großtrappen sind ausgezeichnete Flieger. Nach wenigen beidbeinigen Sprüngen heben sie ab und bewältigen Tagesstrecken von über 200 Kilometern. Der Hahn wird ähnlich groß wie ein ausgewachsenes Reh und mit rund 17 Kilogramm auch so schwer!

Great bustards are excellent flyers. After a few jumps, they take off and can fly over 200 kilometres in a day. The male is the size of an adult roe and with a weight of some 17 kilograms, about as heavy!

L'outarde barbue vole extrêmement bien. Elle s'envole, après quelques bonds et peut parcourir plus de 200 kilomètres par jour. Le mâle atteint la taille et le poids d'un chevreuil adulte, quelque 17 kilos!

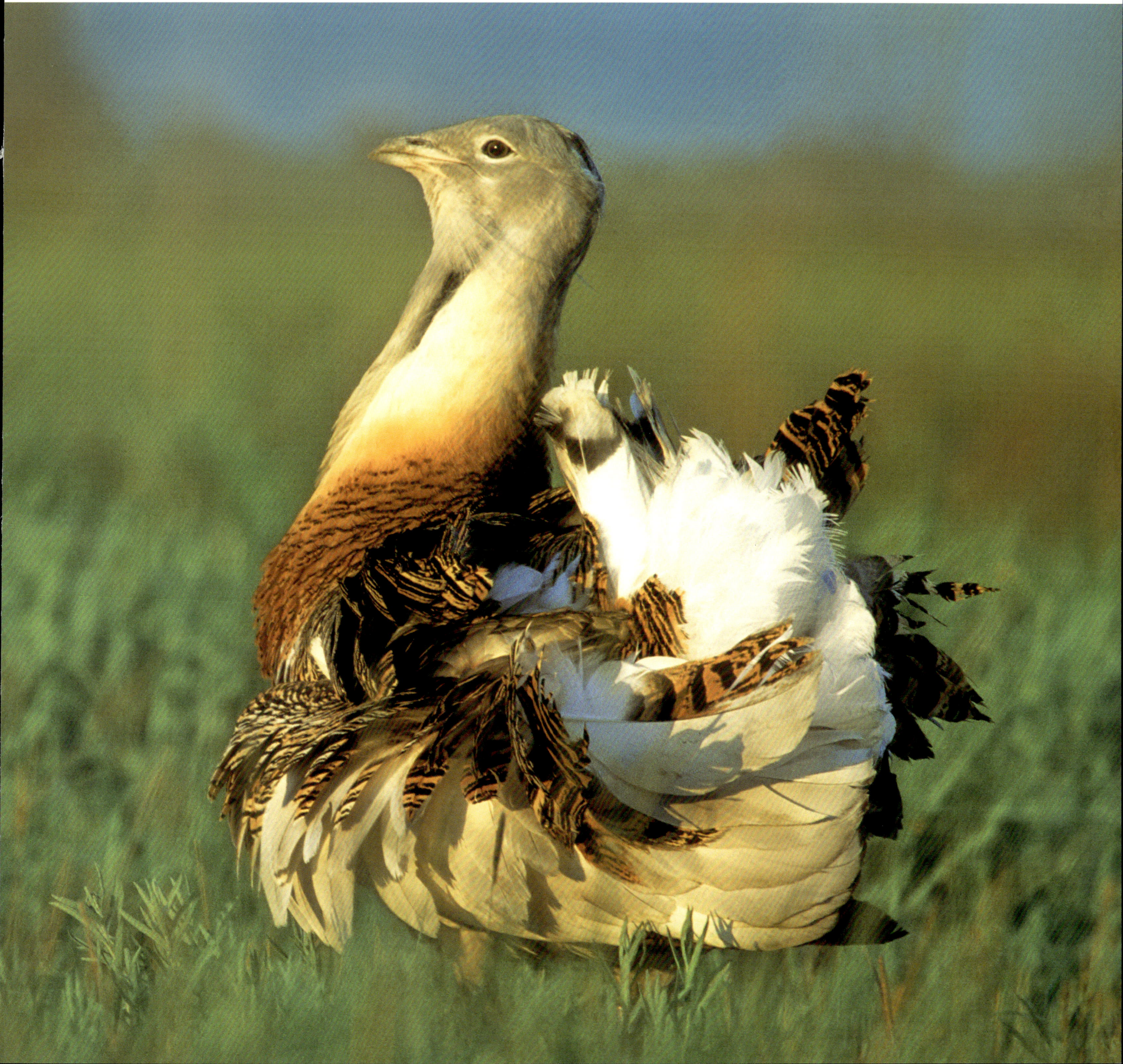

„Macho"
Goßtrappenhahn:
Er buhlt gleich um
mehrere Hennen,
die Jungenaufzucht
überlässt er jenen.

*A real "macho", this
male Great bustard,
leaving the care of the
young to the females.*

En vrai »macho«,
l'outarde barbue laisse la
garde des jeunes aux
femelles.

Großtrappen sind die schwersten flugfähigen Vögel der Welt!

Great bustards are the heaviest flying birds in the world!

L'outarde barbue est le plus grand oiseau capable de voler au monde!

Schilfgewinnung in Ungarn

Reed cutting in Hungary

Coupe de roseaux en Hongrie

Gelbe Narzisse *(Narcissus pseudonarcissus)*

Wild daffodil

Narcisse jaune

Wie ein „stolzer Husar" schreitet der Trappenhahn mit aufgestelltem Bart und gesträubtem Federkleid vor seinen „Prinzessinnen" umher!
Von der Iberischen Halbinsel und Marokko bis zur chinesischen Pazifikküste reicht das Verbreitungsgebiet der Großtrappen. Die meisten dieser Vögel leben in Spanien, Ungarn und Südrussland. Unter Führung der Jäger setzt sich die internationale Naturschutzgemeinschaft nachhaltig für den Erhalt dieses einzigartigen Wildes ein.

Striding like a proud hussar, with his whiskers raised, does the male Great bustard parades in front of his "princesses". The distribution of this species ranges from the Iberian Peninsula and Morocco towards the Pacific coast in China, being most common in Spain, Hungary and Southern Russia. Initiated by hunters, serious efforts are being made by the international conservation movement in order to preserve this gamebird.

L'outarde barbue parade fièrement devant ses »princesses« en marchant à grand pas tel un hussard, les moustaches hérissées. La répartition de cette espèce s'étend de la Péninsule ibérique et du Maroc à la Côte pacifique de Chine; l'oiseau est assez courant en Espagne, en Hongrie et en Russie du Sud. A l'initiative des chasseurs, de sérieux efforts sont entrepris par la communauté internationale pour la conservation de la nature en vue de préserver ce gibier.

Je nach Unterart überzieht das schwarz-weiße Federkleid der Elster (*Pica pica*) stellenweise ein bläulicher oder grünlicher Metallschimmer.

Different subspecies of the black-and-white Magpie show a more bluish or greenish metallic shine.

Certaines sous-espèces de la pie noire et blanche arborent un plumage plus métallique bleuté ou vert.

Markenzeichen des Amselhahns sind der orangegelben Augenring und Schnabel. Einst ein scheuer Waldbewohner, ist die Amsel (*Turdus merula*) vielerorts längst zum Kulturfolger geworden.

The male Blackbird is unmistakable with his orange-yellow eye rings and beak. Originally a shy woodland bird, this representative of the family of thrushes has become closely associated with human settlements.

On reconnaît distinctement le merle noir à ses yeux et son bec orange-jaune. Ce représentant de la famille des grives, à l'origine un oiseau farouche des bois, est devenu un habitué des territoires occupés par l'homme.

Junge Rehböcke sind stets auf der Hut. Immer droht ein Platzverweis durch einen alten terrritorialen Bock!

A young Roebuck stays alert at all times – there is indeed always the risk of being reprimanded by the old territorial buck!

Un jeune brocard reste constamment vigilant – il court en effet le risque de se faire réprimander à tout moment par le vieux brocard territorial.

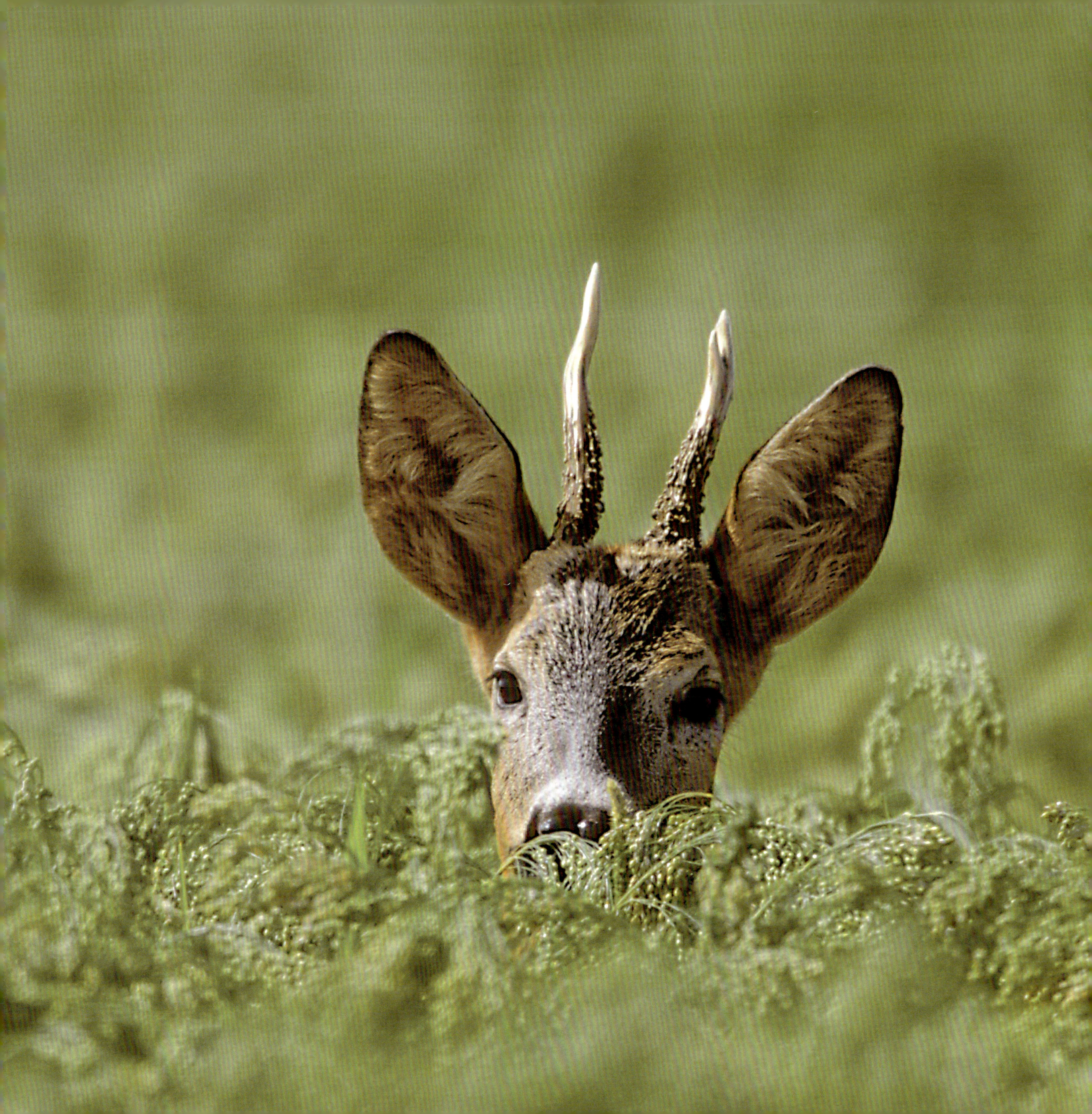

Das Reh (*Capreolus capreolus*) ist ein europäischer Kosmopolit: Es kommt fast überall zurecht und besiedelt mit Ausnahme lebensfeindlicher Extremregionen nahezu alle Landschaften Europas.

Roe deer are true European "cosmopolitans": they feel at home virtually everywhere and have established themselves in a wide range of habitats and landscapes throughout Europe.

Le chevreuil est un véritable cosmopolite européen: il se sent à l'aise un peu partout et s'est installé dans toute une variété d'habitats et de paysages à travers l'Europe.

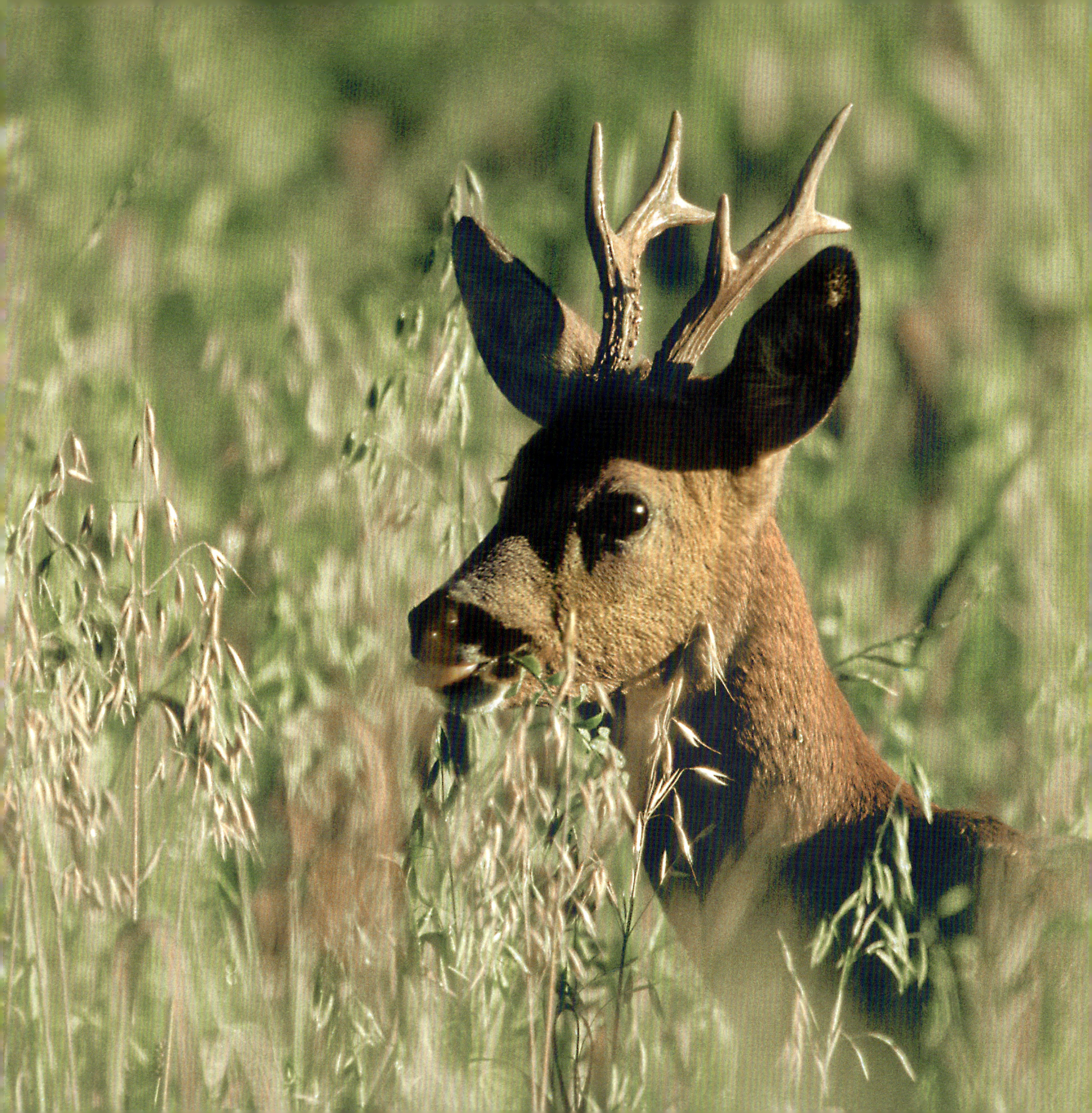

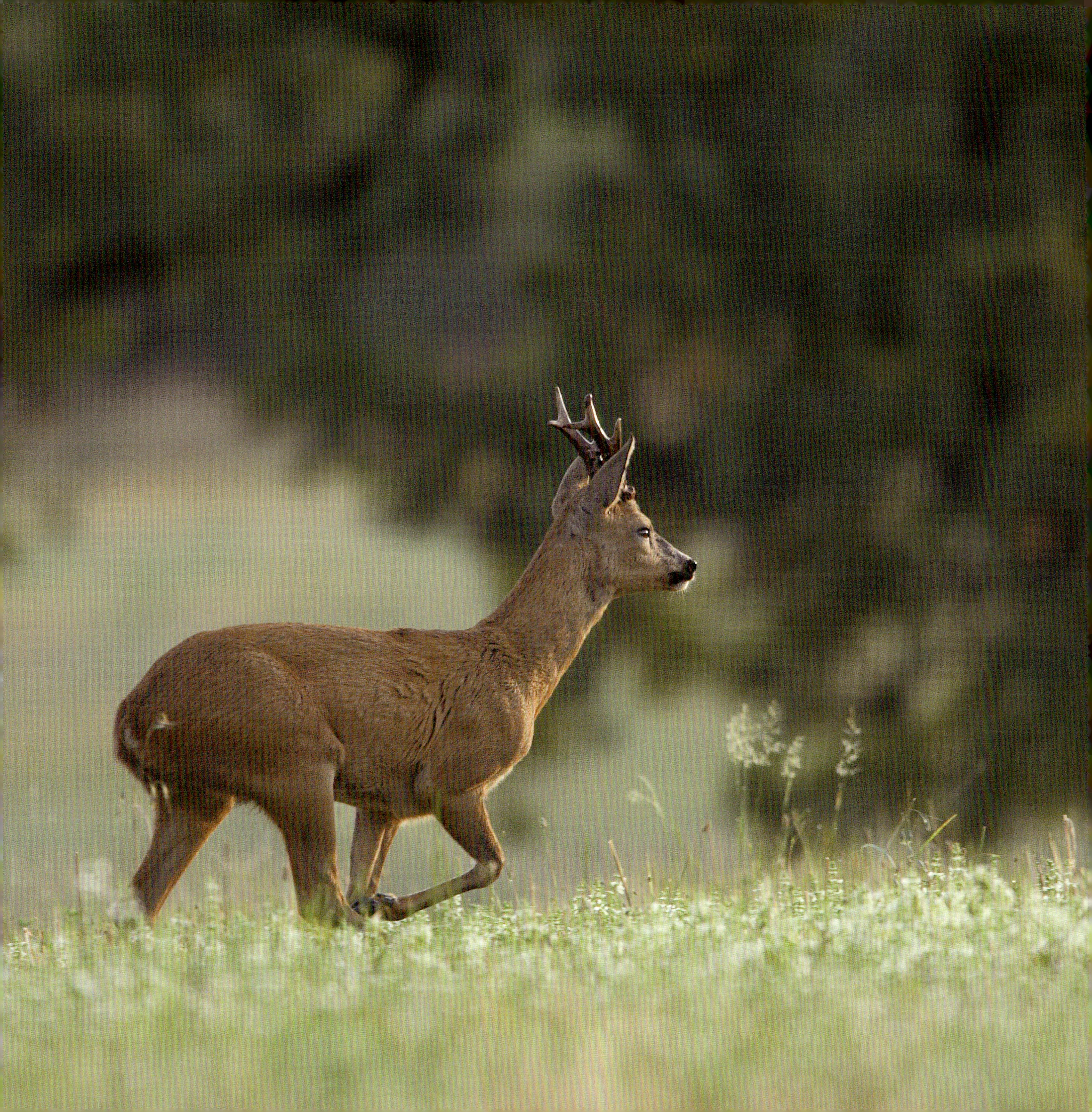

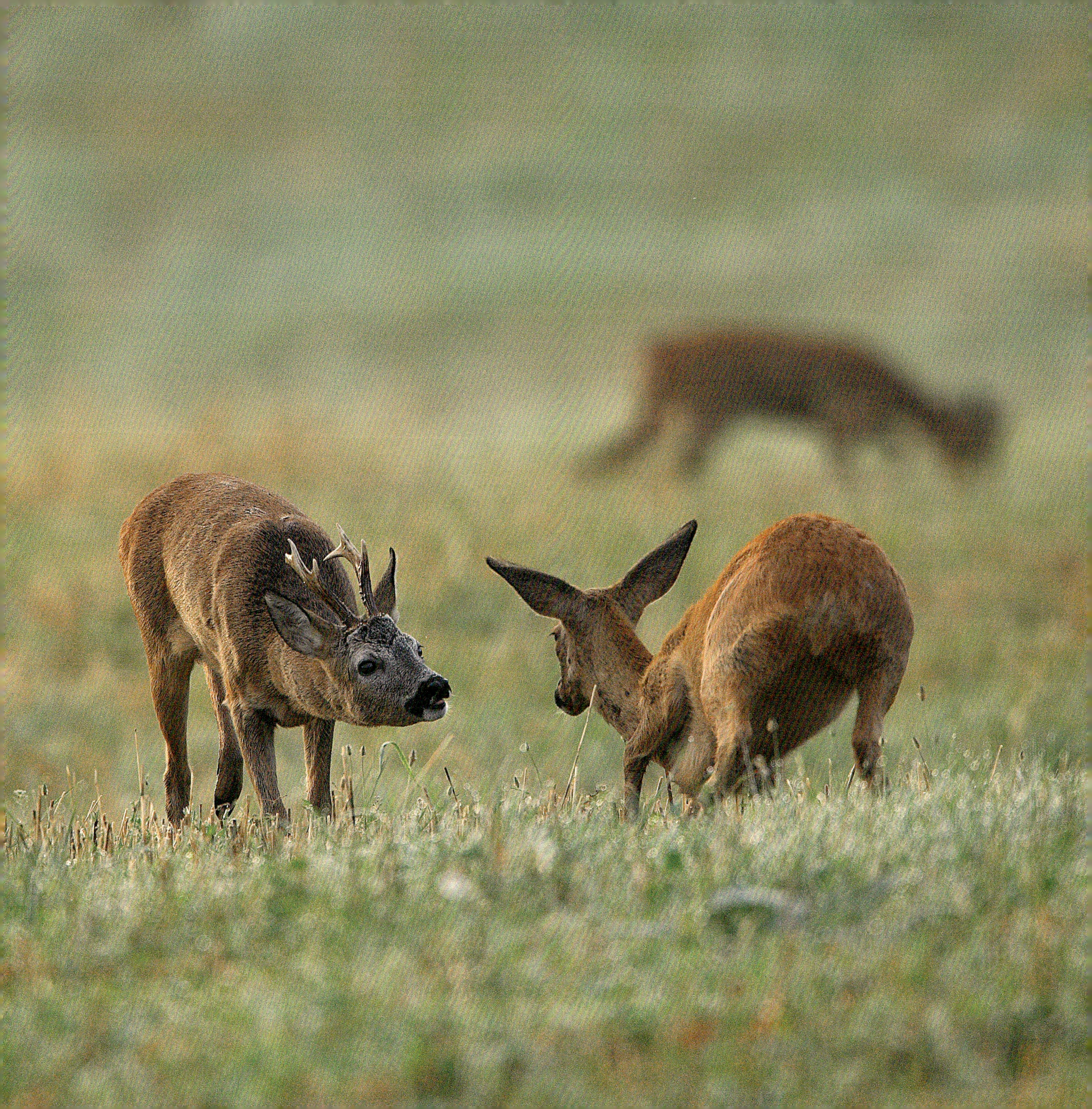

Rot leuchten die Beeren des Trauben- oder Hirschholunders *(Sambucus racemosa).*

Red elderberry is an appropriate name for this treelike shrub.

Le sureau à grappes, un nom des plus appropriés pour cet arbuste.

Bis zu vier Meter weite Sätze vollführen die sprunggewaltigen Rehe auf der Flucht. Ausdauer ist dagegen nicht ihre Stärke, denn Herz und Lunge des „Schlüpfertyps" sind nicht auf lange Strecken ausgelegt.

While running, Roe may cover distances of up to four metres in one leap but their endurance is less impressive, as the physiology of their heart and lungs is not adapted to long distances.

Alors qu'un chevreuil en course peut sauter jusqu'à quatre mètres de longueur, on ne peut pas dire que son endurance en impose car la constitution de son cœur et de ses poumons n'est pas adaptée aux longues distances.

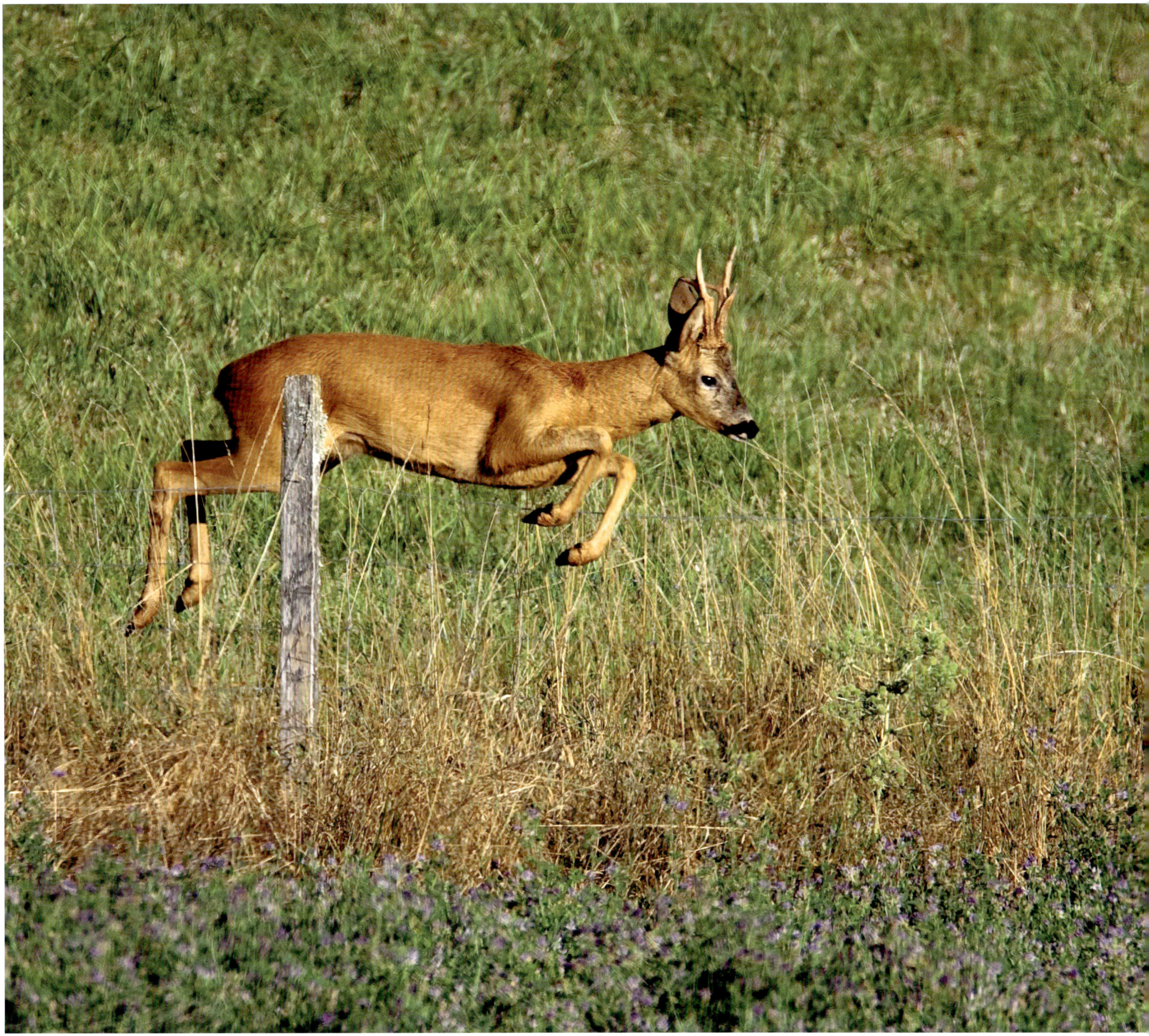

Der Duft der brunftigen Ricken löst die Blattzeit aus. Er steigt dem Bock „in die Nase" – den Windfang – und ruft ihn auf den Plan!

It is the scent of the Roe doe in oestrus that will trigger the rut: as soon as the buck has received this olfactory signal, he knows what is expected of him.

L'odeur de la chèvre en chaleur lance le rut: dès que le brocard reçoit ce signal olfactif, il sait ce que l'on attend de lui.

Am Ende einer wilden Jagd – zuletzt verläuft sie oft in kreisförmigen „Hexenringen" – ist es so weit: Der Grundstein zu neuem Leben wird gelegt. Tagelang kann das „Vorspiel" manchmal dauern.

The culmination of a wild chase, the buck following the doe in increasingly narrow circles: the beginning of a new generation. This courtship may last for several days.

Le point culminant d'une poursuite sauvage, le brocard encercle la chèvre de plus en plus près: le début d'une nouvelle génération. Ces préliminaires peuvent durer plusieurs jours.

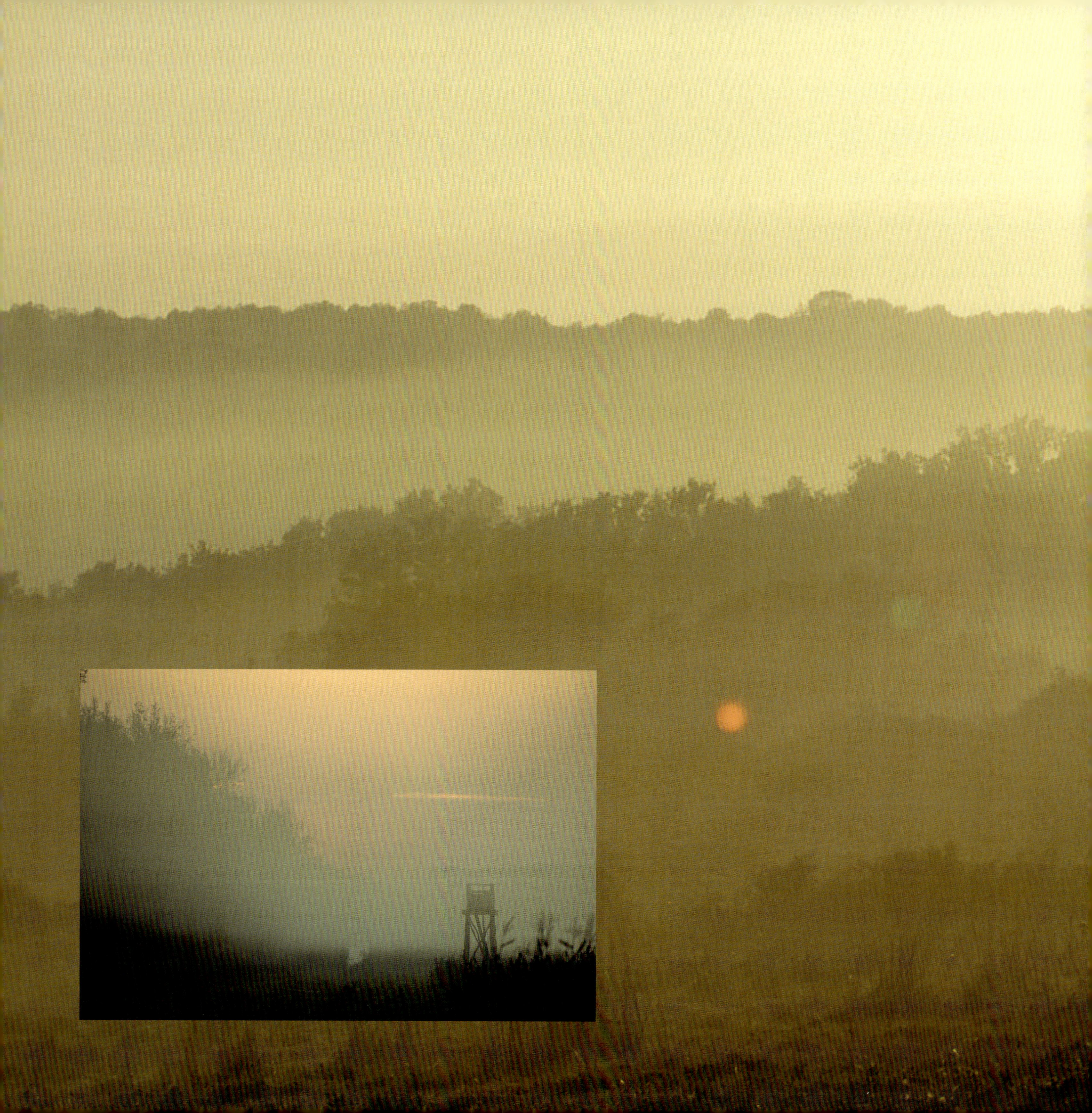

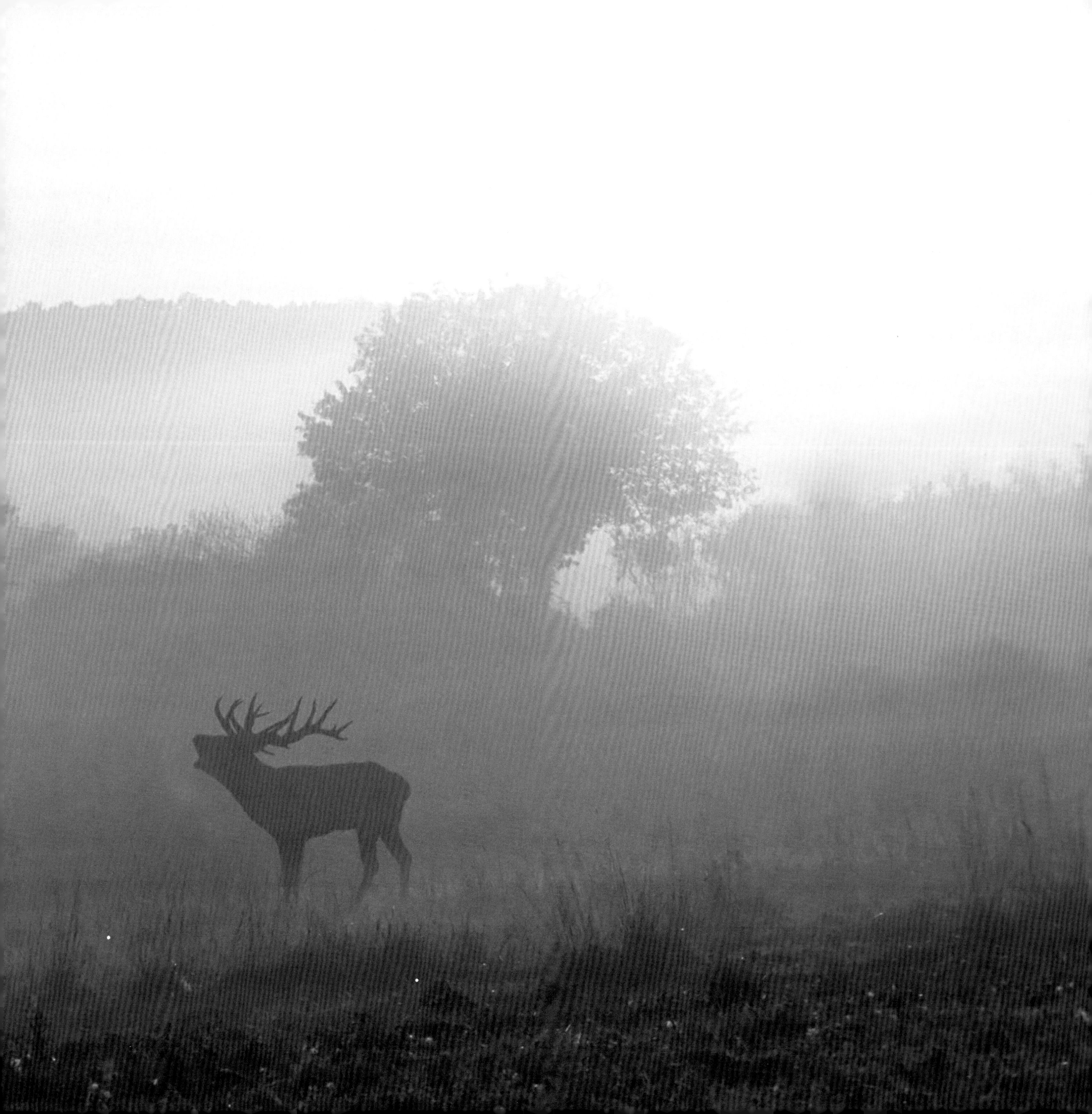

Seite 120/121: Wahre Glücksmomente in freier Wildbahn: Herbstnebel liegt über dem glitzernden Morgentau und dem Röhren der liebestollen Rothirsche – kaum wagt die Sonne, den Dunst zu durchbrechen. Traum oder Wirklichkeit?

Page 120/121: Moments of true happiness in wild nature: the autumn mist covers the sparkling dewdrops as well as the muffling of the rutting Red deer stag – the sun seems unwilling to lift the fog. Is this a dream or reality?

Moments de pur bonheur dans la nature sauvage: la brume automnale couvre les perles de rosée du matin ainsi que le brame du cerf en rut – le soleil semble ne pas vouloir lever le brouillard. Rêve ou réalité?

Urplötzlich stand der „Waldkönig" da, sicherte, äugte prüfend mal zum Kahlwild, dann wieder auf mich herab. Rotwild *(Cervus elaphus)* sieht schlechter als der Mensch, entscheidender sind das nahezu perfekte Witterungsvermögen und das feine Gehör. Geräusche ortet es auf große Entfernung mit seinen unabhängig voneinander beweglichen Lauschern.

Suddenly the "king of the forest" appears, searching for his hinds and then again staring in my direction. Red deer have poorer vision than man but excellent olfactory and hearing senses; they may record a rustle at great distances, also thanks to their long and flexible ears.

Soudain, le roi de la forêt apparaît, à la recherche de ses biches, et il regarde dans ma direction. La vue du cerf est moins développée que celle de l'homme, mais ses sens olfactifs et auditifs sont excellents – il peut entendre un bruissement à très grande distance grâce à ses oreilles longues et flexibles.

Der „Waldgeist" ... Nur seine Abwurfstangen hatte man gefunden, nach tagelanger Suche gelangen dann diese Aufnahmen!

A "forest ghost" ... Only his cast antlers had been found earlier and it took me many days before making these pictures!

Un »fantôme de la forêt« ... Seuls ses bois avaient été retrouvés précédemment ... Il m'a fallu plusieurs jours avant de pouvoir prendre ces photos!

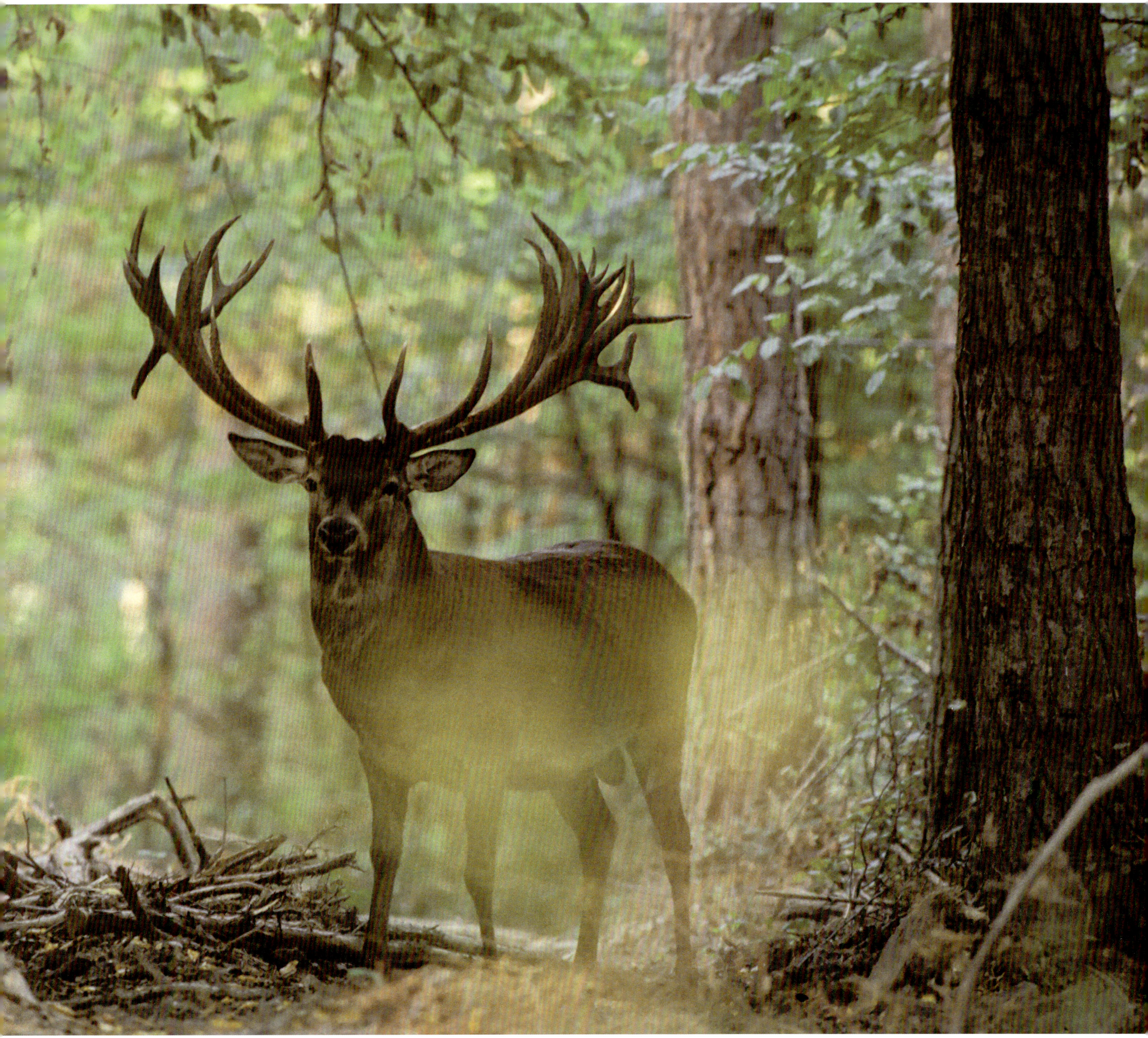

Hausrotschwanz *(Phoenicurus ochruros)*:
Weibchen oder Jungvogel? So nicht eindeutig
zu sagen ...

Black redstart: female or juvenile?
It is difficult to judge from this position ...

Rouge-queue noir: jeune ou femelle?
Difficile à dire sous cet angle ...

Ein Abnormer! Für manche Sammler und Jäger besaßen solche Trophäen immer schon unschätzbaren Wert, wie alte Geweihsammlungen bezeugen. Abnormitäten entstehen oft durch Schädel- oder Knochenverletzungen.

A deformed antler! For many collectors and hunters, such trophies were always a special attraction, as older antler collections illustrate. Such deformations are often the result of injuries to skull or other bones.

Une tête bizarde! Pour de nombreux collectionneurs et chasseurs, ces trophées sont d'un intérêt particulier, comme l'illustrent bien les vieilles collections de massacres. Ces déformations sont souvent le résultat de blessures au crâne ou aux os.

Die Jagd mit der Kamera nach eindrucksvollen Motiven kostet viel Zeit, beschert aber immer wieder herrliche Momente, neue Eindrücke und vor allem Begegnungen mit interessanten Jägern und Menschen aller Länder und Schichten. Eines verbindet uns: die „Jagd" – das Aufspüren und „Erlegen" des Wildes!

Hunting with a camera for impressive images is very demanding but at the same time also rewarding: it yields new impressions and above all encounters with interesting people from different countries and backgrounds. There is one thing we have all in common: "hunting", the search for and "capture" of wild animals!

Il est très difficile de chasser à l'aide d'un appareil photo pour capturer des moments insolites mais c'est en même temps très gratifiant: nouvelles impressions et surtout rencontres avec des gens intéressants de différents pays et milieux. Nous partageons tous quelque chose en commun: la »chasse«, la recherche et la »capture« de la faune sauvage!

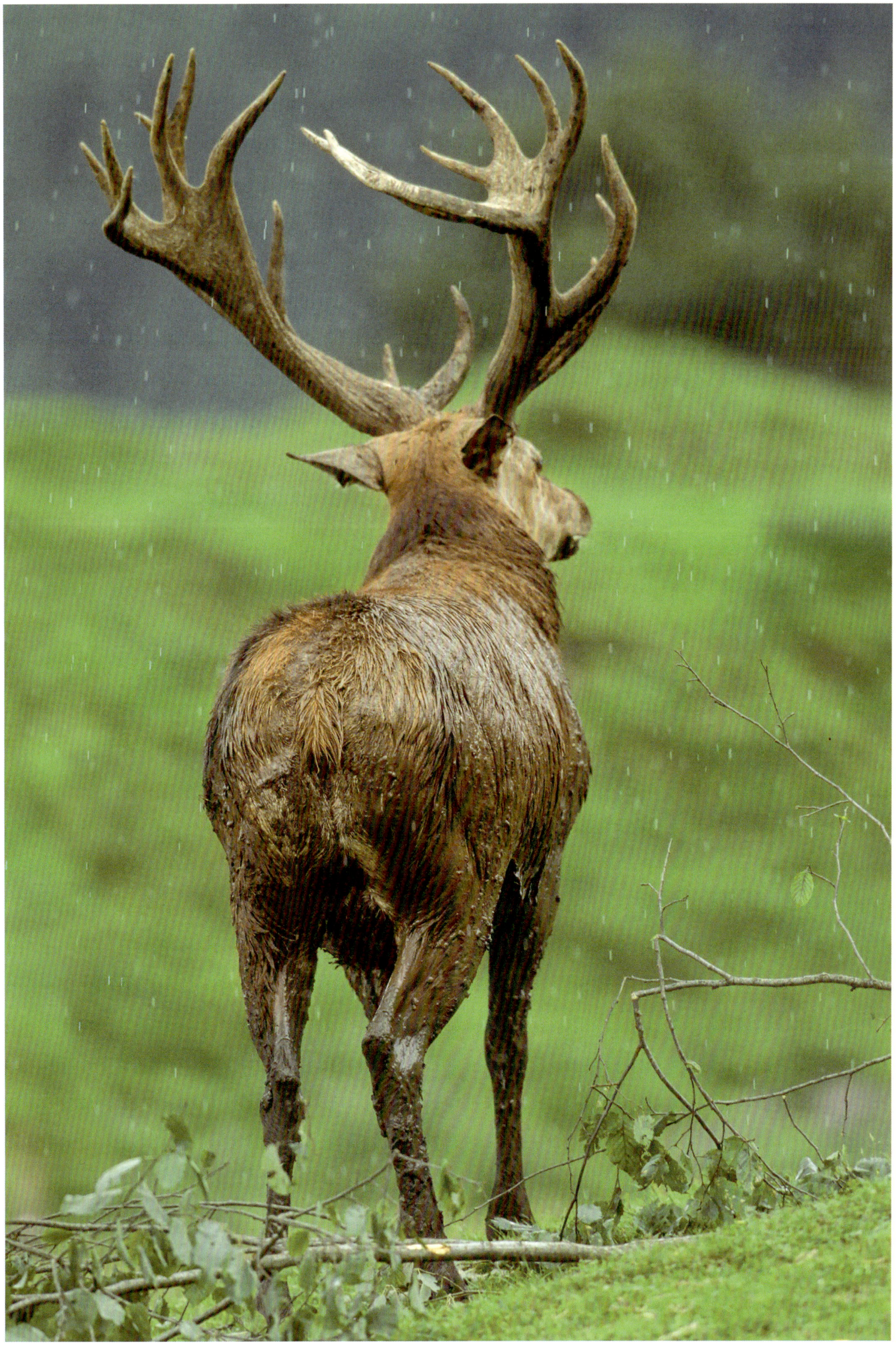

Ein Sündenfall auch im Hirschparadies? Dem Geweihten „läuft das Wasser im Mund zusammen", während das „Eva"-Tier mit dem Apfel lockt ...

Is this the Fall in the Red deer's Garden of Eden? The stag is mouth-watering while the "Eva" hind is luring him with an apple ...

Est-ce le péché originel dans le jardin d'Eden des cervidés? Le cerf a l'eau à la bouche et la biche le piège en lui tendant une pomme ...

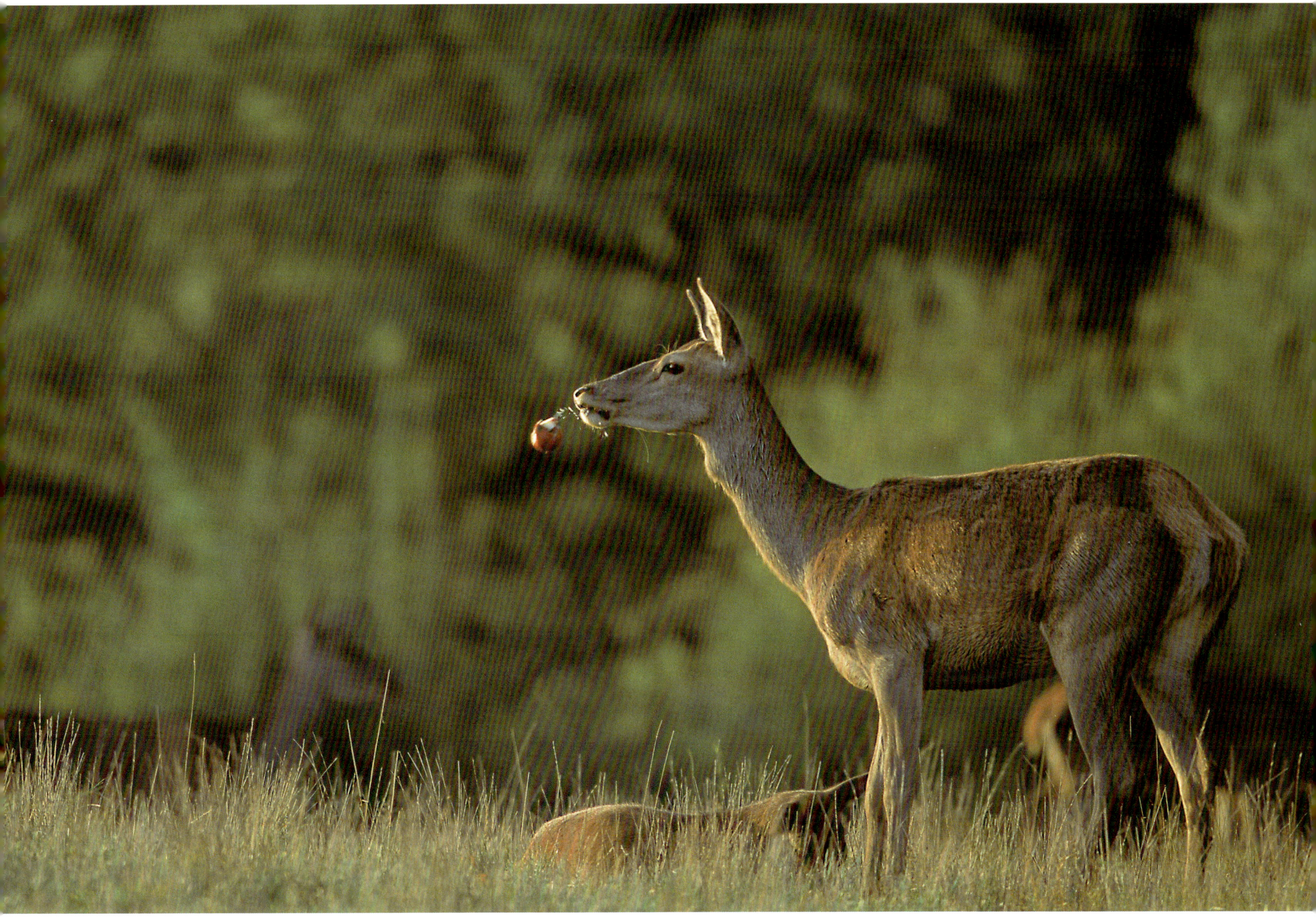

„Gärtner im Balaton". Des Öfteren beobachtete ich Rotwild in diesem von Wasser geprägten ungarischen Revier mitten im Schilf. Einmal kam dann ein rechter „Prahlhans" daher – das Geweih beladen wie ein Heuwagen!

"The gardener from Balaton Lake". Regularly I observed Red deer in this Hungarian wetland, standing in the middle of reed beds. This stag was showing off with his antlers loaded like a hay cart!

"Le jardinier du lac Balaton". J'ai régulièrement observé des cervidés debout au milieu des roseaux dans cette zone humide hongroise. Ce cerf posait fièrement avec ses bois chargés comme une charrette de foin!

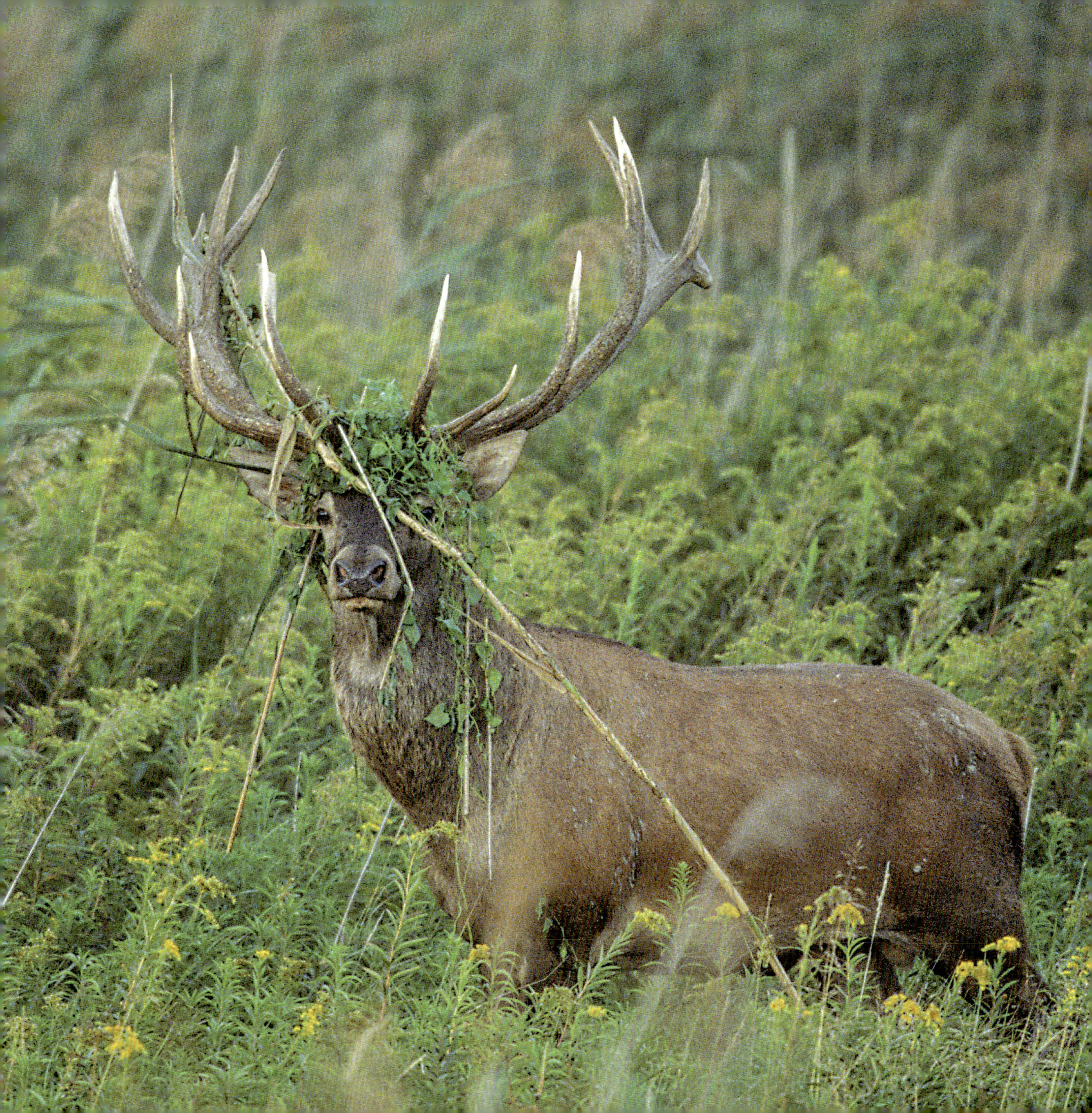

Wer die Brunft auslöst – Hirsche oder Tiere –, wird viel diskutiert. Am intensivsten verläuft sie wohl, wenn beide synchron in Brunftstimmung geraten. Junge und mittelalte Hirsche stehen zuerst beim Kahlwild, erst später folgen die reifen „Paschas". Die Jäger kümmern sich im Rahmen der Hege darum, dass es solche „Alten" auch wirklich gibt. Und engagieren sich dafür, dass die Wanderrouten des Rotwildes nicht gänzlich von den „Errungenschaften menschlicher Zivilisation" zerschnitten und seine Vorkommen nicht noch weiter isoliert werden!

There are different views on which ones trigger the rut: the stags or the hinds? When both come into the right mood simultaneously, the rut is clearly most intense. Younger stags are the first to join the hinds; the mature "Pashas" only come later. Hunters and wildlife managers try to ensure that these truly old stags remain present. They do what they can to preserve the Red deer habitat, and in particular, to prevent their wandering routes becoming cut off by "man-made features" so that the species' distribution does not become even more fragmented.

Il existe plusieurs théories sur celui qui déclenche le rut: le cerf ou la biche? Lorsqu'ils atteignent le même état d'esprit simultanément, le rut est nettement plus intense. Les jeunes cerfs sont les premiers à rejoindre les biches; les »Pachas« matures n'arrivent qu'après. Par leur gestion, les chasseurs s'efforcent d'assurer que ces vieux cerfs soient toujours présents. Ils font leur possible pour préserver l'habitat des cervidés et en particulier empêcher que leurs routes de migration soient coupées par la »civilisation« et éviter ainsi une fragmentation accrue des populations.

Wie ein einzelner roter Mohn im Kornfeld hervorsticht, so lässt auch der schreiende Hirsch alles andere in den Hintergrund treten. Majestätisch und urgewaltig – kein Zweifel: Er ist der „König der Wälder!"

Just as a single poppy stands out in the cornfield it is the roaring stag that attracts the full attention of any observer. Majestic and imposing: there can be little doubt who is the real "king of the forest"!

De même qu'on remarque un pavot au milieu d'un champ de blé, le cerf qui brame attire à lui toute l'attention. Majestueux et imposant: il n'existe aucun doute sur l'identité du »Roi de la forêt«.

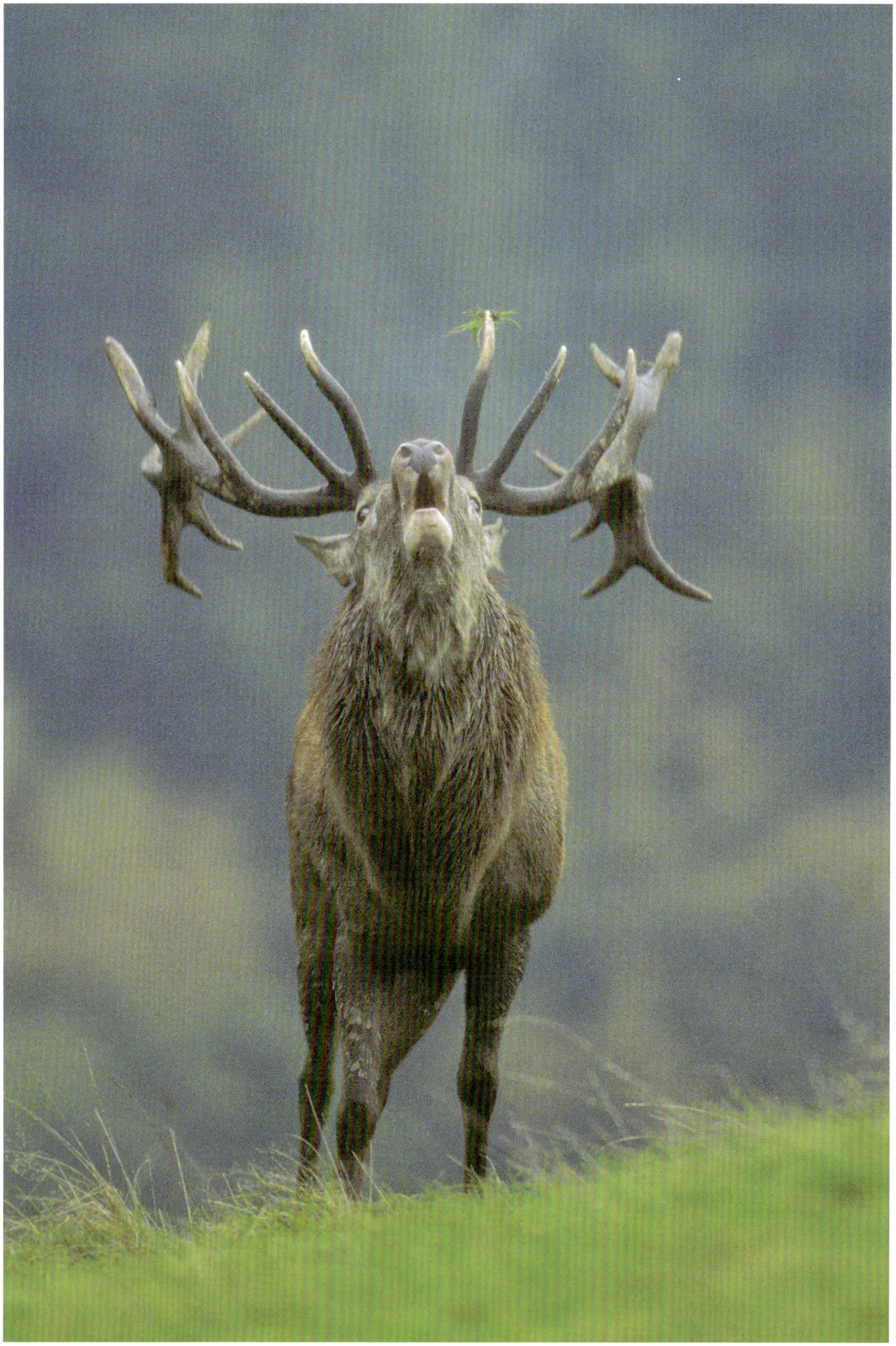

Fasziniert scheint das Tier der Stimmgewalt des leidenschaftlich röhrenden Hirsches zu lauschen! Doch ist es ein Rottier? Oder vielleicht ein Dam- oder ein Weißwedeltier? – Es ist ein Damtier!
Verblüffend auch, wie sich der Hirsch auf Seite 137 und dieser ähneln ... und doch wurden sie über tausend Kilometer voneinander entfernt und bei ganz unterschiedlichem Licht fotografiert – Erster am Spätnachmittag und dieser auf der Morgenpirsch.

The hind seems to be fascinated by the impressive voice of the stag, roaring passionately. But is it really a Red deer hind? It may be a Fallow or Whitetail doe?
It is a Fallow doe!
It is amazing how this stag seems to be the spitting image of the one on page 137 ... and yet both pictures were taken over one thousand kilometres apart and under very different light conditions – the first one late in the afternoon and this one during a morning outing.

La biche semble fascinée par la voix impressionnante du cerf bramant avec passion. Mais est-ce une biche de cerf élaphe? Peut-être une daine ou une biche de cerf de Virginie?
C'est une daine!
Il est étonnant de voir à quel point ce cerf semble être le portrait craché de celui de la page 137 ... et pourtant ils ont été photographiés à plus de mille kilomètres l'un de l'autre et dans des conditions de lumière bien différentes – le premier en fin d'après-midi et le second lors d'une sortie matinale.

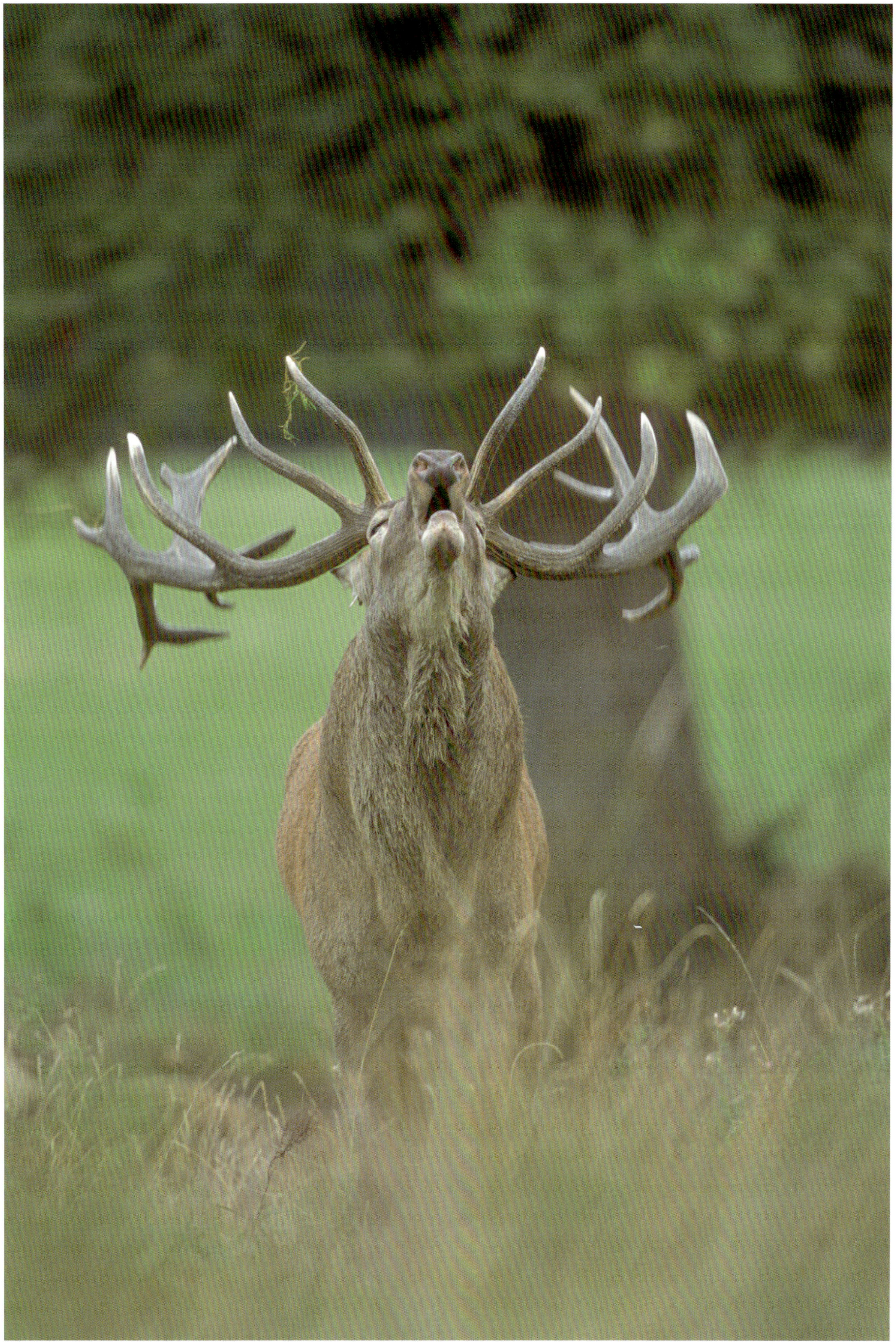

Einmalige Poesie der Brunft – ein Fest der Sinne im duftumwobenen magischen Licht und in der geheimnisvollen Akustik der alten bunten Wälder um Schloss Chambord im Loire-Tal ...

Pure poetry during the Red deer rut – a treat for the senses under the magical light and the mysterious acoustics of the old forests around the Chambord Chateau in the Loire Valley ...

La poésie à l'état pur durant le brame du cerf – une fête des sens sous la lumière magique et l'acoustique mystérieuse de la vieille forêt entourant le château de Chambord dans la Vallée de la Loire ...

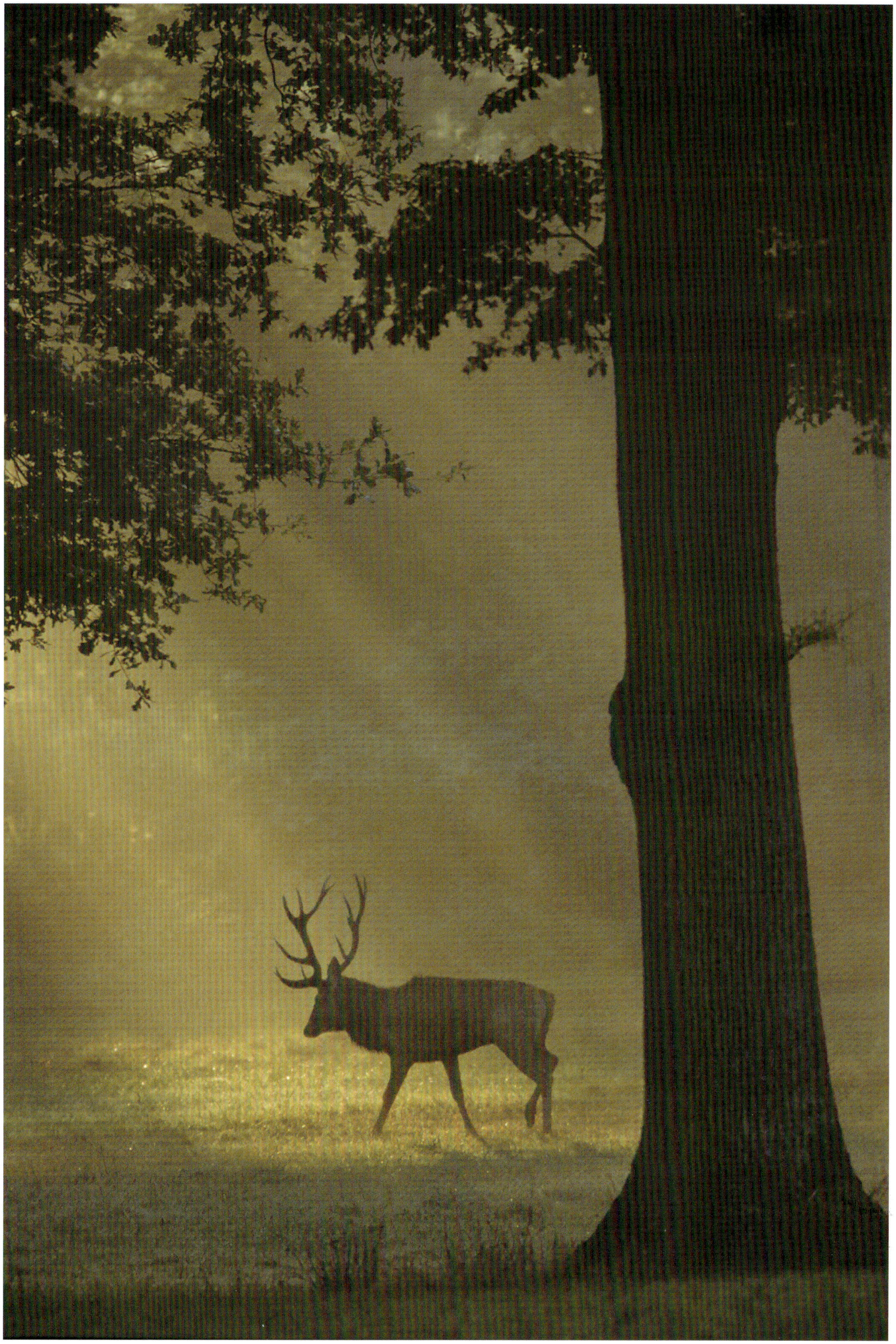

Chambord, Ende September, Frühansitz: Die Brunftbühne war bis auf den erschöpft im Bett liegenden Platzhirsch bereits leer. Als ich den Wind verräterisch im Nacken spürte, wurde der Hirsch hoch – suchend ging sein Haupt in meine Richtung. Dann drehte er sich breit, forkelte erregt den Boden und begann plötzlich zu spritzen! Ein fotografischer Glücksmoment, der später auch mit dem „Grand prix du CIC" prämiert wurde.

Chambord, late September, a morning outing: only one stag remains on the rutting place, lying down exhausted. When the wind turns unexpectedly, he gets up, looks suspiciously in my direction, then turns away, stabs his antlers in the soil and suddenly starts to pee! A moment of photographic luck, afterwards rewarded with the "CIC Grand Prix".

Chambord, fin septembre, une sortie matinale: seul un cerf est resté sur la place du brame, couché et épuisé. Lorsque le vent change soudainement de direction, il se lève, regarde suspicieusement dans ma direction, se retourne, plante ses bois dans le sol et se met à uriner! Un moment photographique chanceux, récompensé plus tard du »Grand Prix CIC«.

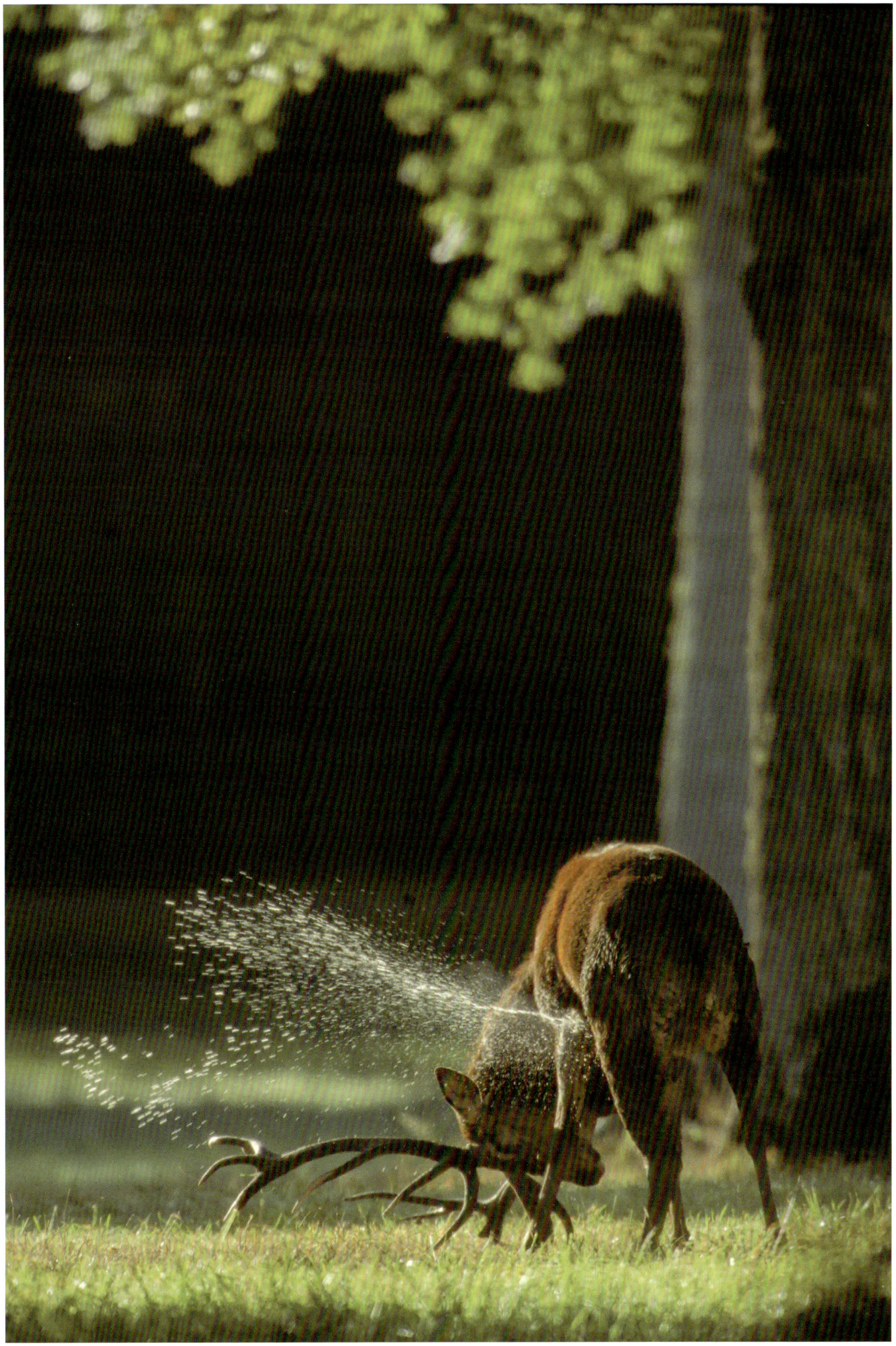

Die eindrucksvolle Rotwildbrunft spielt sich je nach klimatischen Gegebenheiten von September bis Oktober ab. Von weit her ziehen die Hirsche zu den traditionellen Brunftplätzen. Dort tauchen dann oft völlig „Unbekannte" auf.
Der spanische Rothirsch *(Cervus elaphus hispanicus)* unterscheidet sich nicht nur durch die geringere Körper- und Geweihstärke von den west- und osteuropäischen Verwandten *(C. e. elaphus* und *C. e. hippelaphus)*. Auch sein Brunftschrei klingt anders, denn er schreit, wie hier zu sehen, gleichsam nur aus der Kehle heraus und nicht aus tiefer Brust wie seine Brüder. Entsprechend weniger weit „trägt" auch sein Ruf.

The impressive Red deer rut takes place, according to the climatic conditions, between September and October. From far away stags travel to the traditional rutting grounds. From time to time, a completely "unknown" stag may appear there. Spanish Red deer not only has a smaller body and antlers than its West and East European relatives but also has a weaker and less far-reaching voice. Spanish Red deer roar, as can be seen here, from the throat and not from the thoracic cavity as is the case with the others.

Le brame impressionnant du cerf se déroule, en fonction des circonstances climatiques, entre septembre et octobre. Les cerfs viennent parfois de très loin pour rejoindre les places du brame. De temps en temps, un cerf totalement inconnu peut même apparaître à cet endroit. Le cerf élaphe en Espagne est non seulement plus petit en termes de corpulence et de bois que ses cousins d'Europe de l'Est et de l'Ouest, mais il a aussi une voix plus faible et moins portante. Comme on peut le voir ici, contrairement aux autres, son brame vient de la gorge et non de la cage thoracique.

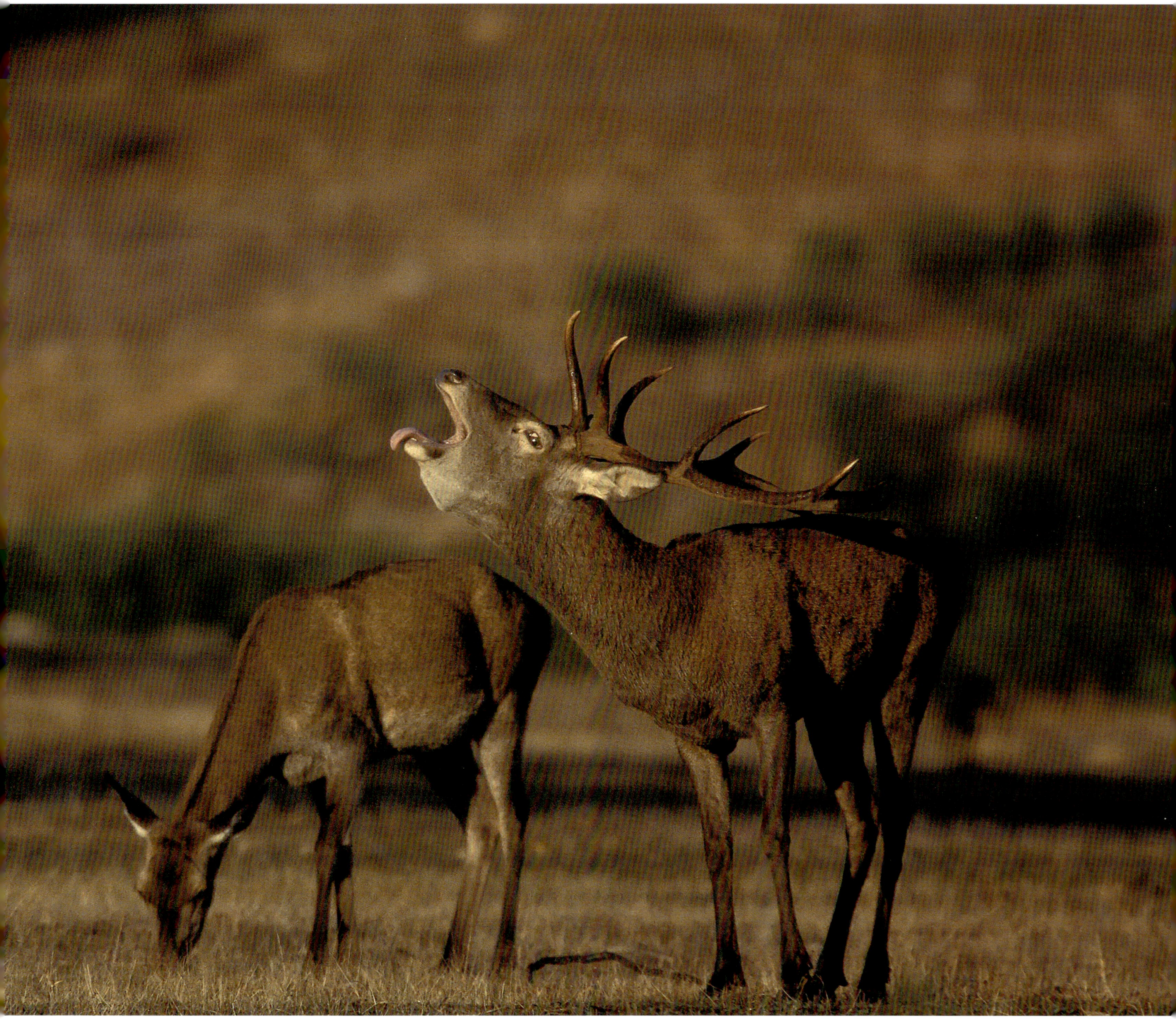

Rufduell zweier Rivalen. „Konzertiert" wird im Sitzen, Stehen und Liegen, je nach „Bedarf" bei Tag, bei Nacht oder rund um die Uhr!

An acoustic duel between two competitors. They roar while sitting, standing or lying, and as appropriate, during daytime, at night or around the clock!

Un duel acoustique entre deux adversaires. Ils brament en position assise, debout ou couchée et, selon »les besoins«, de jour, de nuit ou 24 heures durant.

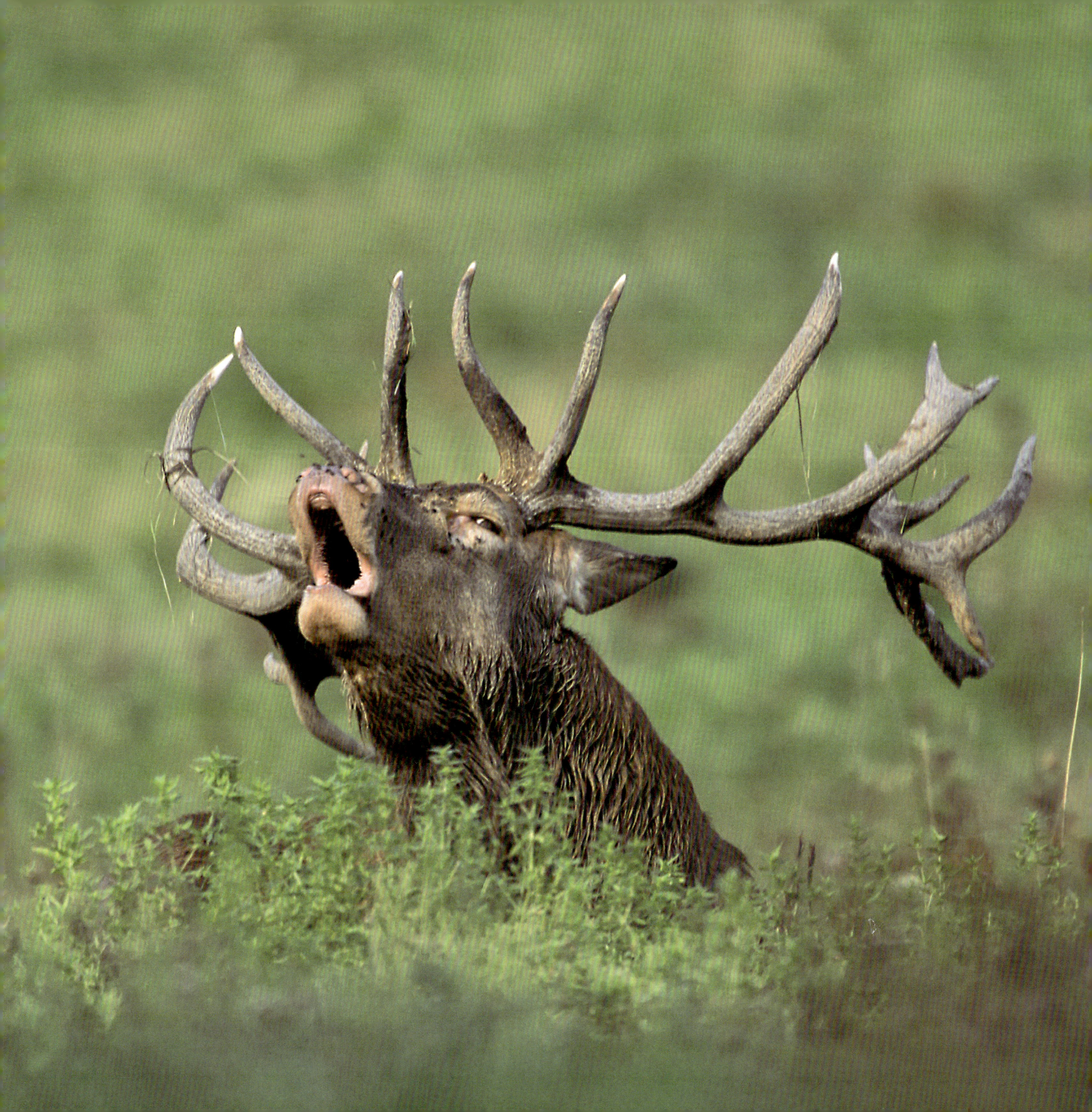

Nur zwischen annähernd gleichstarken Rivalen kommt es nach einer Reihe von Imponierhandlungen zu ernsthaften Geweihkämpfen. Der rechte Hirsch entschied solche Auseinandersetzungen oft mit einer speziellen „Technik": Er schlug eine Geweihstange des Kontrahenten seitlich nieder, schob gleichzeitig nach und zwang sein Gegenüber so in die Knie.

It is only between two antagonists of roughly equal strength that, after a number of attempts to impress each other, serious fighting may take place. The stag on the right often successfully concluded such combats using special tactics: he would beat an antler of his opponent to one side, then move himself forward and so bring the rival to his knees.

De sérieux combats n'ont lieu qu'entre deux adversaires de force plus ou moins équivalente et seulement après de nombreuses menaces. Le cerf de droite remportait souvent de tels combats en utilisant une tactique spéciale: il abaissait un des bois de son opposant sur le côté, s'avançait vers lui et forçait ainsi son rival à se mettre à genoux.

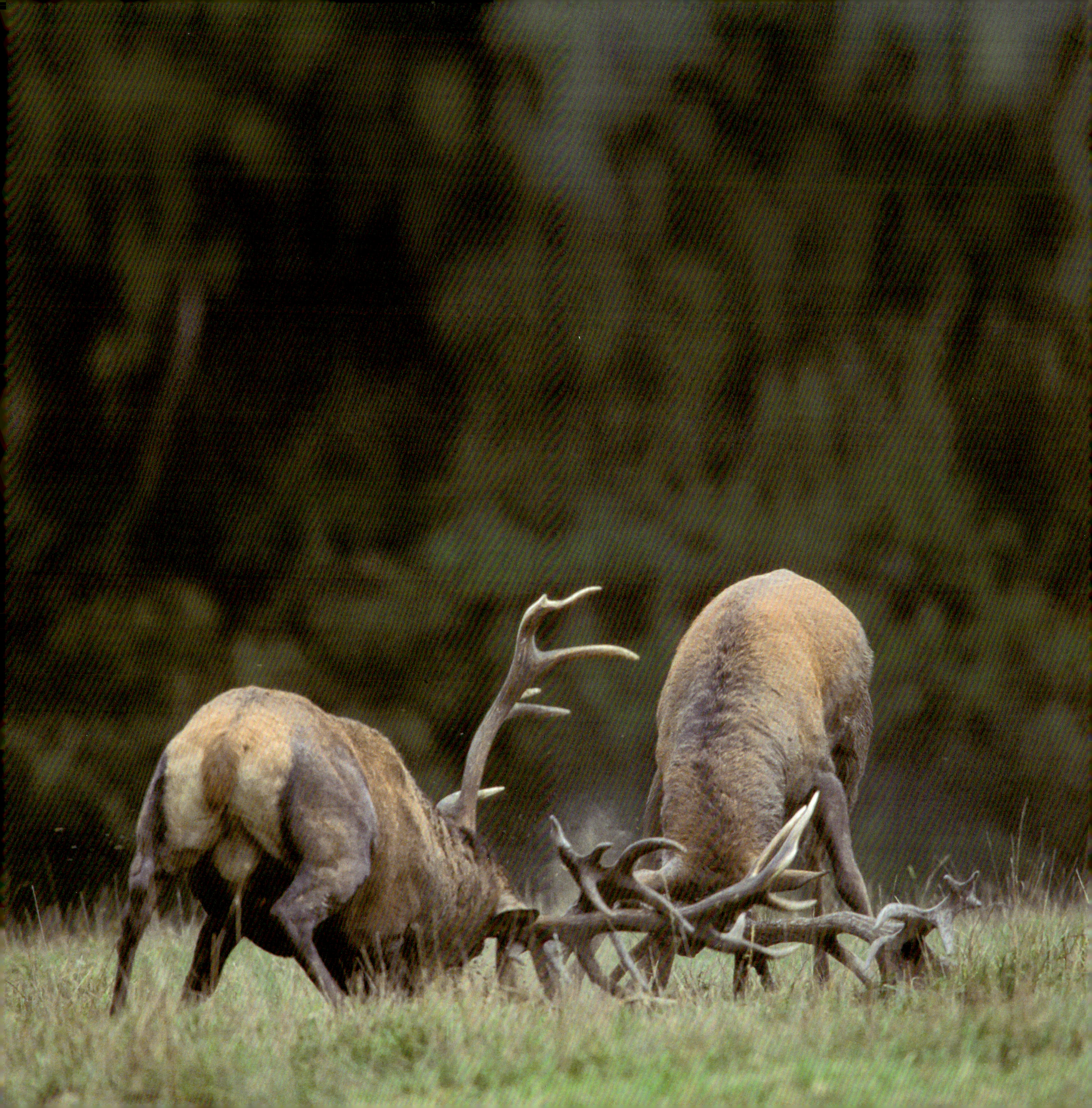

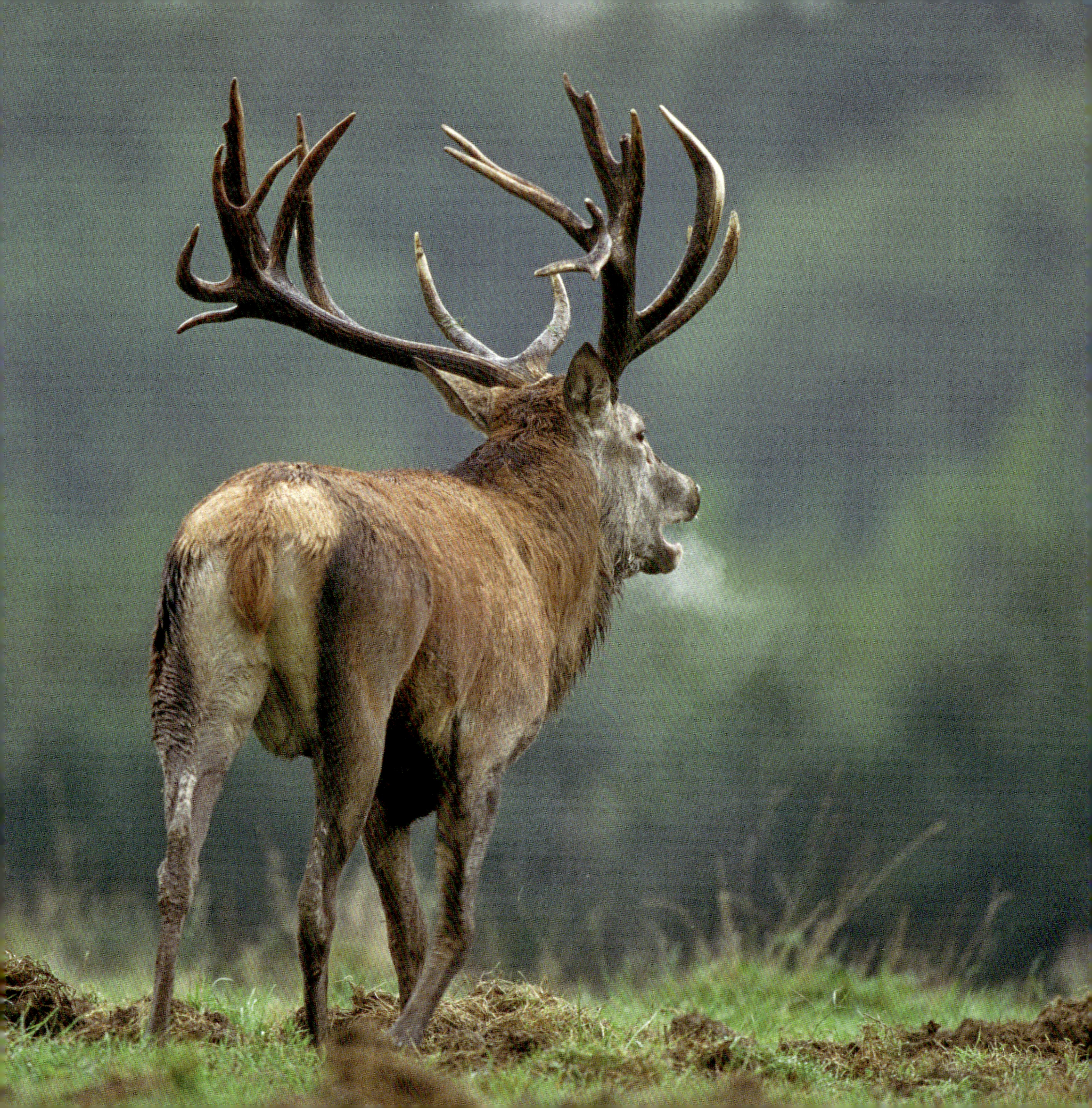

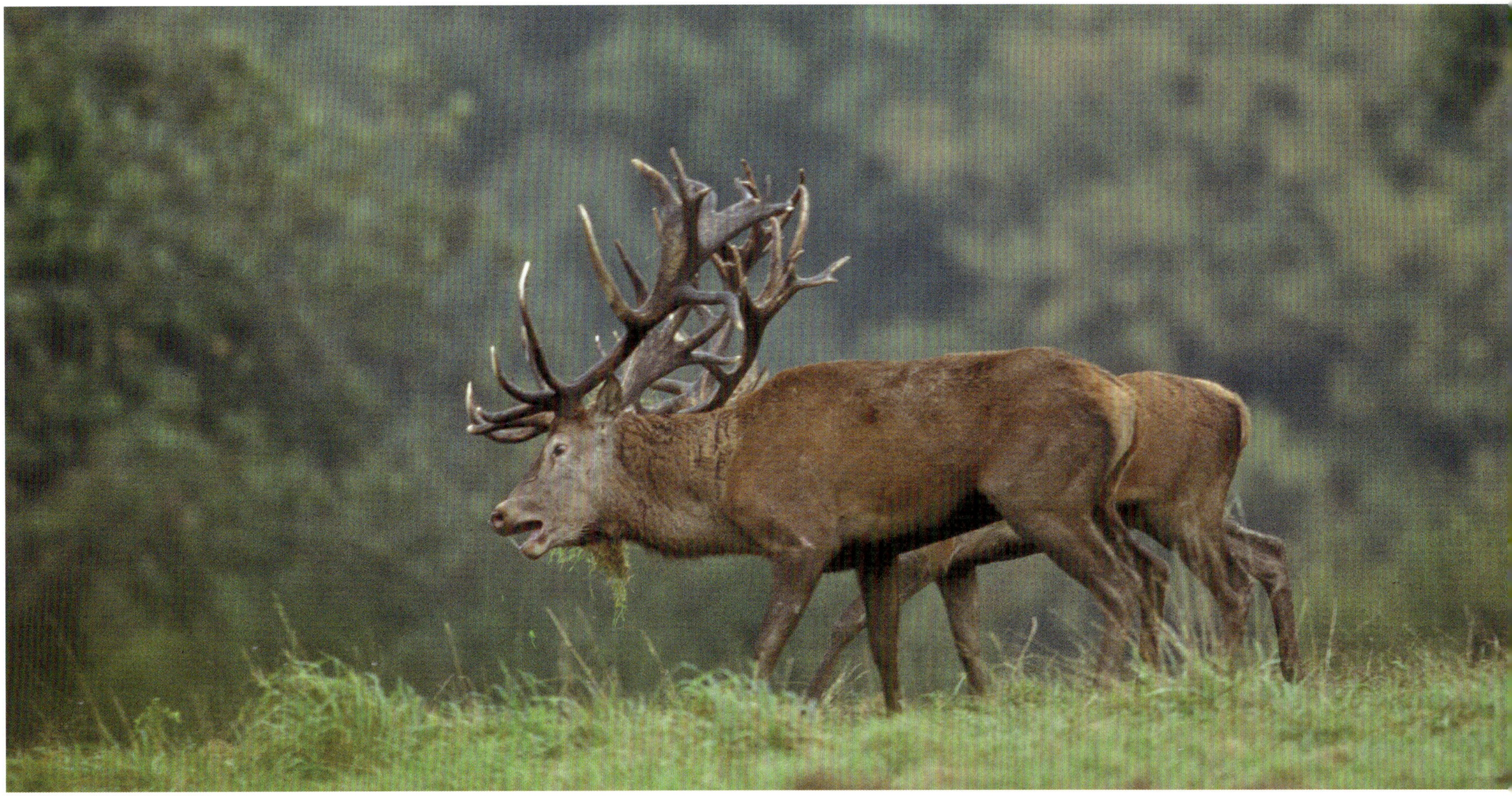

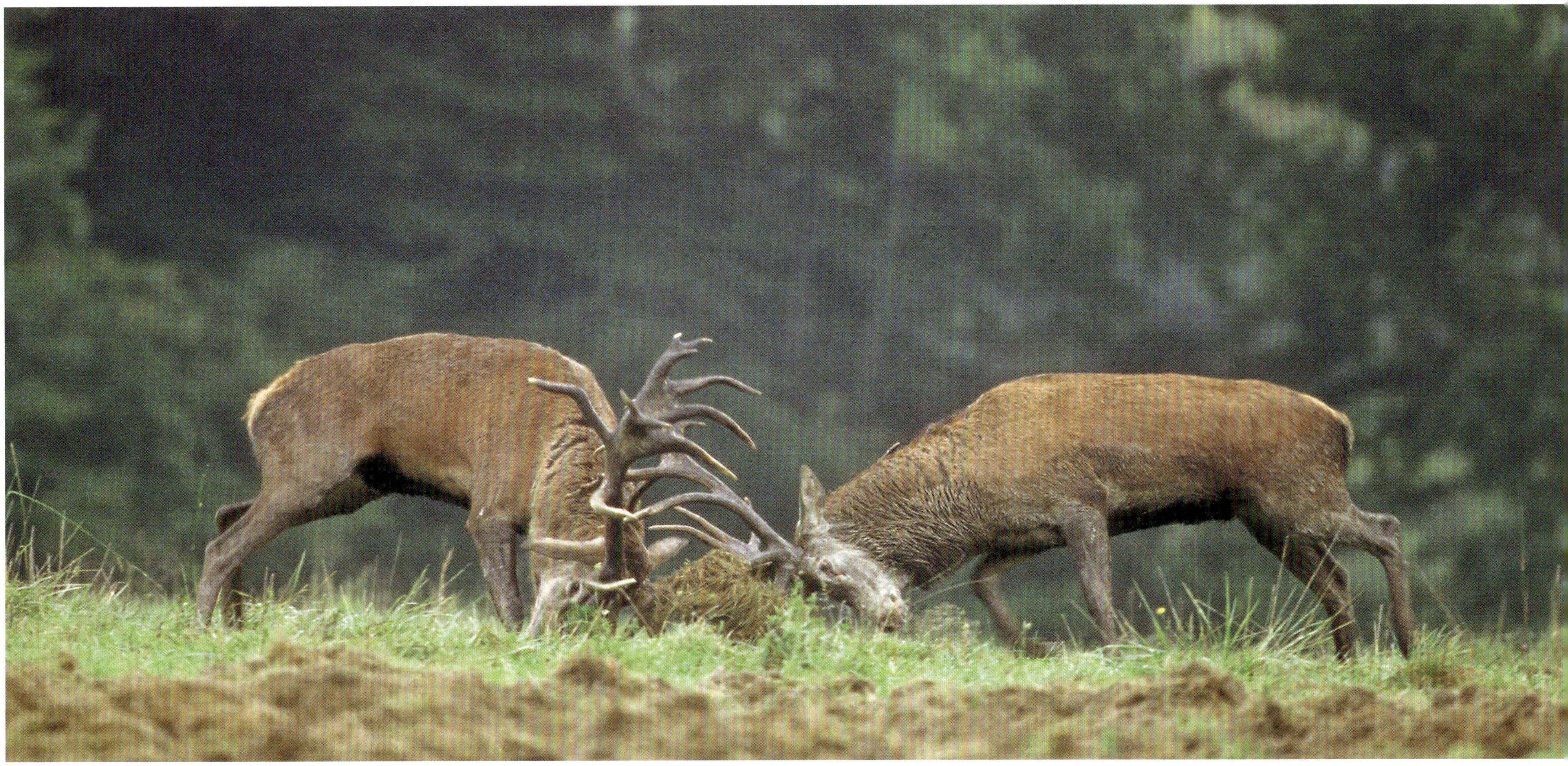

Frühnebel, der Tarnschleier des Wildes ...

Morning fog, the protective cover for wild creatures ...

La brume du matin, un manteau de camouflage pour les créatures sauvages ...

Die weißen Trichterblüten der Zaunwinde (Calystegia sepium) sind wunderschön. Dass die Pflanze fast alles überwuchert, dämpft vielfach die Begeisterung für sie.

Although the white funnel-shaped flowers of the Larger bindweed are stunning, its rampant character makes it not so very popular.

Bien que les fleurs blanches en forme d'entonnoir du liseron des haies soient magnifiques, son caractère envahissant le rend moins populaire.

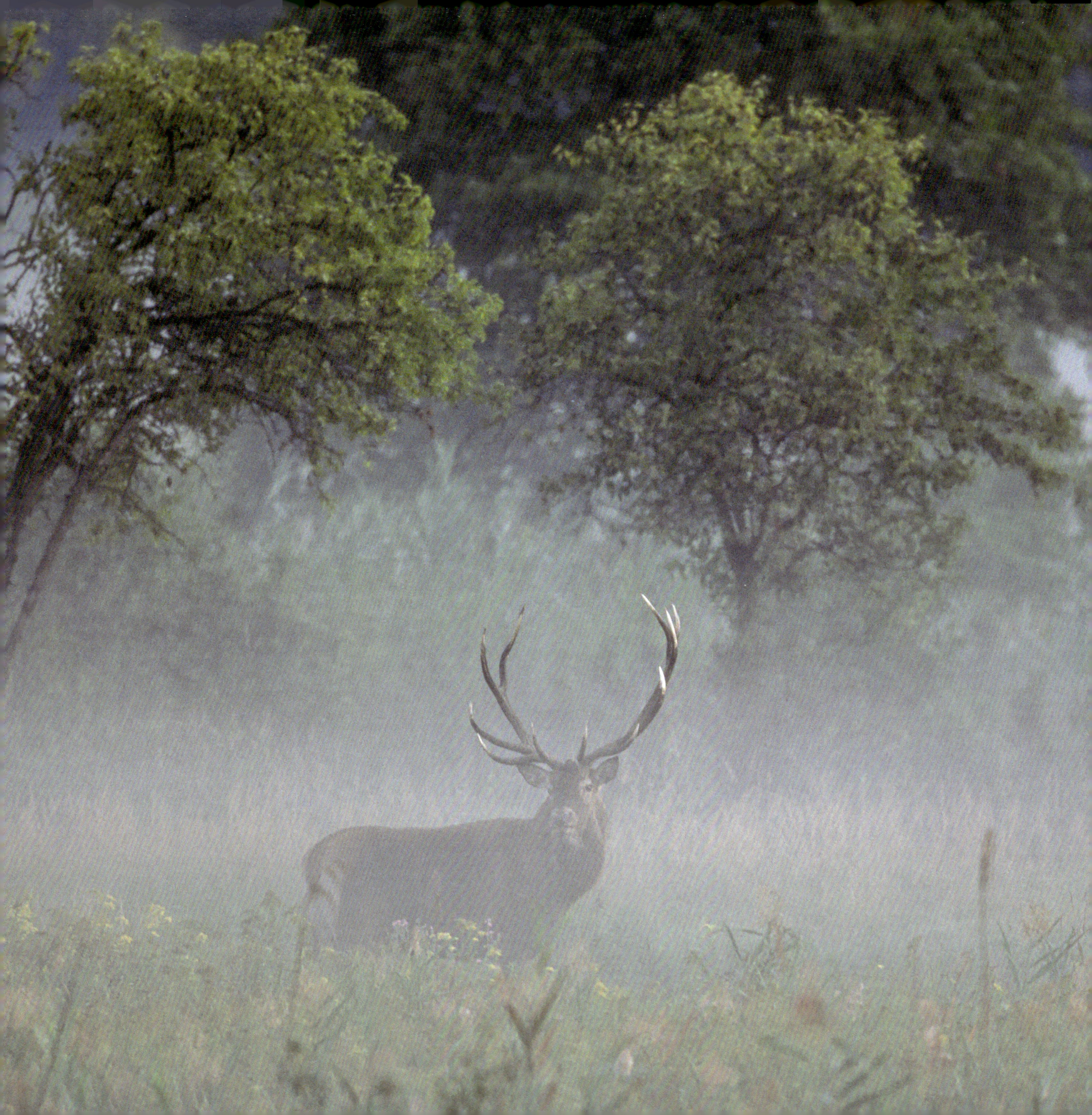

Er hatte eine markante Ramsnase, war von kräftiger Statur, dazu flink und wendig mit seinem nicht zu protzigen Geweih – und jahrelang unumstrittener „Chef" des Hauptbrunftplatzes. Kein anderer erschien so früh wie er, kein anderer schrie so ausdauernd und kein Nebenbuhler konnte ihm je sein Rudel streitig machen. Sein Ende war so ungewöhnlich wie er selbst: Ein Forkelstich mit dem eigenen Geweih, den er sich vor der Brunft beim Sandbad zuzog, bedeutete seinen Tod!

A typical "ram's nose", a strong body, brave and using his efficient antlers cleverly: for years, he was the undisputed "boss" of the main rutting ground. No other stag arrived earlier, none could go on roaring as long as he did, and no rival was able to take his hinds away. He died in a way as unusual as himself: while taking a sand bath shortly before the rut, he stabbed himself to death with one of his own antlers.

Une tête de bélier et un corps robuste, à l'attitude courageuse et utilisant ses bois intelligemment: il fut, pendant des années, le chef incontesté de la principale place de brame. Aucun rival ne passait devant lui, ne lui faisait concurrence ou ne parvenait à lui prendre ses biches. Sa fin fut aussi inhabituelle que sa vie: en prenant un bain de sable, juste avant le brame, il s'est blessé à mort avec l'un de ses propres bois.

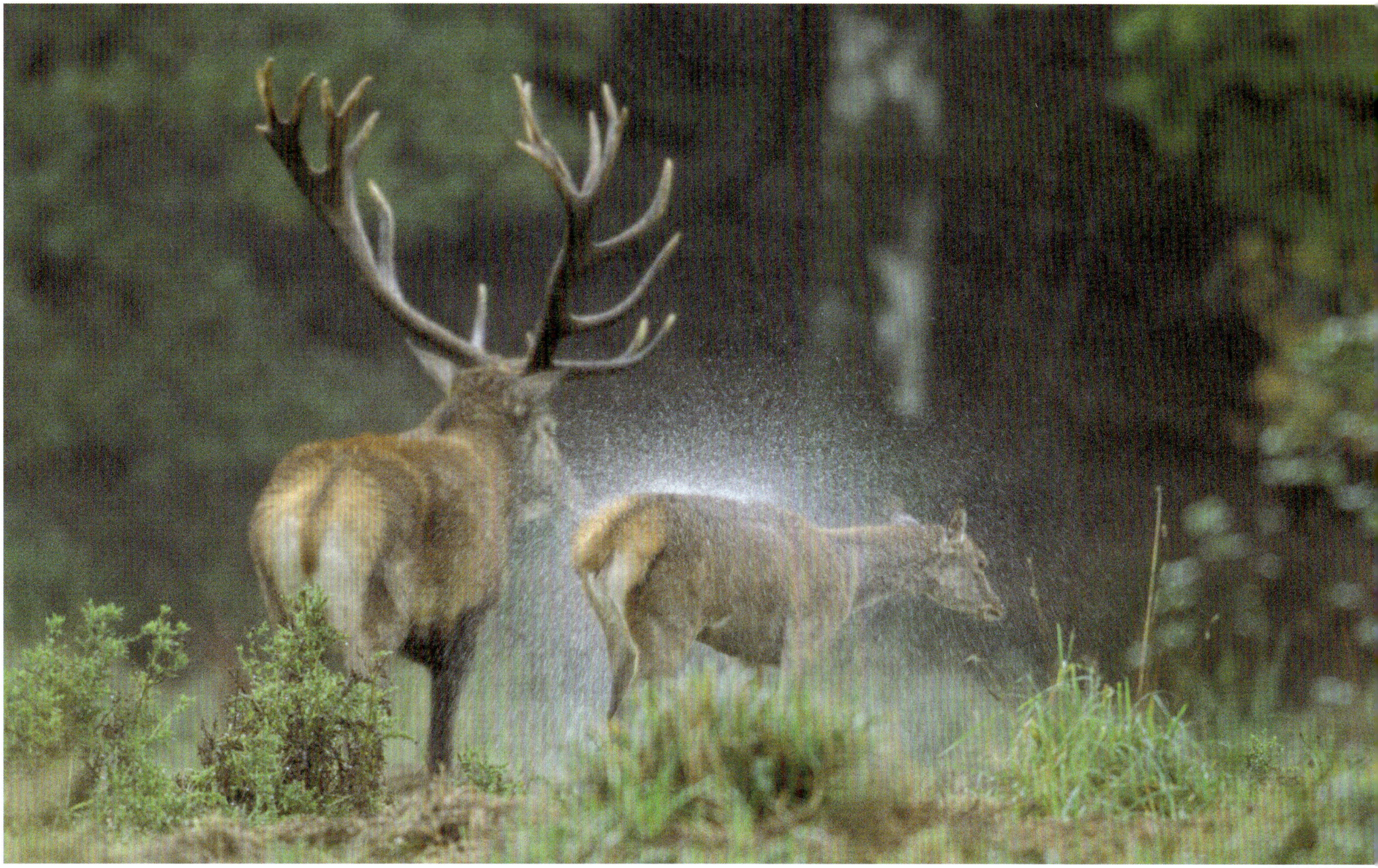

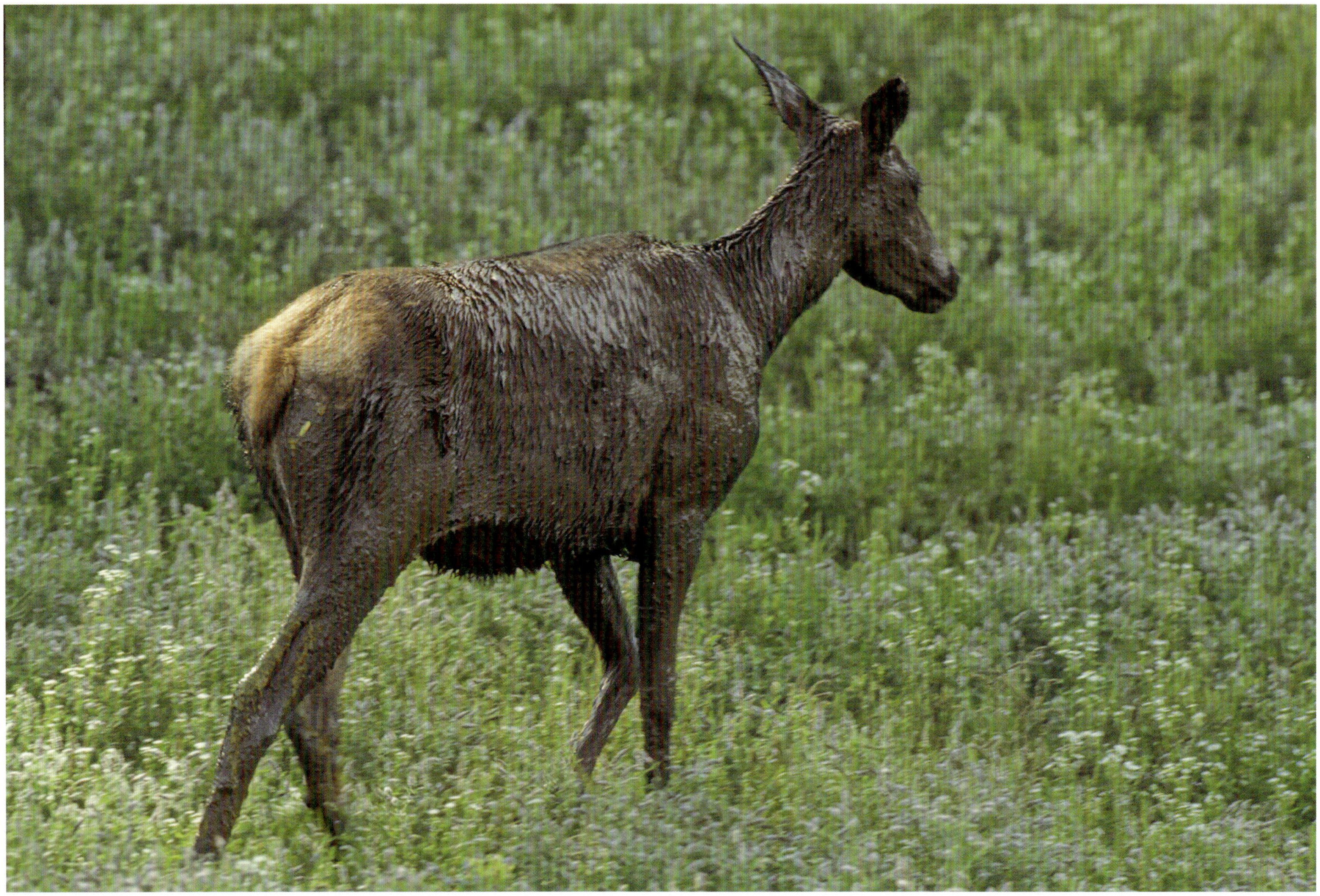

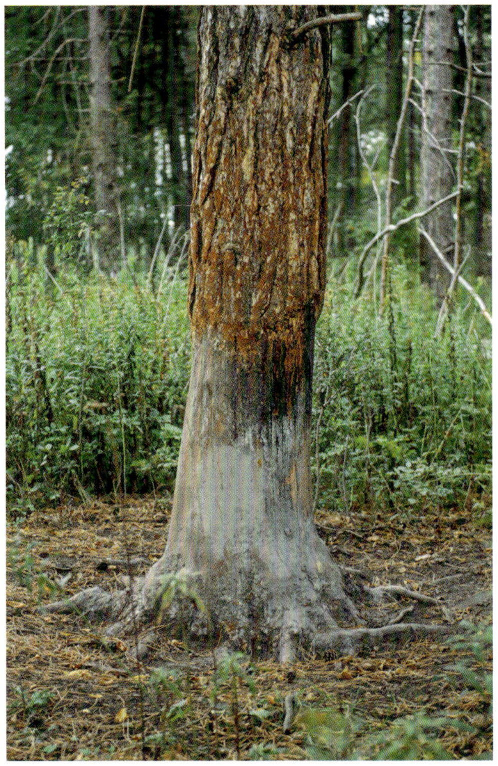

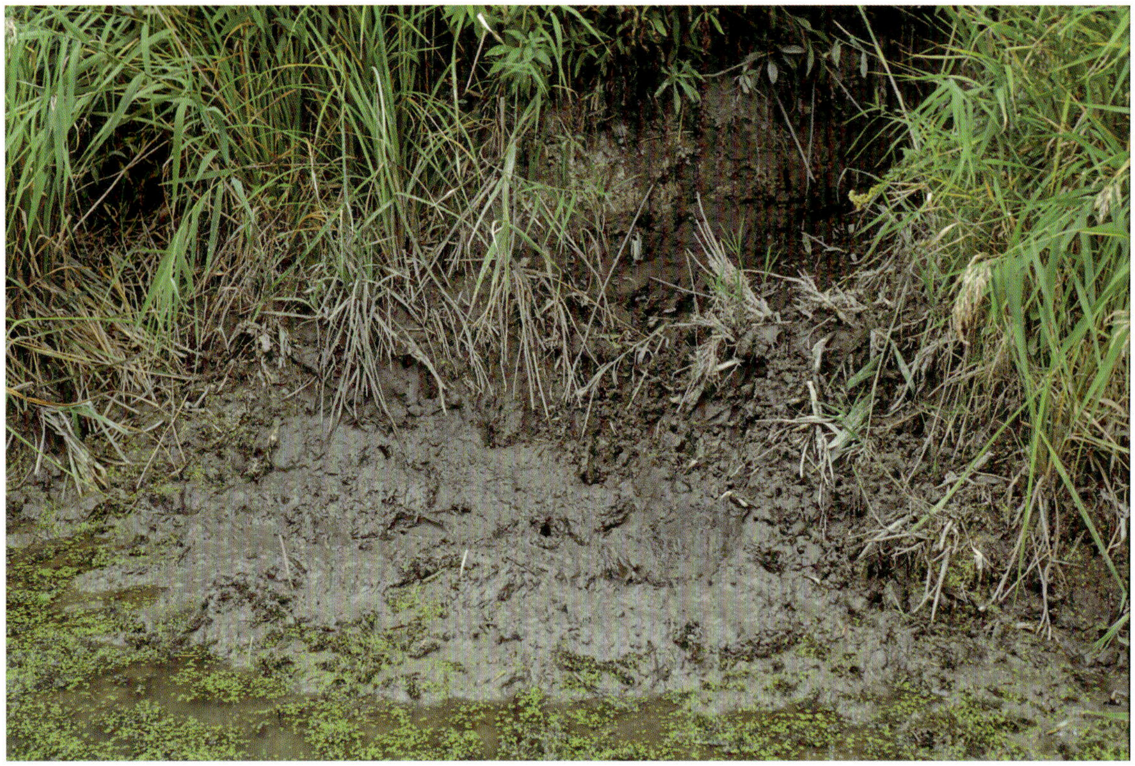

Suhlen gehört zur Hygiene des Rotwildes! Hirsche suhlen am häufigsten in der Brunft und an heißen Sommertagen. Noch intensiver suhlt Schwarzwild. Zur Körperpflege scheuert es sich an Malbäumen: Es ist eben nicht so gelenkig wie das Rotwild und erreicht kaum eine Körperpartie mit dem Gebrech oder dem Hinterlauf.

Wallowing is part of the Red deer's hygiene. Stags will take such a bath most frequently during the rut and on hot summer days. Wild boar will wallow even more frequently; they will rub their skin against trees, as they are not as agile as red deer and unable to reach most of their body with their muzzle or hind leg.

Se souiller fait partie de l'hygiène des cervidés. Les cerfs prendront ce genre de bain surtout pendant le brame et durant les chaudes journées d'été. Les sangliers se souillent encore plus fréquemment et se frottent contre les arbres, car ils sont moins agiles que les cervidés et incapables d'atteindre l'ensemble de leur corps avec leur museau ou leurs pattes arrière.

Buntspecht *(Dendrocopos major)*,
ein Männchen

Greater spotted woodpecker, male

Pic épeiche mâle

Damwild liebt offene, parkähnliche Landschaften und ist tagaktiv. Recht unempfindlich gegenüber Krankheiten, avancierte der Lieferant exzellenten Wildbrets rasch zu einem der gefragtesten Kandidaten für die Gatterhaltung.

Fallow deer prefer an open park landscape and are active during the day. Disease resistant, they produce excellent venison and are often kept in fenced deer parks or farms.

Les daims préfèrent les paysages ouverts et sont actifs au cours de la journée. Assez résistants aux maladies, ils produisent une excellente venaison et sont souvent tenus dans des parcs à gibier.

Parallelmarsch der Brunftrivalen: Bullig und wohlgenährt der mittelalte linke Hirsch, kampferprobt und siegesgewohnt der „Veteran" zu Rechten

The rivals pace side-by-side: to the left the middle-aged buck, well fed and strong; to the right the more experienced "veteran"

Les rivaux marchant côte à côte: le mâle d'âge moyen sur la gauche, bien nourri et costaud, le vétéran plus expérimenté sur la droite

Der „lachende Dritte" … Volle Kraft voraus rammt ein dritter Schaufler einen der Kontrahenten, hebelt ihn regelrecht aus und wirft ihn kurzerhand aus dem „Ring"!

"When two strive for a bone …" – Full steam ahead, a third buck pounds away at one of the opponents, propelling him outside the "ring"!

»Lorsque deux chiens se disputent un os …« – à fond les manettes, un troisième mâle s'acharne sur un des opposants le catapultant littéralement hors du ring.

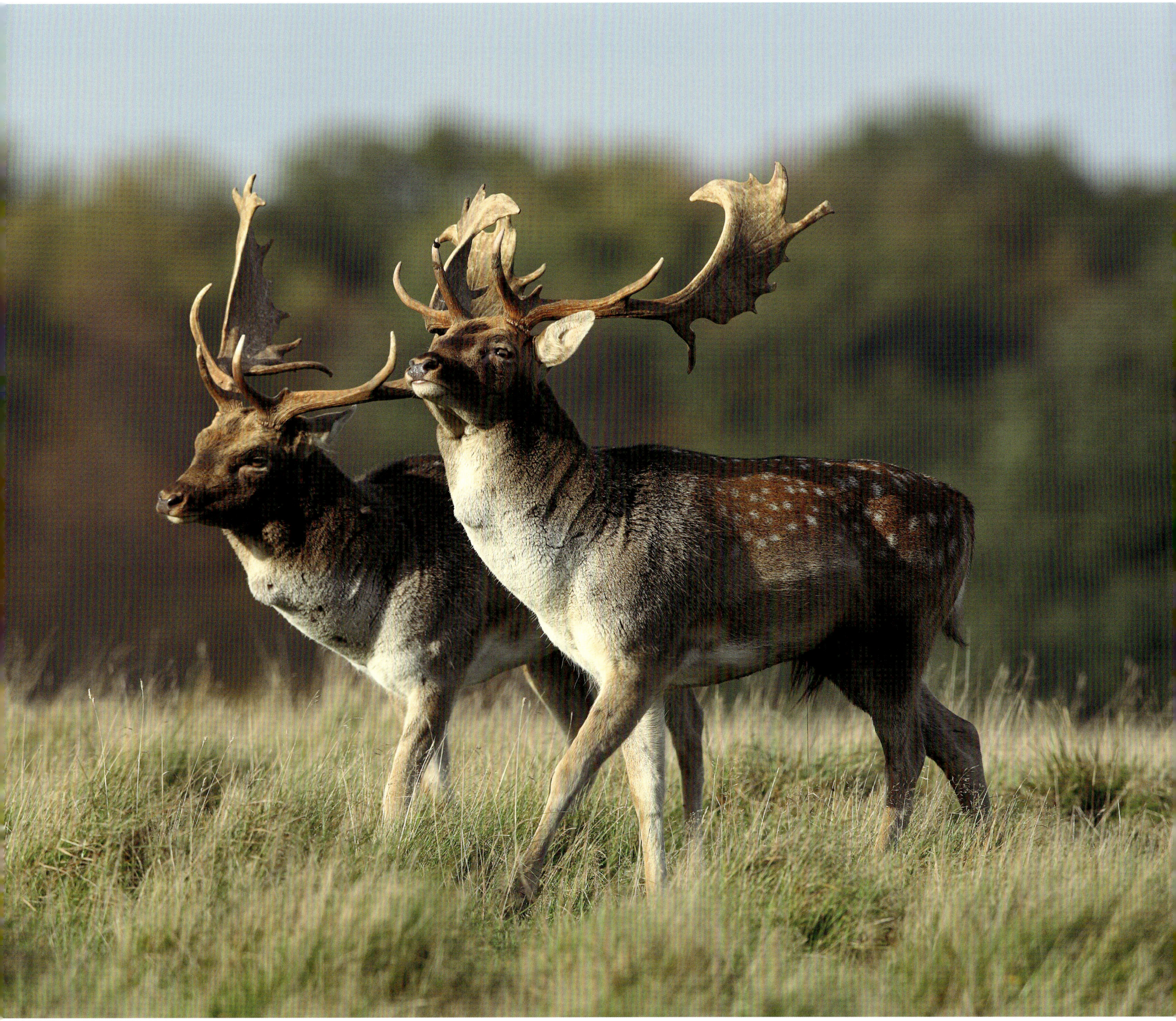

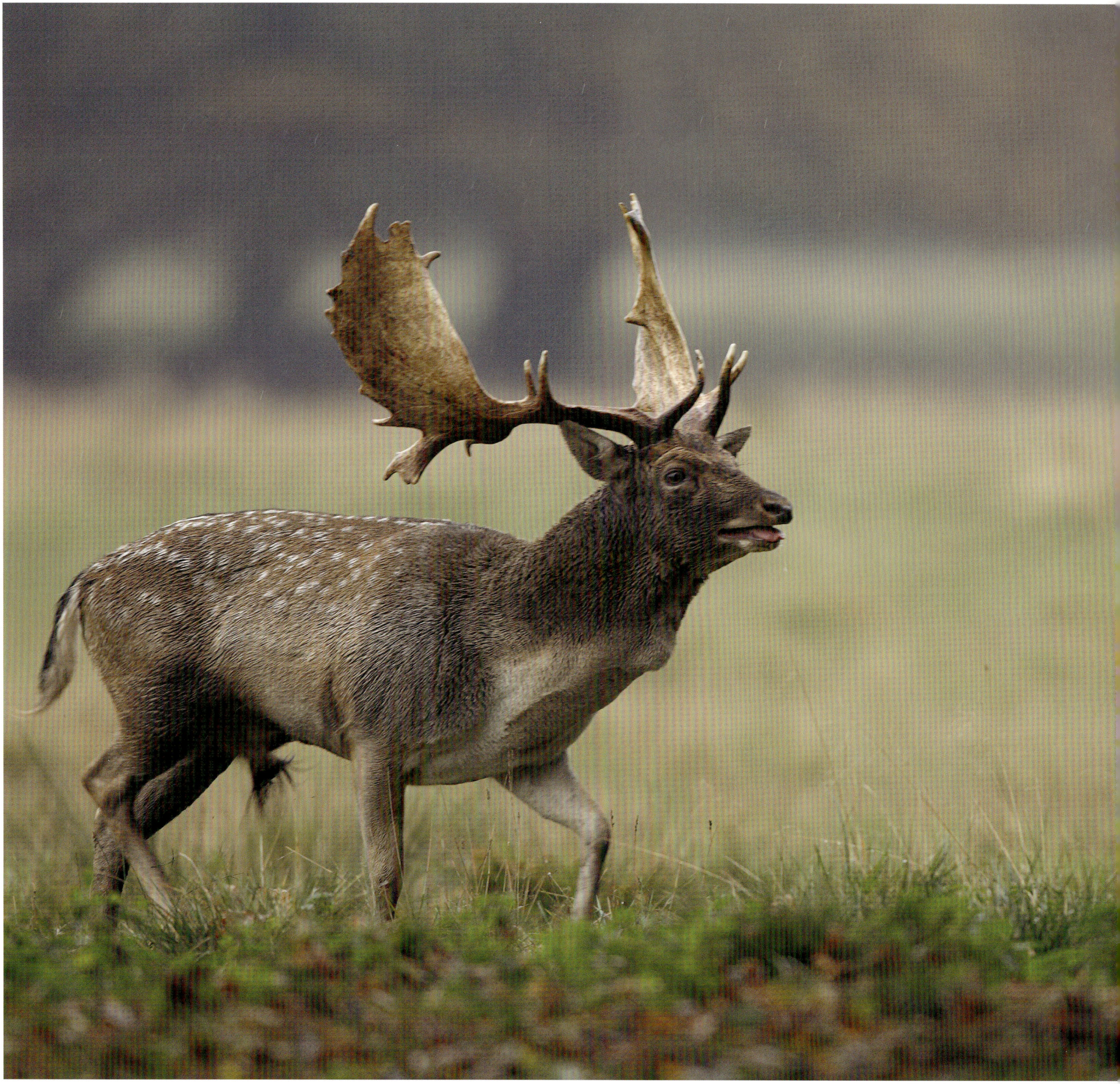

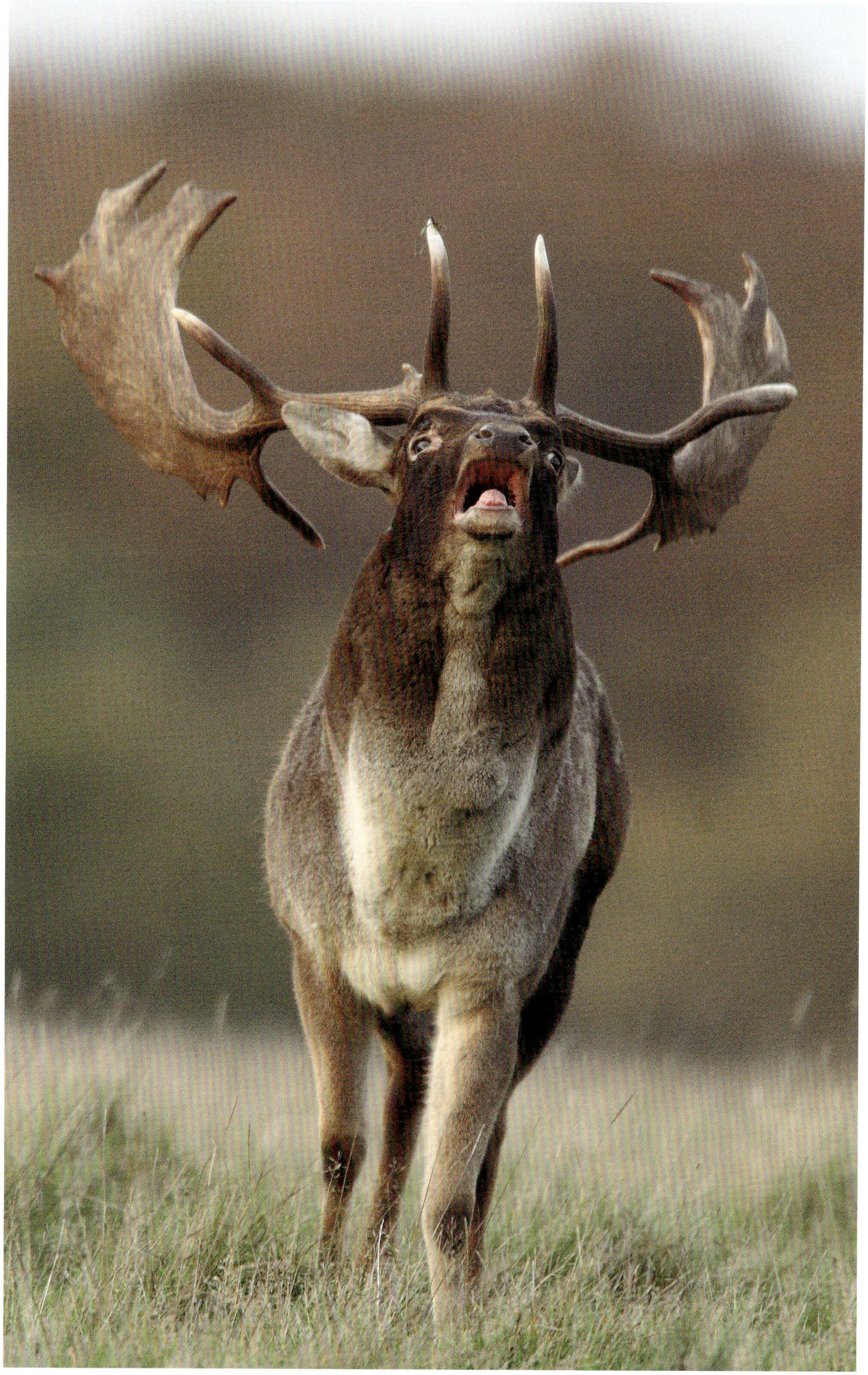

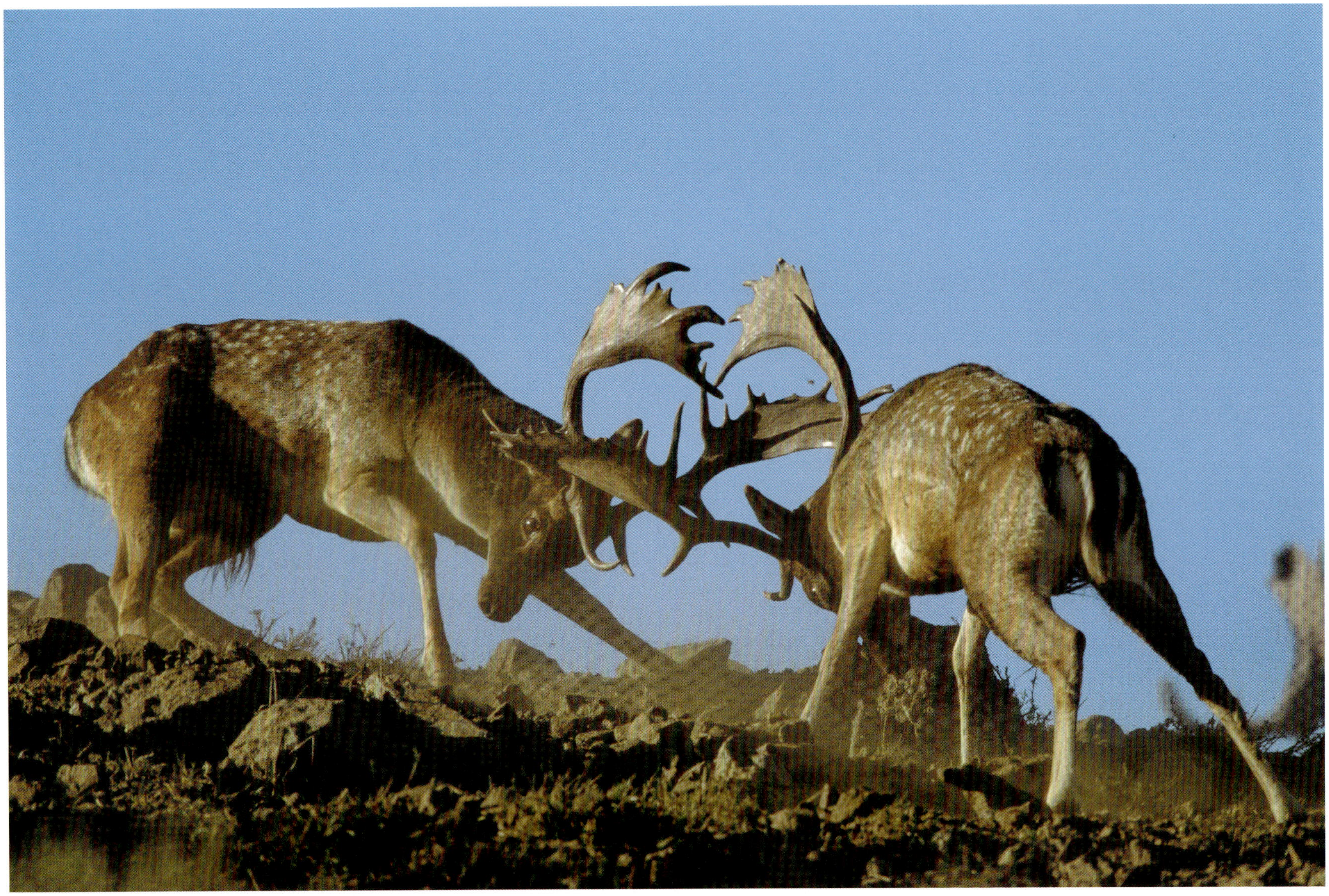

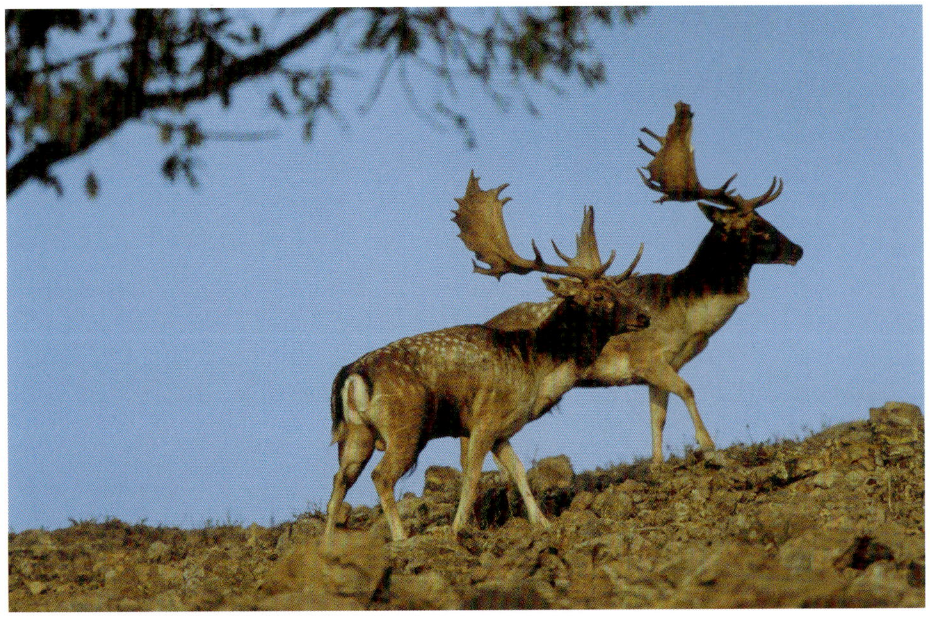

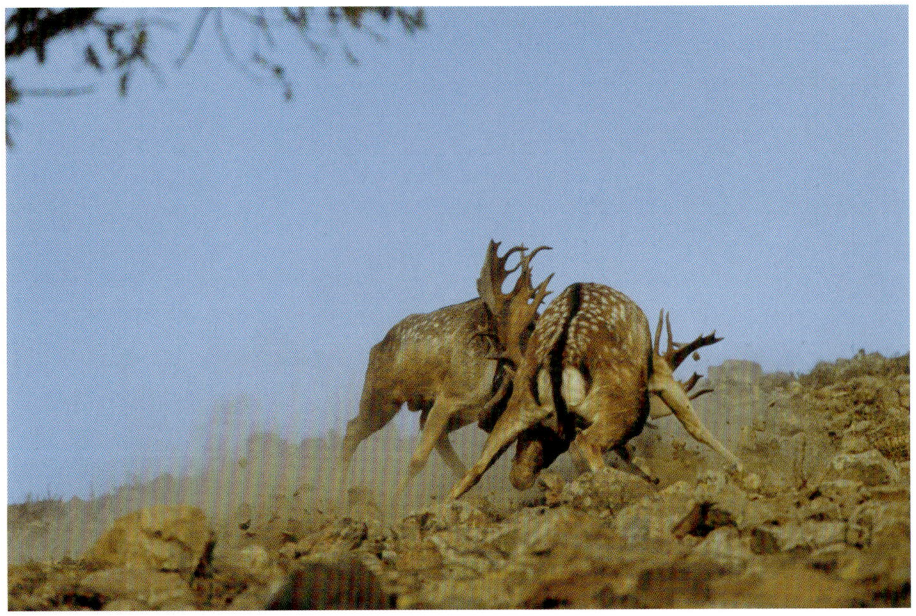

Damschaufler tragen ihre Rangkämpfe nicht selten mit äußerster Vehemenz und Härte aus, ernsthafte Verletzungen sind aber doch eher selten.

Fallow bucks fight hard when trying to establish their rank and order, but serious injuries are fairly rare.

Les daims mâles se bagarrent sérieusement lorsqu'ils établissent leur hiérarchie, mais les blessures sérieuses sont assez rares.

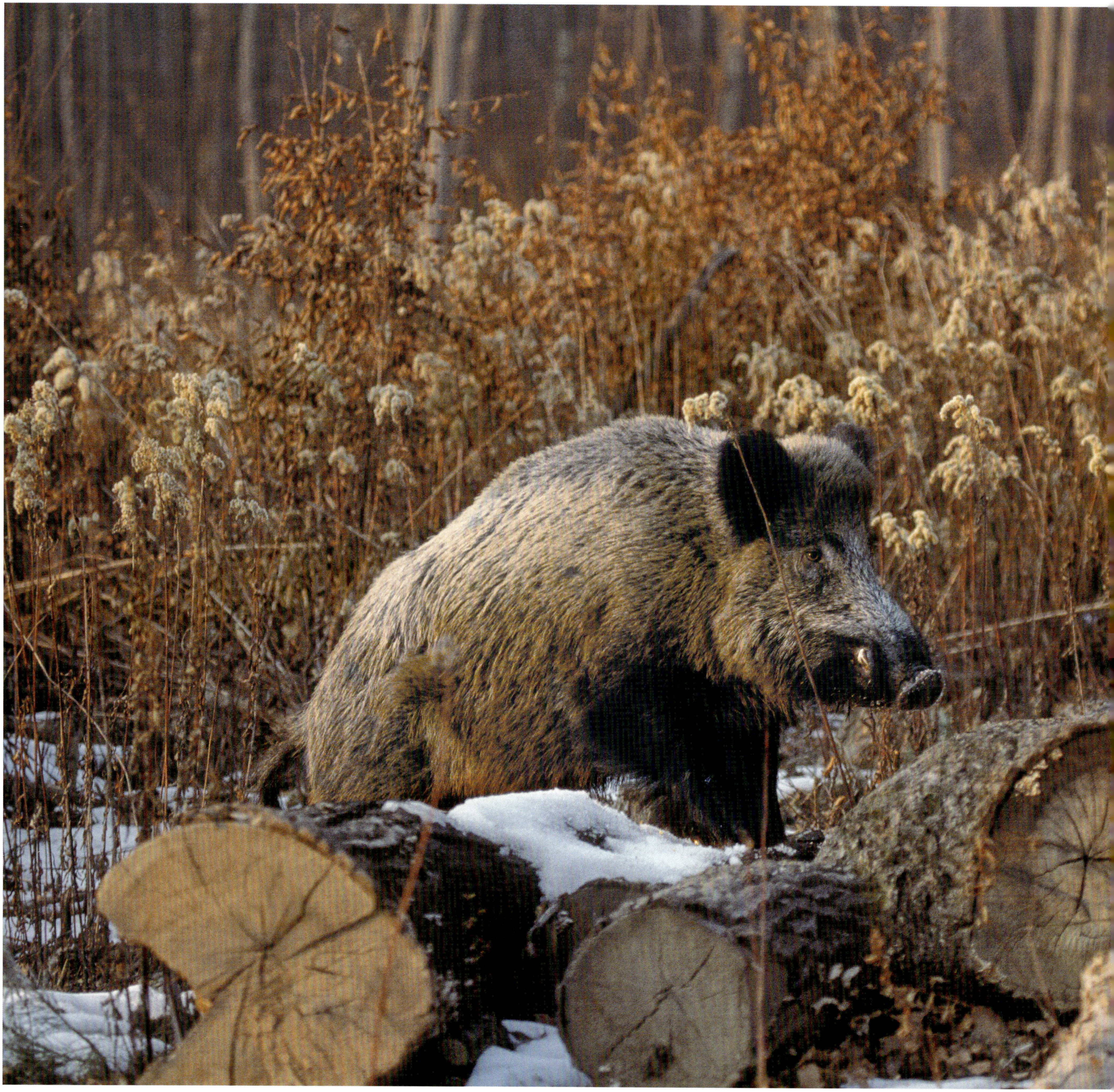

Keiler zur Rauschzeit: Den einen lockte die Kirrung, den zweiten die Witterung des Konkurrenten. Bis zur völligen Dunkelheit hörte ich ihre lautstarke Auseinandersetzung ...

Male Wild boar during the rut; one was attracted by the food, the other one by the smell of a competitor. Their noisy discussion lasted until well after complete darkness.

Des solitaires pendant le rut: l'un attiré par le nourrissage, l'autre par l'odeur de son rival. Leur bruyante discussion s'est prolongée jusque bien après la pénombre complète.

Keilerkämpfe im Winterwald – weithin kann man die Auseinandersetzungen um die Gunst der Bachen schallen hören. Am Ende sucht der Unterlegene das Weite, nicht selten ernsthaft gezeichnet vom Kampfgeschehen!

A fight between tuskers in the snowy forest – the noise may be heard from a long distance. The outcome of such duels for the favour of the females is that the vanquished often has to depart battle-scarred.

Une dispute entre des solitaires bien armés dans la forêt enneigée – on peut entendre le vacarme de loin. Ces duels pour les faveurs des laies se terminent généralement avec le départ du vaincu marqué sérieusement.

Mein Revier, meine Bachen! Durch Markieren werden Besitzansprüche angemeldet.

My territory, my sows! By marking a tree stump, claim is laid on what he considers being to be his possession.

Mon territoire, mes laies! En marquant une souche, il revendique ce qu'il considère comme sa propriété.

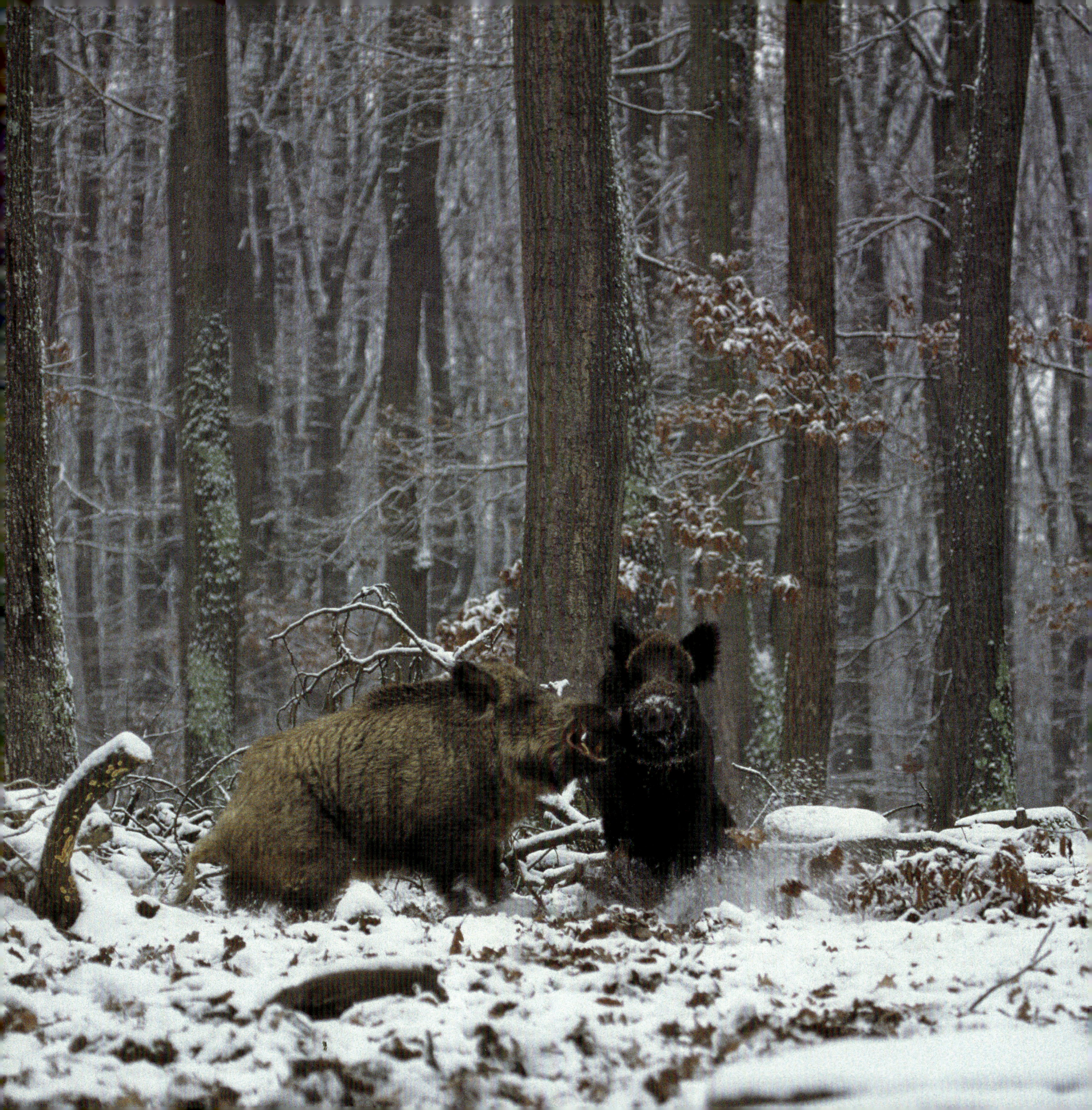

Überläuferkeiler werden im Familienverband nicht mehr geduldet. Manche Halbwüchsigen brauchen etwas länger, um das zu begreifen, und ziehen erst nach etlichen schmerzhaften Verweisen der Mutterbache unerfahren in eine Welt voller Gefahren ...

Young tuskers are no longer tolerated in the family group, even if it might take them some time – and soreness – before they have understood the need to leave their mother and start leading their own life in the wide world.

Les jeunes mâles ne sont plus tolérés dans la cellule familiale. Des réprimandes douloureuses de la part de leur mére leur feront compendre qu'il est temps de la quitter et de commencer à mener leur propre vie.

Auch Bachen wissen sich mit
ihrem Gebrech zu wehren:
Mancher Jäger, Treiber und
Jagdhund hat dies schon
schmerzhaft erfahren müssen ...

*Wild boar sows are very capable
of defending themselves, as many
hunters, beaters and dogs
may already have experienced ...*

Les laies aussi sont tout à fait
capables de se défendre, comme
de nombreux chasseurs, rabatteurs et chiens ont certainement
déjà pu l'expérimenter ...

Wenn's dem „Esel" zu wohl wird, geht er
aufs Eis ...

A Wild boar on a slippery path ...

Un sanglier sur une coulée glissante ...

Rauschzeit ... Unter furchteinflößendem Wetzen, weißen Schaum vor dem Gebrech, mit aufgestellten Federn und bohrendem Blick tritt urplötzlich der gewaltige Basse zu den Bachen. Ein wahres „Waldmonster"!

Rutting time: whetting his tusks and with a foaming mouth, the impressive male boar comes to meet his females – a true "forest monster"!

La période du rut: aiguisant ses défenses et l'écume à la bouche, l'impressionnant solitaire vient à la rencontre de ses femelles – un vrai »monstre de la forêt«.

Und immer wirbt der Keiler ... Die sprichwörtliche Reproduktionsfähigkeit des Schwarzwildes wird durch milde Winter und fast alljährliche Eichen-, Buchen- und Kastanienmasten im Wald ebenso beflügelt wie durch ausgedehnte – und jagderschwerende – Mais- und Getreideschläge in der Feldflur.

The proverbial fertility of Wild boar is enhanced by milder winters, by more productive acorn, beechmast and chestnut harvests as well as by ever-increasing fields of maize and corn, which prevent effective regulation of populations through hunting.

La fertilité légendaire du sanglier bénéficie aussi des hivers plus doux, des récoltes plus abondantes de glands, faînes et marrons et des proportions de cultures de maïs et de blé en constante augmentation, ce qui empêche une régulation efficace des populations par la chasse.

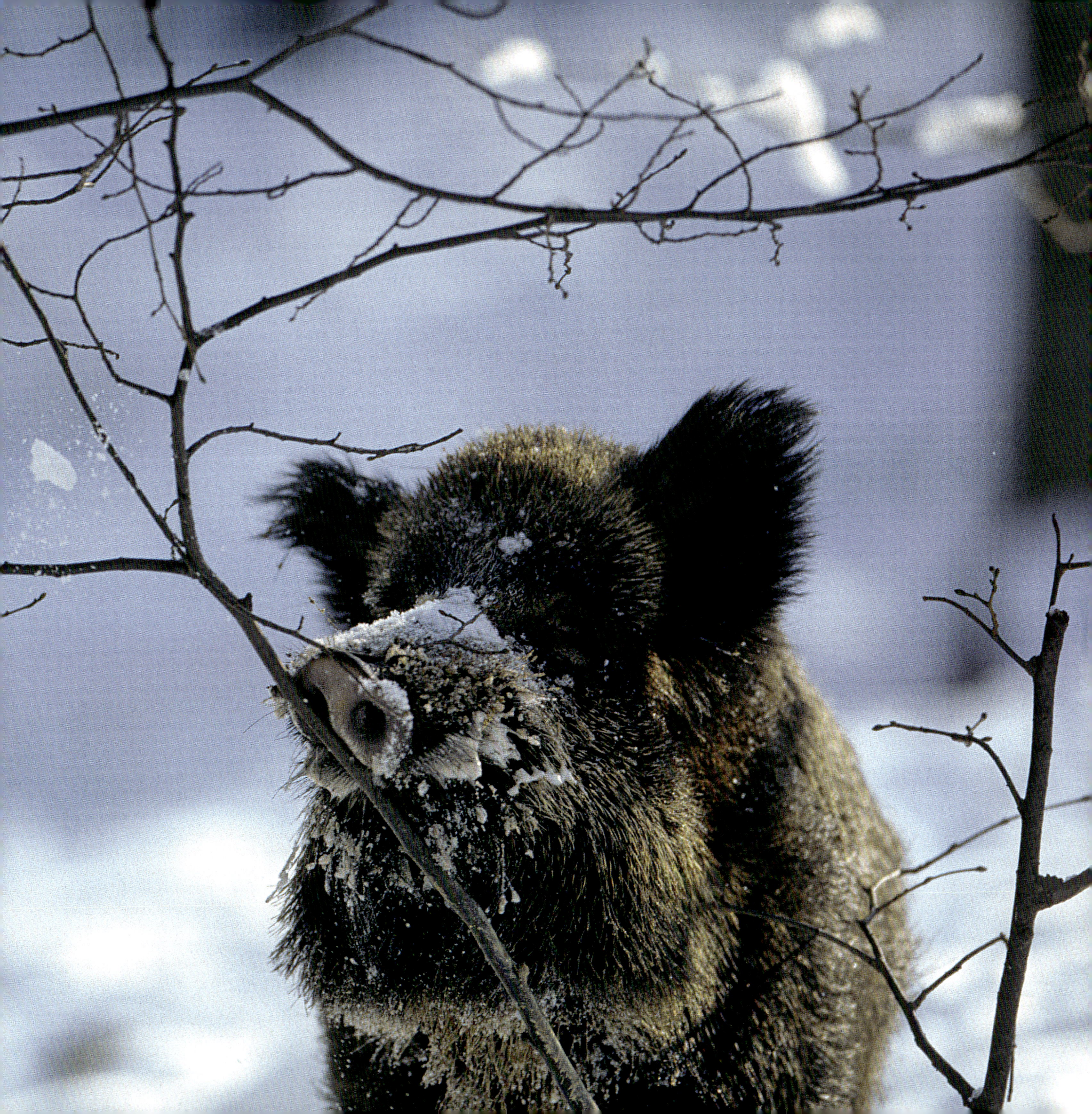

Normalerweise spielt sich die Rauschzeit des Schwarzwildes zwischen November und Januar ab – wenn denn die Alters- und die Sozialstrukturen noch halbwegs stimmen. Vielerorts sind diese Strukturen infolge des Zwangs zur „Bejagung um jeden Preis" und die immer wieder aufflammende Schweinepest aber gestört. Ein Teufelskreis, der die Schwarzkittel gebietsweise aus dem Ruder hat laufen und zu einem echten Problem werden lassen …

Normally the rut of wild boar takes place between November and January – on the condition that population structures are more or less correct. In many places however, this is no longer the case because of the need to reduce numbers indiscriminately in order to avoid damage or to prevent the spread of Swine Fever virus. A typical catch-22 situation leading to local overpopulations with all the problems they cause …

Normalement, le rut du sanglier a lieu entre novembre et janvier – à condition que les structures de populations soient plus ou moins correctes. Cependant, en de nombreux endroits, ce n'est plus le cas à cause de la nécessité de réduire le nombre sans distinction pour éviter des dégâts ou empêcher la prolifération du virus de la fièvre porcine. Une situation kafkaïenne typique qui mènera à des surpopulations locales avec tous les problèmes que cela engendre …

Reife Keiler verlassen die Rotte nicht, bevor alle rauschigen Stücke beschlagen sind.

Old tuskers will not leave the group before all females in oestrus have been covered.

Les vieux mâles ne quitteront pas la bande tant que toutes les laies en chaleur n'auront pas été couvertes.

Im Verborgenen Hidden away Cache cache

Im Frühjahr riecht der Wald frühmorgens nach Bärlauch oder anderen Blumen wie Buschwindröschen und Veilchen. Zu jeder Jahreszeit hat der Wald einen ihm eigenen unverwechselbaren Geruch! Nicht umsonst entzogen die alten Ägypter vor allem Bäumen Duftsubstanzen: z. B. Nadelholz- oder Gummiharz. Wer einen Tag im Wald verbringt, kann Geräusche und Gerüche auf sich wirken, den Blick durch die Baumwipfel schweifen lassen und das Spiel von Licht und Schatten genießen. Ein Erlebnis für alle Sinne!

Von Ferne dringt das Trommeln eines Buntspechtes ans Ohr. Waldmäuse rascheln im sonnenwarmen Vorjahreslaub, und der still verharrende Beobachter kann das geschäftige Heer der Ameisen und andere Insekten entdecken. Vieles in Wald und Feld findet im Verborgenen statt. Am Rande einer Pfütze zeigen die Trittsiegel die nächtliche Anwesenheit von Rehen, ein hungriges Eichhörnchen hat die Spindel eines Fichtenzapfens am Weg zurückgelassen. Wer hat schon einmal am Waldrand oder in einer Hecke den scheuen Neuntöter, der seine erbeuteten Käfer in „Vorratshaltung" auf die Dornen von Sträuchern spießt, aus der Nähe gesehen?

Der geübte Beobachter, der Jäger oder Forstmann, hat einen Blick für die verborgenen Dinge in Wald und Flur. Der Wildfotograf aber macht sie uns mit gelungenen Schnappschüssen sichtbar und bringt uns die Schönheiten der Natur nahe.

Der große Naturkenner Johann Wolfgang von Goethe beschrieb das Faszinierende der Natur: „Wir leben mitten in ihr und sind ihr fremd. Sie spricht unaufhörlich mit uns und verrät uns ihr Geheimnis nicht." Noch mehr als vor 200 Jahren ist es heute unabdingbar, die uns umgebenden Naturschätze zu erkennen, um sie zu erhalten. Die Wenigsten besitzen das intime Wissen des Wildfotografen und Jägers. Nach dem Motto „Ich erhalte, was ich kenne und liebe" müssen wir alle schon bei unseren Kindern Naturverständnis und das Wissen um Tiere und Pflanzen fördern. Möglichkeiten zu hautnahem Naturerleben bieten zum Beispiel viele Jäger und deren Organisationen in Zusammenarbeit mit Schulen. Derart erlebnisorientiertes Lernen können die Schulen allein nicht bieten: Kinder und Jugendliche gehen im Revier mit dem Jäger auf Entdeckungsreise. Viele Spuren verraten ihnen dort teils spannende Geschichten von den Geheimnissen unserer Wildtiere.

Wie sagte schon *Albert Einstein:* „Das Schönste, was wir erleben können, ist das Geheimnisvolle. Es ist das Grundgefühl, das an der Wiege von wahrer Kunst und Wissenschaft steht. Wer es nicht kennt und sich nicht wundern, nicht mehr staunen kann, der ist sozusagen tot und sein Auge erloschen."

Das Staunen über die uns umgebende Natur dauert ein Leben lang an! Allein dafür gibt der Wildtierfotograf ein bleibendes Zeugnis!

The scent of an early morning forest in spring is captivating, with the smell of bear's garlic or other flowers such as wood anemone or sweet violet filling the air, but the fact is that, in every season, the woodland has its own typical odours. It is not surprising therefore that as far back as the time of ancient Egypt, resins from conifers or rubber trees were appreciated for their aroma. A day in the forest is a feast for all senses: listening to the subtle movement of leaves and twigs; looking at the light filtered through the tree canopy and the shadows it creates. Hearing the distant tapping of a great spotted woodpecker and the rustle of wood-mice under the leaves covering the ground, or quietly watching myriads of ants and other insects busily going on with their lives requires careful attention. Most of what takes place in nature is indeed quiet, discreet and more or less hidden away, so that evidence indicating the presence of certain wild species is often indirect: a track in the ground showing that a roe crossed the path, or a partly eaten fir-cone as a leftover from a red squirrel's meal. What a privilege to be able to observe the shy Red-backed shrike, impaling an insect as a "food reserve" on a thorn or barbed wire at the edge of the forest.

The experienced observers, whether they are naturalist, hunter or forester, have an eye for these hidden treasures in nature, but it is the wildlife photographer who makes them more easily visible and readily available for many more people to enjoy them.

The great writer and naturalist Johann Wolfgang von Goethe described man's fascination for nature as one of closeness but nevertheless being apart from it: "Nature speaks to us permanently but never gives its mystery away." Today, two centuries later, the need remains for man to understand his natural environment in order to preserve it.

Not many enjoy the close knowledge of nature which wildlife observers have. Based on the principle that only that which is known and loved is worth preserving, it is necessary to foster understanding of nature and knowledge of wild animals and plants among children. Opportunities for experiencing nature are often offered by hunters and their organisations, in close cooperation with schools. Truly learning about wildlife in a realistic and interactive way can only take place outside a classroom, exploring nature by accompanying for instance a hunter, looking at the many tracks, traces and prints, telling fascinating stories of the enigmatic animal world.

For Albert Einstein, the most beautiful experience is the mysterious, the fundamental feeling at the origin of all true art and science. "He to whom this emotion is a stranger, who can no longer pause to wonder and stand rapt in awe, is as good as dead: his eyes are." The astonishment at the surrounding nature is a lifelong feeling and the wildlife photographer makes a lasting contribution to just that!

Au printemps, l'odeur de la forêt à l'aube est captivante, le parfum de l'ail des ours et des autres fleurs comme l'anémone des bois ou la violette odorante emplissent l'air. Chaque saison offre à la forêt des saveurs et une atmosphère olfactive particulière. Il n'est pas étonnant que déjà du temps des civilisations égyptiennes, les résines de conifères ou de caoutchoutiers étaient spécialement appréciées pour leurs arômes. Passer une journée dans la forêt est un plaisir pour tous les sens, mais écouter le bruissement des feuilles, admirer les jeux de lumière à travers les branchages, écouter le tambour lointain d'un pic épeiche ou le froissement des feuilles au passage d'une souris, ou encore regarder s'affairer une colonie de fourmis, nécessitent une attention bien particulière.

La nature est pudique et silencieuse, ce qui s'y passe reste souvent secret, les preuves de la présence d'animaux sauvages ne sont souvent que des signes indirects – une empreinte dans la boue nous indique qu'un chevreuil a croisé le chemin, une pomme de pain grignotée nous prouvera que nous avons dérangé un écureuil en plein repas. Quel privilège de pouvoir observer la pie-grièche écorcheur faire ses provisions en empalant des insectes sur un fil barbelé en bordure de forêt. L'observateur expérimenté, le naturaliste, le chasseur ou le forestier ont l'œil pour repérer ces petits trésors cachés dans la nature, mais c'est le photographe qui les rend accessibles à tous.

Le célèbre écrivain et naturaliste Johann Wolfgang von Goethe a décrit la fascination de l'homme pour cette nature à la fois proche et distante : »La nature nous parle continuellement mais ne dévoile jamais son secret«. Aujourd'hui, deux siècles plus tard, il est plus que jamais nécessaire pour l'homme de comprendre la nature pour pouvoir mieux la préserver. Les observateurs de la faune sauvage, les photographes et les chasseurs peuvent se targuer de faire partie des privilégiés à connaître la nature de près. Si l'on part de l'idée qu'il n'est utile de préserver que ce que l'on connaît et apprécie, il est impératif d'enseigner la nature aux enfants et de leur expliquer le fonctionnement de la faune sauvage et des plantes. Des occasions de faire connaissance avec la nature sont souvent offertes par les chasseurs et leurs organisations en collaboration avec les écoles. Pour comprendre vraiment la nature de manière interactive et non virtuelle, il faut sortir des classes et aller sur le terrain, explorer la nature avec un chasseur, c'est observer les empreintes, écouter les histoires fascinantes de ce monde animal mystérieux, etc.

Pour Albert Einstein, »La plus belle chose que nous pouvons avoir est le mystérieux. C'est la source de tout véritable art et science. Celui qui est étranger à cette émotion, qui ne peut plus s'arrêter pour s'interroger et rester captivé d'admiration, est mort à peu de chose près. Ses yeux sont fermés..«
L'étonnement pour la nature qui nous entoure doit nous accompagner toute la vie et le photographe animalier y contribue de manière significative.

Wildkatze *(Felis silvestris)*. Der geduldige Lauer- und meisterhafte Pirschjäger erbeutet Tiere bis etwa Kaninchengröße mit einem Sprung und tötet sie mit einem Kehlbiss. Der Luchs *(Lynx lynx)* jagt ähnlich, erbeutet in den meisten Gebieten jedoch bevorzugt Rehe. Etwa eines pro Woche braucht er. Wenn ihm Konkurrenten wie Fuchs oder Sauen seine Beutereste „klauen", aber auch deutlich mehr …

The Wildcat is a clever and skilled hunter, stalking its prey – up to the size of a rabbit – and killing it with a bite in the throat. The lynx uses a similar hunting method but prefers in most areas to kill roe deer. It needs about one roe per week, but more in case competitors such as fox or wild boar "pinch" his prey.

Le chat sauvage est un chasseur malin et talentueux qui traque sa proie – jusqu'à la taille d'un lapin – et la tue d'une morsure à la gorge. Le lynx utilise une méthode de chasse similaire mais il préférera généralement tuer du chevreuil. Il consomme un chevreuil par semaine, mais en nécessitera davantage si des concurrents comme les renards ou les sangliers viennent »chiper« sa proie.

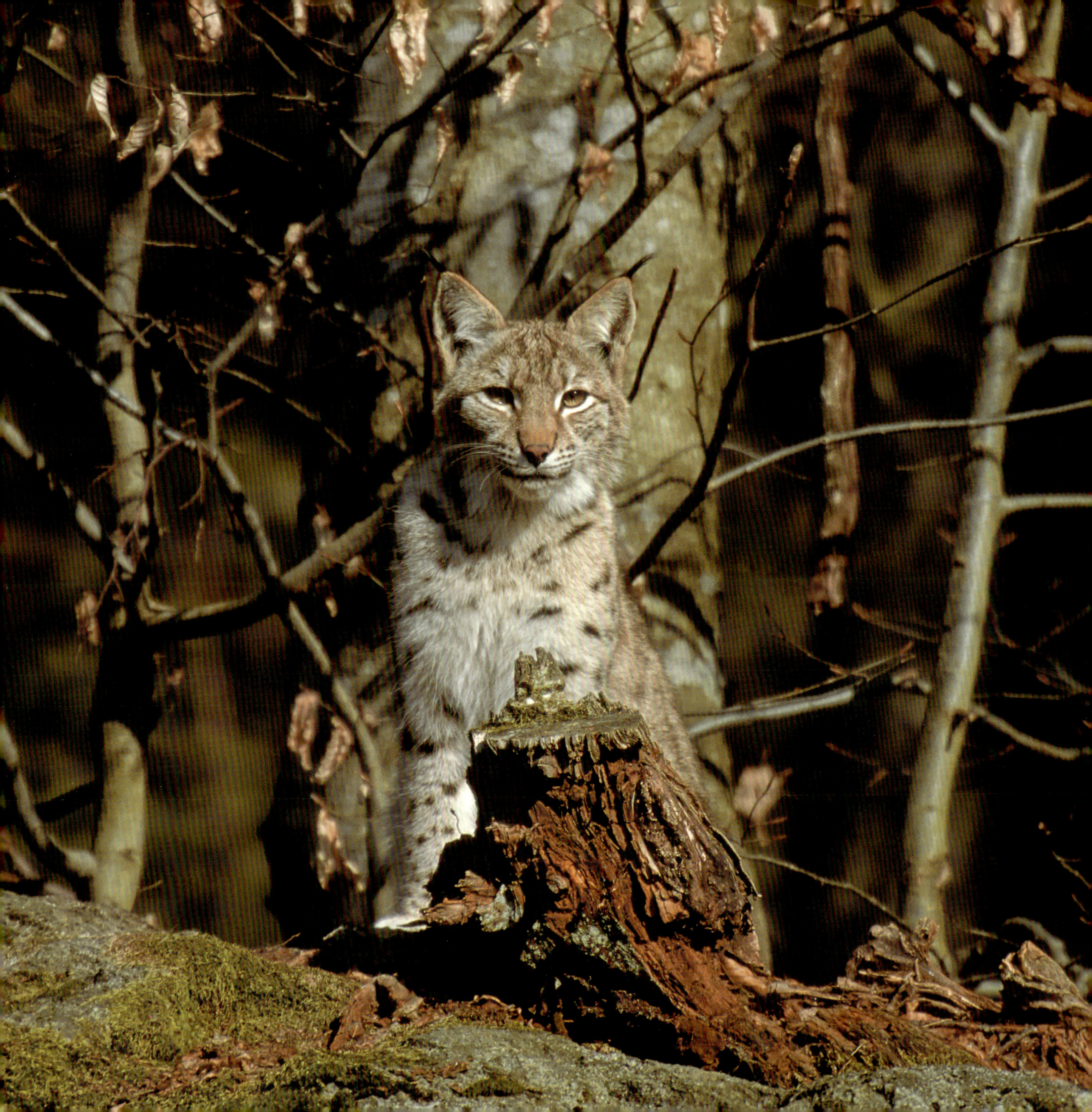

Der Luchs ist trotz steigender Akzeptanz und Wiedereinbürgerungshilfen vor allem in Mitteleuropa noch immer gefährdet. Wichtige Ursache: Die Populationen sind teilweise völlig isoliert, ein Austausch findet nicht statt. Das größte sich selbst tragende Luchsvorkommen beherbergen die Karpaten.

Although being much more widely accepted than previously and despite many reintroduction projects, the European lynx remains under threat in parts of Europe. The main cause is the fact that populations are too isolated and so there is insufficient exchange of genetic material. The Carpathian lynx populations are considered secure.

Bien qu'étant largement mieux accepté et malgré de nombreux projets de réintroduction, le lynx reste menacé dans certaines zones d'Europe. La principale cause se trouve dans le fait que les populations sont trop isolées et qu'il n'y a pas assez d'échanges génétiques. La population de lynx des Carpates est considérée comme stable.

Der Eichelhäher *(Garrulus glandarius)* – ein europäischer „Allerweltsvogel"

The colourful Jay – very common throughout Europe

Le geai des chênes – présent à travers l'Europe

Der Braunbär *(Ursus arctos arctos)* ist typischer Einzelgänger, nur in der Paarungszeit kommen erwachsene Tiere beider Geschlechter zusammen.

Brown bears live solitary most of the time; adults will normally only meet in the mating season.

Les ours bruns sont solitaires la plupart du temps; normalement les adultes se rencontrent uniquement lors de la période d'accouplement.

Jungbären und Mutter bleiben selten länger als zwei Jahre zusammen. So lange aber verteidigt die Bärin ihren Nachwuchs auch gegenüber Artgenossen bedingungslos!

Brown bear cubs rarely stay with their mother for more than two years. Until then the female will defend her offspring vigorously against various threats and also against other bears.

Les jeunes ours bruns restent rarement plus de deux ans avec leur mère. Mais jusque-là, la femelle défendra sa progéniture vigoureusement, même contre d'autres ours.

Rehkitze sind während der Blattzeit sich selbst überlassen und dann oft leichte Beute. Den „Räubern" ist es egal, ob das Opfer gesund, krank oder stark abgekommen wie dieses Kitz ist.

During the rut, Roe kids are often on their own and therefore easily preyed upon. Predators don't care whether their prey is healthy or in poor condition – as is the case with this Roe kid.

Pendant le rut, les chevrillards sont souvent laissés à eux-mêmes et donc sujets à risque. Les prédateurs ne se soucient pas de savoir si leur proie est en bonne ou mauvaise santé – comme c'est le cas avec ce chevrillard.

Von der Katze bis zum Löwen folgt kein Beutegreifer einer menschlichen „Ethik". „Viel Beute mit wenig Energieaufwand" ist das einzige Motto, das zählt. Alle anderen Deutungen gehen an den Gesetzen der freien Wildbahn vorbei!

Predators – whether domestic cats or lions – do not care about "ethical" principles. The most prey with as little effort as possible is the only rule that matters. This is the hard law of the wild "jungle".

Les prédateurs, qu'ils s'agissent du lion ou du chat domestique, ne se soucient pas des principes éthiques. Un maximum de proies pour un effort minimum est la seule règle qui compte. C'est la dure loi de la jungle.

Große Populationen des Wolfs *(Canis lupus lupus)* existieren in Osteuropa und auf dem Balkan. In geringeren Zahlen lebt der Urahn unserer Haushunde auch in Skandinavien, Polen, Slowakei, in Spanien und in Italien.

The Wolf is increasingly common in Eastern Europe as well as in the Balkans, while this ancestor of our domestic dogs also occurs in many parts of Scandinavia, Poland, Slovakia, Spain and Italy.

Les loups sont de plus en plus nombreux en Europe de l'Est ainsi que dans les Balkans. Cet ancêtre de nos chiens domestiques est également présent en Scandinavie, en Pologne, en Slovaquie, en Espagne et en Italie.

Elchwild *(Alces alces)* kommt in Europa hauptsächlich in Skandinavien und im Baltikum vor. Wie bei allen Tierarten sind die unerfahrenen Jungtiere den größten Gefahren ausgesetzt.

The European elk (often erroneously called "moose") occurs in Scandinavia and in the Baltics. As with any other wild species, the less experienced young animals suffer the highest mortality.

L'elan vit en Scandinavie et dans les pays baltes. Comme pour toute autre espèce sauvage, les jeunes animaux moins expérimentés subissent les plus grandes mortalités.

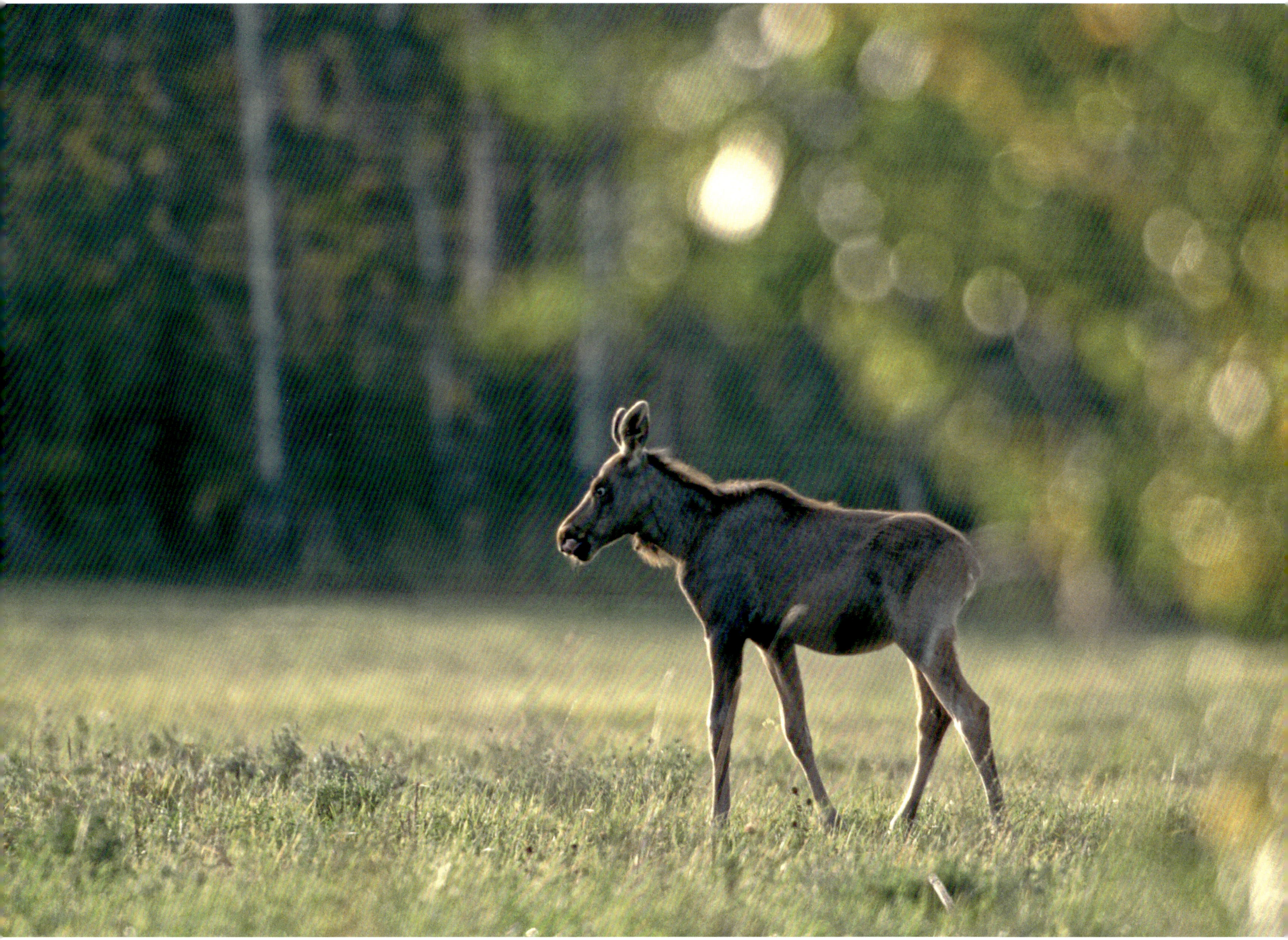

Bären mögen Beeren! 70 bis 90 % der Braunbären-Nahrung sind pflanzlicher Herkunft. Geruchssinn und Gehör der braunen Riesen sind ausgezeichnet, ihre brillante Nase nimmt feinste Gerüche über viele Kilometer hinweg wahr. Für ein Raubtier weniger gut entwickelt sind die verhältnismäßig kleinen Augen.

Bears like the taste of berries; 70 to 90 % of the diet of the Brown bear is of plant origin. Their hearing and sense of smell are excellent; they may record a very light scent from kilometres away. Unlike other carnivores, their eyesight is less well developed.

L'ours aime le goût des baies; 70 à 90 % de l'alimentation de l'ours brun sont d'origine végétale. Ses sens auditif et olfactif sont excellents; il peut sentir une toute fine odeur à des kilomètres. Contrairement à d'autres carnivores, sa vue est moins développée.

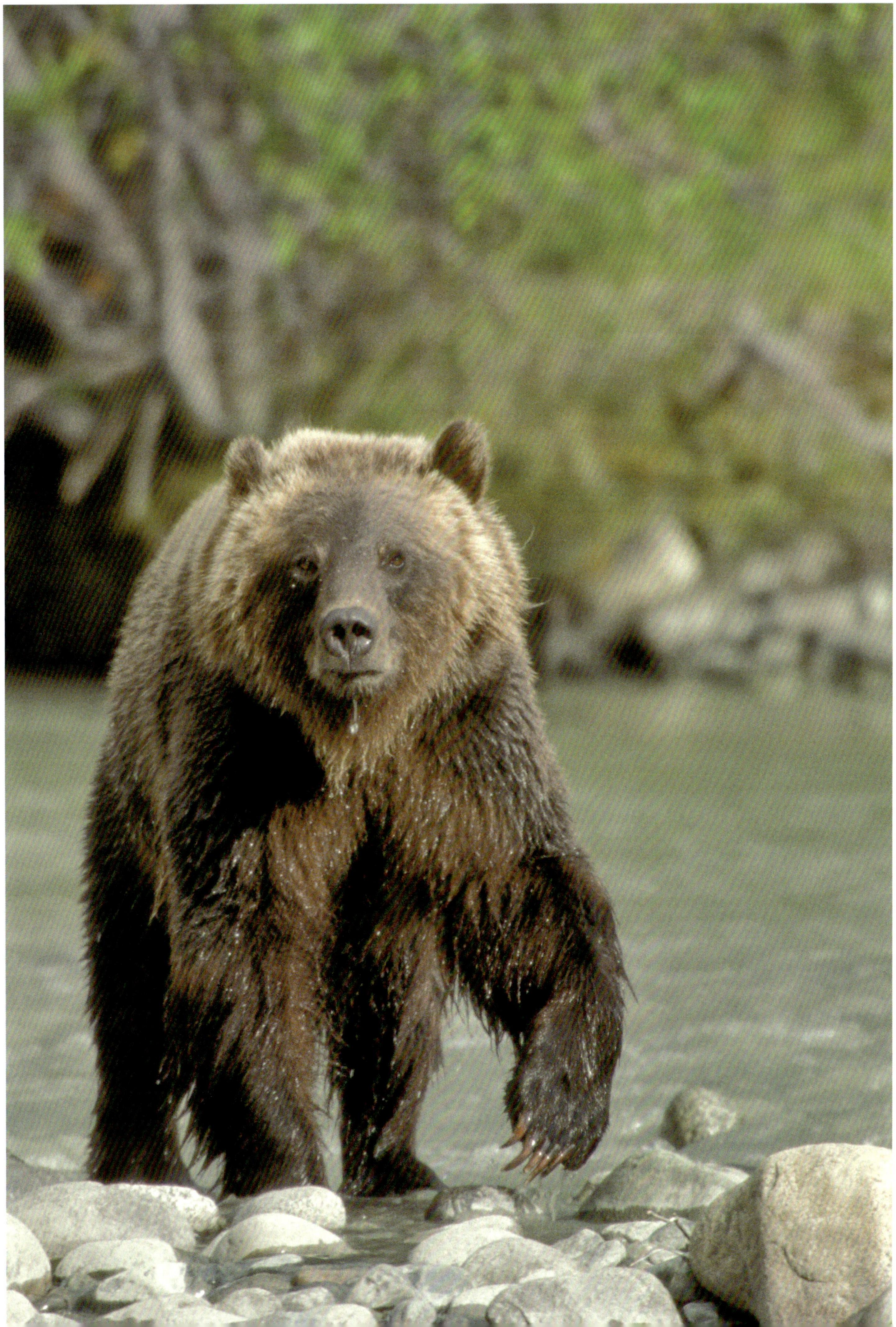

Die Hirsche der Rentiere *(Rangifer tarandus fennicus)* bilden zum Teil eindrucksvolle Geweihe. Im Gegensatz zu denen anderer Hirscharten tragen auch weibliche Rentiere Geweihe, werfen diese aber später ab als die Hirsche.

The males of the Wild forest reindeer may display impressive antlers. Unlike the other deer species, female reindeer also have antlers; these are cast later than those of the males.

Les rennes sauvages mâles peuvent porter des bois très impressionnants. Contrairement aux autres espèces de cervidés, les femelles ont aussi des bois, elles les perdent toutefois plus tard que les mâles.

Das Beutespektrum des Wolfs reicht von der Maus bis zum größten Säuger seines Lebensraumes! Bis heute findet er wenig Akzeptanz – zu Unrecht, denn bei intensiverer Beschäftigung mit diesem Wildtier bleibt nichts übrig vom viel zitierten „bösen Wolf". Tatsächlich geht es unter diesen herrlichen Raubtieren ausgesprochen sozial und fast schon „gefühlsbetont" zu.

The diet of the Wolf covers the whole spectrum from mice up to the largest mammals in their habitat. Even today, the species receives little sympathy – not quite fairly as research indicates clearly that the wolf is not really "big bad" as in the fairy tales. Indeed, wolves have a well-developed social life and show "feelings".

Le régime alimentaire du loup couvre la gamme complète, de la souris aux plus grands mammifères vivant dans son espace vital. Aujourd'hui encore, l'espèce ne rencontre pas beaucoup de sympathie – à tort car des recherches indiquent qu'il n'est pas vraiment le »grand méchant« des contes. Le loup a en effet une vie sociale bien développée et montre des »émotions«.

Aufgepasst, kleine Elster! Der Vielfraß (Gulo gulo) ist ein furchteinflößender Kämpfer. Mit seinem mächtigen Gebiss, dem gedrungenen Körper, den breiten Branten und bis zu 35 Kilogramm Gewicht erinnert er an die Miniaturausgabe eines Bären und ist doch Europas größte Marderart. Kompromisslos erbeutet er alles bis zum Elchkalb und tötet die Beute mit einem Nackenbiss. Anderen Raubtieren nimmt er die Beute ab und scheut auch die Auseinandersetzung mit Bär oder Luchs nicht!

Pay attention, little Magpie! The Wolverine is a ferocious combatant; with its strong teeth, compact body, broad claws and a weight of up to 35 kilograms, it looks a bit like a miniature bear. And this species – Europe's largest marten – will attack anything up to the size of a moose calf, killing its prey with a bite in the neck. Wolverines will also steal away the prey from other predators, not hesitating to get close to bears or to confront lynx.

Attention, petite pie! Le glouton est un combattant féroce; avec ses dents solides, son corps compact, ses grandes griffes et un poids allant jusqu'à 35 kilos, il ressemble un peu à un ours miniature. Et pourtant cette espèce – la plus grande martre d'Europe – attaquera tout jusqu'à la taille d'un jeune elan, tuant ses proies d'une morsure dans la nuque. Les gloutons vont aussi dérober les proies d'autres prédateurs, en n'hésitant pas à s'approcher d'ours ou à affronter le lynx.

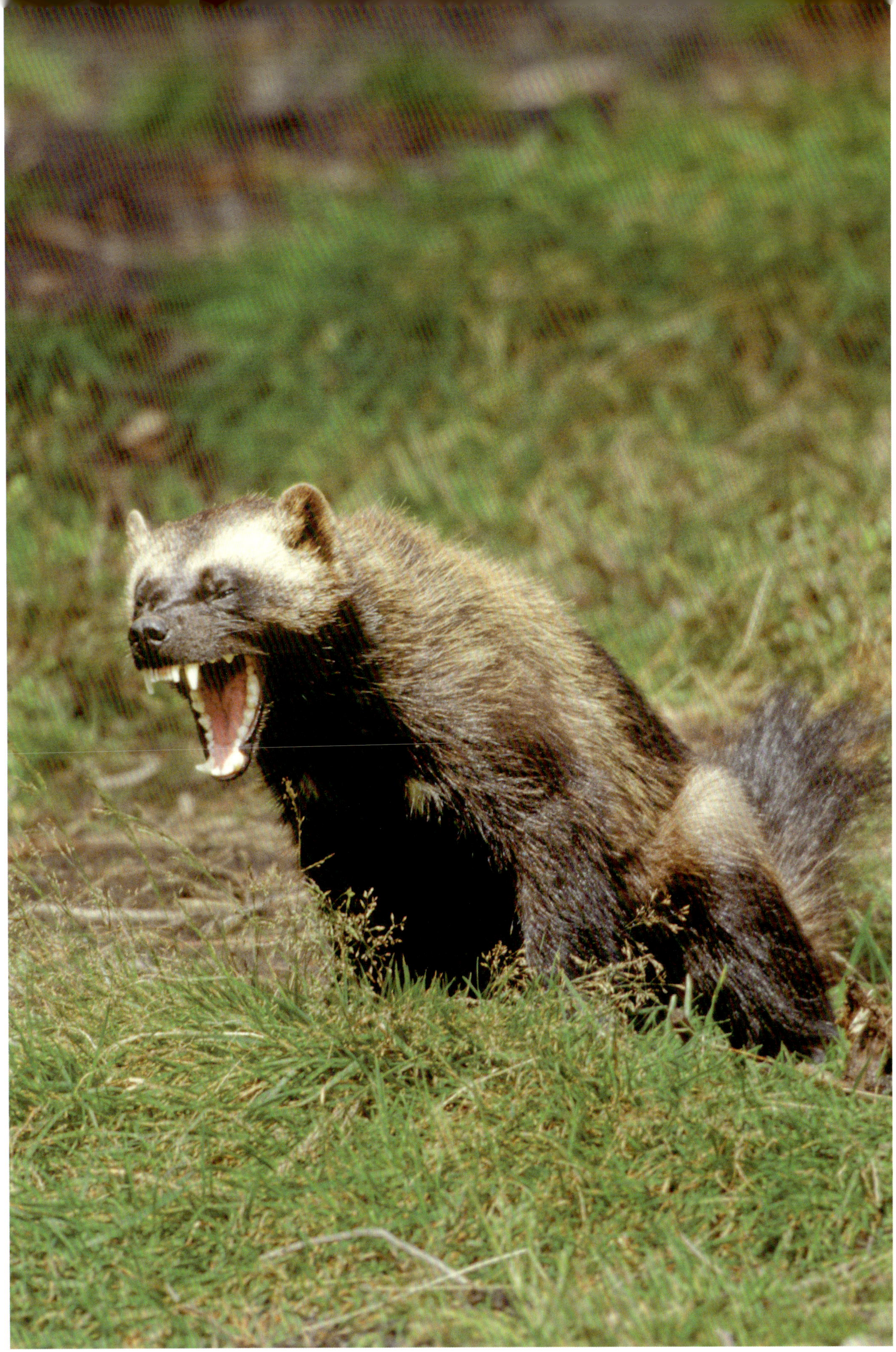

Rentiere sind weit verbreitet in Nordeuropa – zum Teil wild lebend, zum Teil von den nordischen Völkern als Lebensgrundlage geherdet.

Reindeer are widespread in northern Europe – partly living in a wild state, partly herded by Nordic people as a living resource.

Le renne est répandu dans le Nord de l'Europe – vivant partiellement à l'état sauvage, partiellement rassemblés en troupeaux par des communautés nordiques pour les quelles ils représentent une source de revenus.

Singschwäne prägen das Bild des hohen Nordens.

Whooper swans are very much part of the northern landscape.

Les cygnes sauvages font partie intégrante du paysage nordique.

Einmal kräftig schütteln und schon bald wird der dichte Bärenpelz wieder trocken sein.

A good shake and the bear's coat will soon be dry again.

Une bonne secousse, et le pelage de l'ours sera de nouveau sec.

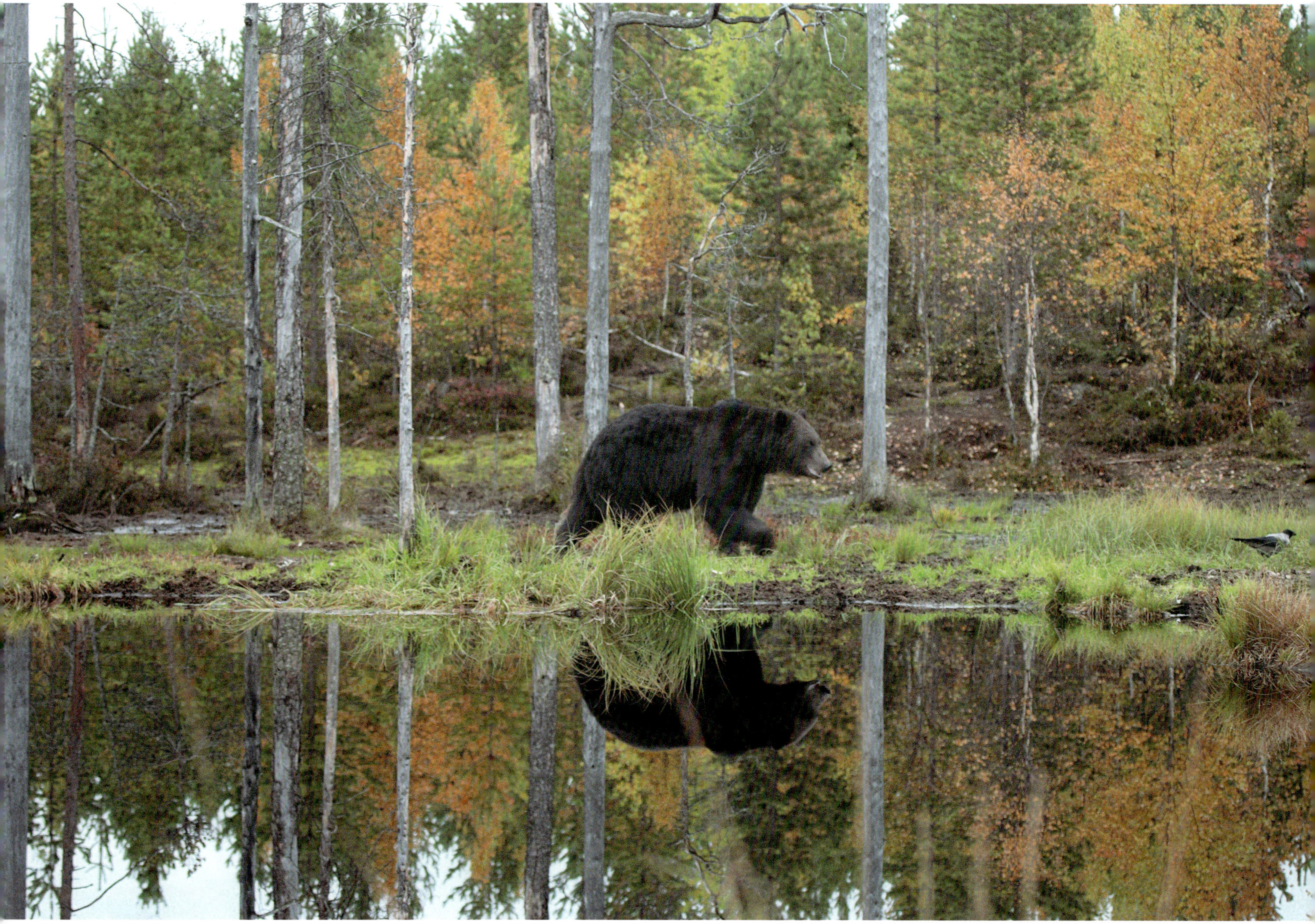

In aller Regel brummend und schnaufend allein unterwegs, markieren Bären ihr Streifgebiet durch häufiges Kratzen und Urinieren an Bäumen. Sofern ungestört, sind sie am Tag und in der Nacht aktiv. Zwei bis drei Wintermonate verbringen sie im Halbschlaf in einer Höhle, können aber jederzeit aktiv werden. Tage vor dem Beziehen der Höhle bleiben sie ohne Nahrung, entleeren ihren Darmtrakt völlig und zehren dann nur von ihren Körperreserven.

Quietly humming and muttering away, a brown bear ambles by, marking its territory by scratching and urinating against trees. When undisturbed, bears may be active during the day as well as at night. During winter, they spend two to three months semi-hibernating in a cave or den, but they may become active again at any time. In the days before they occupy their den, they will stop eating and empty their digestive system, surviving only on their body reserves.

Un ours brun marche l'amble, gorgnant et haletant, tout en marquant son territoire en grattant et urinant contre des arbres. Lorsqu'il n'est pas dérangé, l'ours peut être actif la journée et la nuit. Pendant l'hiver, il passe deux à trois mois en semi-hibernation dans une grotte ou une tanière, mais il peut redevenir actif à tout moment. Les jours précédents sa retraite dans la tanière, il arrête de manger et vide son système digestif, ne survivant que grâce aux réserves de son corps.

Badevergnügen mit „Liebkosungen" nach Braunbärenart! Der „Kuss" wird mit einer Ohrfeige „belohnt"! Mit einem einzigen Prankenhieb kann ein Braunbär Tiere bis zur Größe eines Elchkalbs töten. Die messergleichen, kräftigen Krallen seiner Vorderpranken sind doppelt so lang wie die hinteren. Anders als Katzenartige kann der Bär seine Krallen aber nicht einziehen.

Bathing and fondling pleasures, the way bears do it: the "kiss" is rewarded with a box on the ear! With one swing of its front paw, a brown bear may kill an animal the size of a moose calf. The razor-sharp front claws are twice as long as those of the hind paws; they can however not be retracted as cats may do.

Se baigner et se caresser leur font plaisir, les ours le font de cette manière: le »bisou« est récompensé par une tape sur l'oreille. D'un revers de la patte, un ours brun peut tuer un animal de la taille d'un jeune elan. Les griffes de ses pattes avant sont aiguisées comme des lames de rasoirs et sont deux fois plus longues que celles des pattes arrière; elles ne peuvent cependant pas se rétracter comme celles des chats.

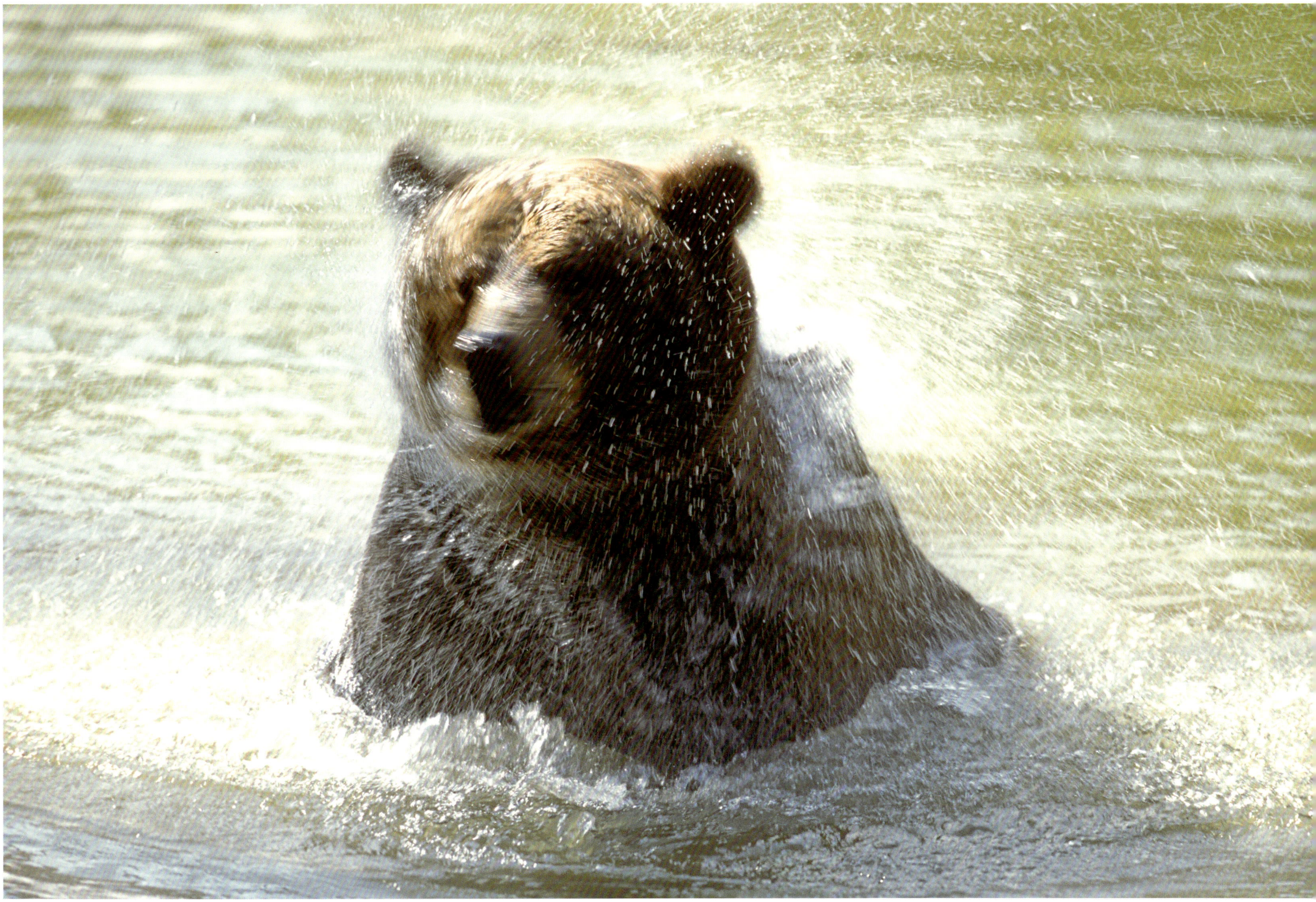

Kämpfe zwischen Bär und Bärin beschränken sich meist auf die Verteidigung der Jungbären vor den Männchen. Häufiger sind Auseinandersetzungen, wenn sich zwei Männchen in die Quere kommen.

Fights between bears of opposite sex are usually restricted to the protection by the mother of her cubs against aggression by the male. When two males meet, conflicts are more common.

Les combats entre ours de sexe opposé sont normalement limités à la protection des jeunes par la mère contre les agressions d'un mâle. Lorsque deux mâles se rencontrent, les conflits sont plus courants.

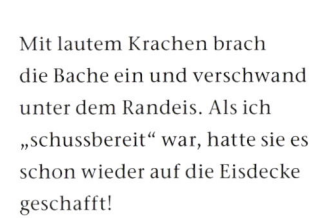

Mit lautem Krachen brach die Bache ein und verschwand unter dem Randeis. Als ich „schussbereit" war, hatte sie es schon wieder auf die Eisdecke geschafft!

With great noise, the wild boar broke through the ice to disappear under water. By the time I was ready to "shoot", it had already climbed back on the ice floe.

Avec grand fracas le sanglier a brisé la glace et disparu sous l'eau. Le temps de me préparer à prendre la photo, il avait déjà regrimpé sur la glace.

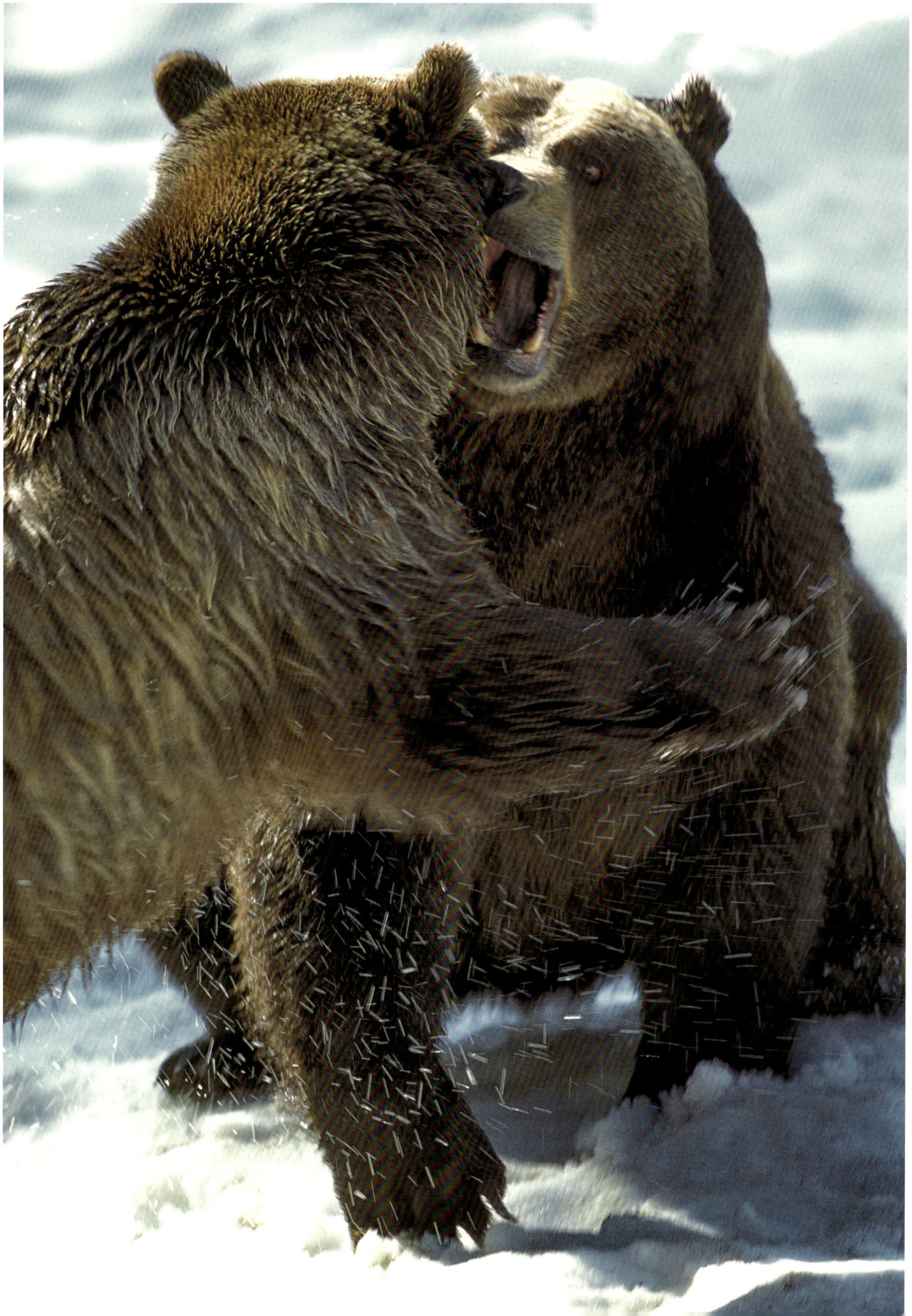

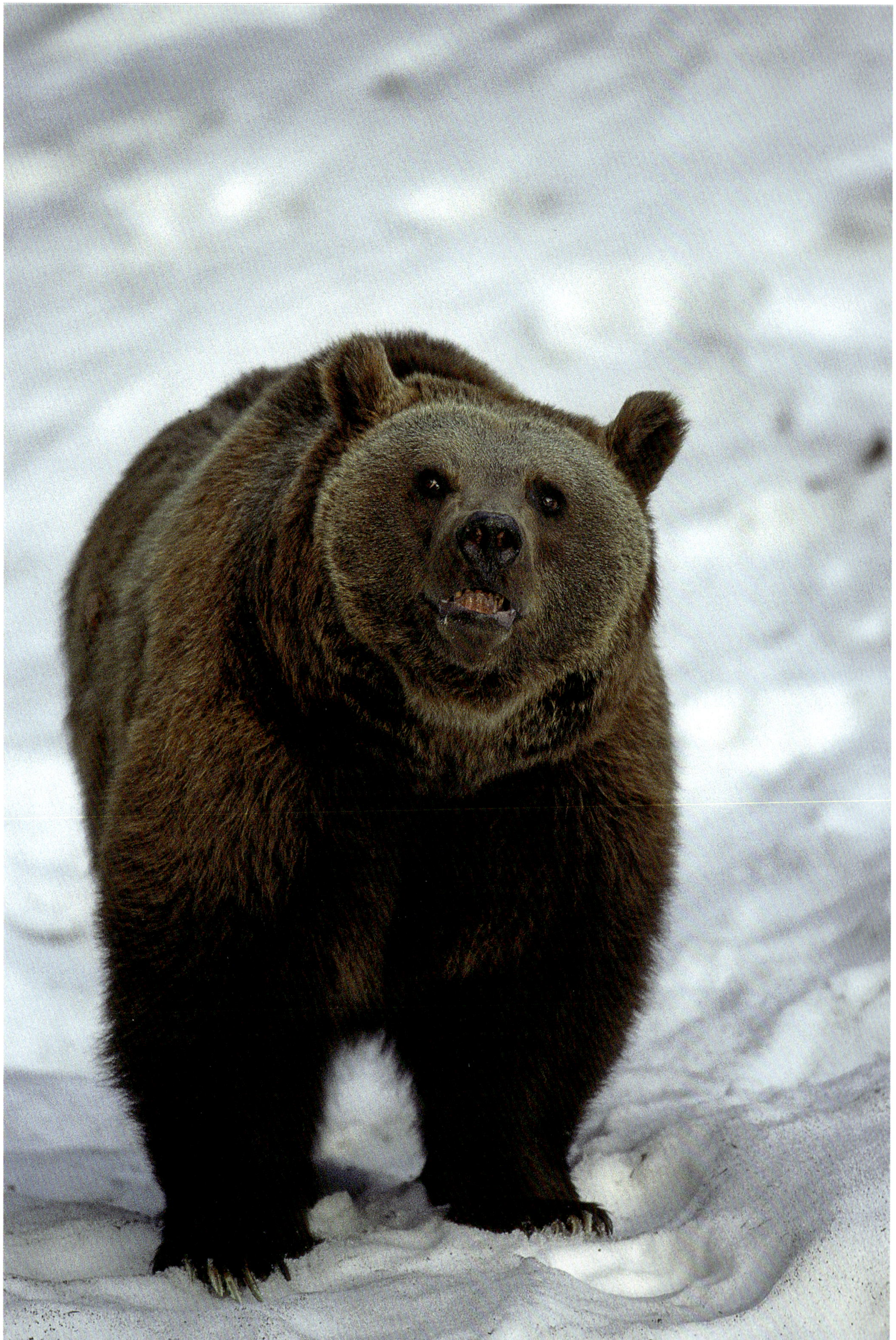
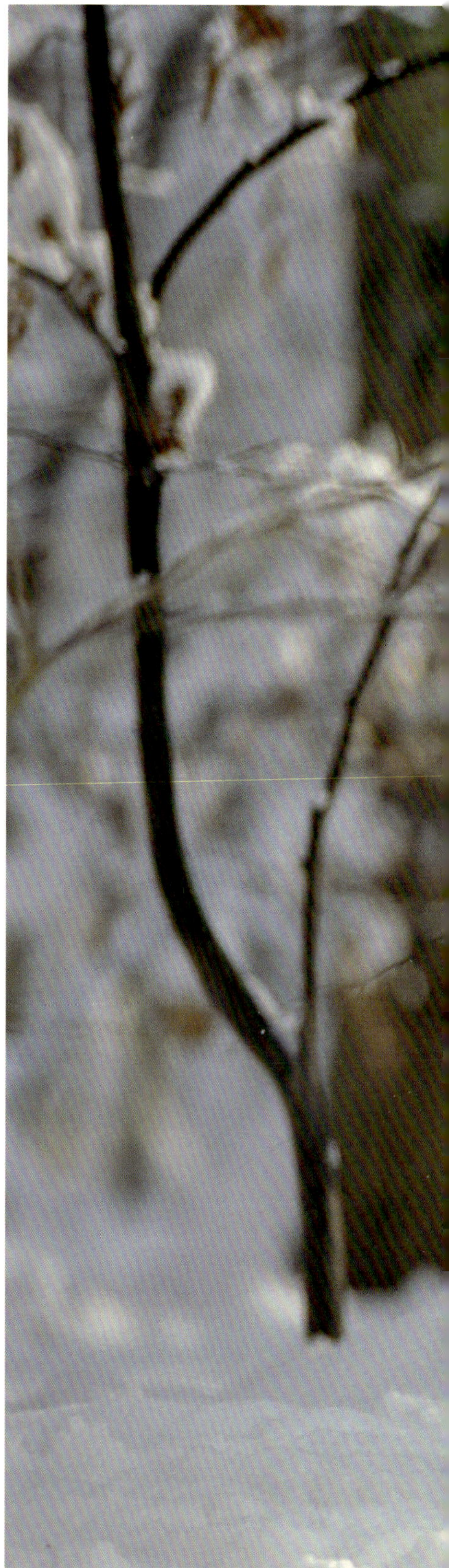

Zwei, die sich „zum Fressen gern" haben. Beide sind Allesfresser, ernähren sich aber weitgehend pflanzlich. Beim Jagen hätte der Bär die Nase vorn und doch reißt auch er eher selten lebende Beute. Animalische Kost – wichtig besonders in der vegetationsärmeren Zeit – nimmt er wie die Sauen vor allem als Aas oder Fallwild auf.

Two who would love to eat each other. Both are omnivores but mainly consume food of plant origin. Although bears are hunters, it is rather unusual for them to actually kill live prey. Just as with Wild boar, they will mostly get their meat – an important food resource in times when vegetation is less developed – from carrion.

Ces deux-ci aimeraient bien se dévorer l'un l'autre. Tous deux sont omnivores mais consomment surtout de la nourriture d'origine végétale. Les ours sont des chasseurs mais il est assez rare qu'ils tuent des proies vivantes. Tout comme le sanglier, toute leur alimentation en viande – un apport important de nourriture surtout lorsque la végétation est moins dense – provient surtout de charognes ou d'animaux morts pour toute autre raison.

Unverhoffte Momente   Unexpected moments   Rencontres fortuites

Wenn Wildtiere und Menschen unverhofft aufeinander treffen, endet das häufig mit einem Unfall. Die Verkehrsunfallstatistiken sprechen eine deutliche Sprache – viele Zusammenstöße auf der Straße enden für den Menschen im Auto mit schweren Verletzungen oder gar tödlich. Viele Autofahrer sind nicht auf die Plötzlichkeit, mit der Rehe oder Wildschweine am Rand der Straße auftauchen und diese überqueren, vorbereitet. Immer aber haben Begegnungen mit Wildtieren etwas Unerwartetes. Selbst in unseren Städten häufen sich solche Momente: Abends, im Scheinwerferlicht, huscht ein Steinmarder über die Straße, bei Autofahrern wegen seiner Vorliebe für die Kabel und Schläuche parkender Wagen wenig beliebt. Ein Eichhörnchen sucht unter der Eiche nach deren nahrhaften Früchten, in der Krone des Baumes baut eine Elster an ihrem Nest.
Biologen haben in manchen Großstädten zwischen 150 und 200 Vogel- und über 50 Säugetierarten festgestellt. Und es finden sogar vermehrt sehr „gewichtige" Wildtiere ihren Weg in Vorgärten, Parks und in die Schlagzeilen der Presse: Die Wildschweine kommen! Der zunehmende Maisanbau und die Veränderung des Klimas lassen ihre Populationen anwachsen. Milde Winter verhindern die natürliche Auslese. Mais gehört zudem zur Lieblingsnahrung der Schwarzkittel und wird in viel größerem Umfang angebaut als früher einmal. Der Mensch verändert die Landschaft stetig. Auch das menschgemachte Nahrungsangebot in unseren Städten ist vielseitig und üppig. Füchse, Wildschweine, Waschbären und andere Kulturfolger nutzen diese Angebote ausgiebig. Sie passen sich dabei den städtischen Bedingungen an, gewöhnen sich an das urbane Treiben und verlieren ihre Scheu zum großen Teil.
Für ein funktionierendes Miteinander von Mensch und Wildtier darf man allerdings Eines nicht vergessen: Wildtiere in der Stadt brauchen in aller Regel die Fürsorge des Menschen nicht! Wer zum Beispiel Wildschweine füttert, bringt das funktionierende Nebeneinander aus der Balance: Die Tiere verlieren ihre Scheu, werden zutraulich, manchmal aufdringlich. Sie „verlernen" wichtige Verhaltensweisen.
Wildschweine haben in Mitteleuropa nur einen einzigen Feind – den Menschen. Macht der eine Freundschaft daraus, dankt es ihm das Wildschwein nicht.
Am Ende dieses letztlich respektlosen Umgangs mit Wildtieren stehen oft Spannungen und ernste Interessenskonflikte, die die Tiere nicht selten mit dem Leben bezahlen müssen. Vermeintlich verwaiste Jungtiere, denen man in den Frühjahrsmonaten immer wieder begegnet, brauchen fast immer keine Hilfe. Die Elterntiere sind meist nicht weit und kümmern sich bald wieder um den Nachwuchs.
Also: solche Jungtiere an Ort und Stelle und in Ruhe lassen. So bleibt auch für das Wildtier die Begegnung mit dem Menschen „unverhofft" und ohne negative Folgen!

Statistics indicate that road accidents account for most unexpected encounters between man and beast, often leading to serious injuries or even the death of those involved. Most car drivers are unaware of the suddenness with which deer or wild boar may cross roads and are therefore unprepared to avoid them. Any meeting with wildlife has an element of unexpectedness but, even inside urban areas, such encounters become more common. The view at night of a stone marten, hopping across a street in the headlights of a car, may be less good news for car-owners, considering this species' habit of gnawing at battery cables. Squirrels searching for acorns under the oak trees in the park, or a pair of magpies building their nest high in a garden tree are of less concern.

Biologists have recorded in certain large towns between 150 and 200 species of birds, and over 50 species of mammals. Larger animals not only find their way into suburban garden and parks, but also into the headlines of the media: "wild boars are on the march!" Their increases in population are a result of climate change, with milder winters and lower natural mortality. Another factor is the much greater availability of maize crops, a favourite treat for wild boar. The influence of humanity on a continuously changing landscape is considerable.

This also applies to the food resources becoming available in urbanised areas: foxes, wild boar, raccoons and other "followers of civilisation" adapt themselves well to their new man-made environment, get used to human activities and lose their natural shyness. For the sake of a harmonious relationship between man and wildlife, it is, however, important to remember that wild animals inside towns usually do not need to be provided for by people. Offering food to wild boar or foxes, for instance, will unbalance the functional interaction between man and wildlife: these animals become too tame, or even obtrusive, as their natural behaviour becomes unlearned.

Many species such as the wild boar have, in Europe, only one enemy: man. Turning such a relationship into friendship is not in the interest of these animals, as the final result of treating wild animals without "respect" is often that serious tensions and conflicts of interests will lead to them having to be killed.

This is also applies to young animals often found in spring as so-called orphans. In most cases, these "babies" (such as Roe kids) do not need well-meant but counterproductive human help, as their parents are usually nearby and will return as soon as people have left the scene. The rule applies: leave young animals where they belong without touching them. In this way, such encounters will remain "unexpected" and not turn out to be detrimental to wildlife.

Un bon nombre des rencontres imprévues entre l'homme et l'animal sauvage se terminent par des accidents. Comme le démontrent les statistiques des collisions routières, ces accidents impliquent trop souvent des blessures graves et même des décès. La plupart des automobilistes ne se rendent pas compte de la rapidité avec laquelle

un cervidé ou un sanglier peut s'élancer sur la route et se retrouvent bien incapables de les éviter.
Toute rencontre avec la faune a son côté inattendu, mais aujourd'hui, il n'est même plus étonnant d'y être confronté en zone urbaine. La vue d'une fouine la nuit, traversant une rue à la lueur des grands phares n'est peut être pas une très bonne nouvelle pour le propriétaire de la voiture quand on connaît le goût prononcé de l'animal pour les câbles de batterie. Par contre, les écureuils qui collectent les glands sous un grand chêne du parc ou un couple de pies construisant leur nid dans les hauteurs d'un arbre sont bien moins dérangeants.
Des biologistes ont enregistré entre 150 et 200 espèces d'oiseaux dans certaines grandes villes, et plus de 50 espèces de mammifères. Les animaux de plus grandes tailles ont quant à eux, non seulement trouvé le chemin des villes mais font aussi les gros titres dans la presse : »les sangliers marchent sur Berlin!«. L'augmentation de leur population est le résultat des changements climatiques, avec des hivers plus doux et moins de mortalité naturelle.
Une autre explication est l'abondance de cultures de maïs qui fait le plus grand bonheur des sangliers. L'influence de l'être humain sur un paysage en constante évolution est décidément considérable.
Ce problème est également d'application pour la quantité de nourriture rendue disponible dans les zones urbaines : renards, sangliers, ratons-laveurs et autres »amis de la civilisation« s'adaptent parfaitement à ce nouvel environnement, s'accommodent des activités humaines et perdent leurs réflexes farouches naturels. Pour favoriser une relation harmonieuse entre l'homme et l'animal, il est cependant important de ne pas oublier que l'animal sauvage ne doit pas être nourri par l'homme. Offrir de la nourriture à des sangliers ou des renards en ville va déstabiliser l'équilibre en place en les domestiquant à un point qu'ils en perdront leurs comportements naturels.
De nombreuses espèces comme le sanglier n'ont en Europe plus qu'un seul ennemi : l'homme. Vouloir renverser cette relation et créer un lien amical avec eux n'est certainement pas à leur avantage car les animaux sauvages risquent, s'ils causent de sérieuses tensions et des conflits d'intérêts, d'être moins bien traités et même probablement tués.
Ceci est aussi le cas pour les jeunes animaux retrouvés au printemps, ceux qu'on appelle les orphelins. Dans la majorité des cas, ces »bébés« (comme les chevrillards) n'ont pas besoin de l'aide humaine, car aussi bonne soit l'intention, tout contact est contreproductif. Les parents sont en effet souvent dans les environs et reviendront aussi vite que le danger que vous représentez sera écarté. La règle d'or est de laisser les jeunes animaux sans les toucher. De cette manière, ces rencontres resteront »fortuites« et ne desserviront pas la faune sauvage.

Gegenüberliegende Seite: Der Zwergfischer *(Alcedo cristata)* und der Erpel der Löffelente *(Anas clypeata)* im Prachtkleid – deren Name ist „Schnabel-Programm".

Opposite page: a Malachite Kingfisher, and a Shoveler drake – unmistakable with its huge beak.

Page opposée : un martin-pêcheur huppé, et le mâle du canard souchet, impossible de le confondre avec son grand bec.

Zögernd nur zieht sich der Schleier der Nacht zurück und weicht einem neuen Tag ...

The veil of the night reluctantly makes way for a new day ...

Le voile de la nuit rechigne à laisser la place à un nouveau jour ...

Ein Lauscher nach vorn gerichtet, der andere in Bewegung. Wachsamkeit vermittelt der junge Rothirsch.

One ear pointing forwards, the other one moving around: the young Red deer stag remains highly alert.

Une oreille tendue vers l'avant, l'autre tournant en rond, le jeune cerf est en alerte maximale.

Stille Begegnung im Morgenrot Spaniens. Aufmerksam verfolgen die beiden Rottiere, Scherenschnitten gleich, den kreisenden Bartgeier *(Gypaetus barbatus)* – auch für sie kein alltäglicher Anblick!

An unusual encounter in the Spanish morning light: two Red deer hinds keep a watchful eye on a Bearded vulture circling high above them.

Une rencontre impromptue dans la lumière du matin espagnol: deux biches surveillent avec attention une gypaète barbue tournoyant au-dessus d'elles.

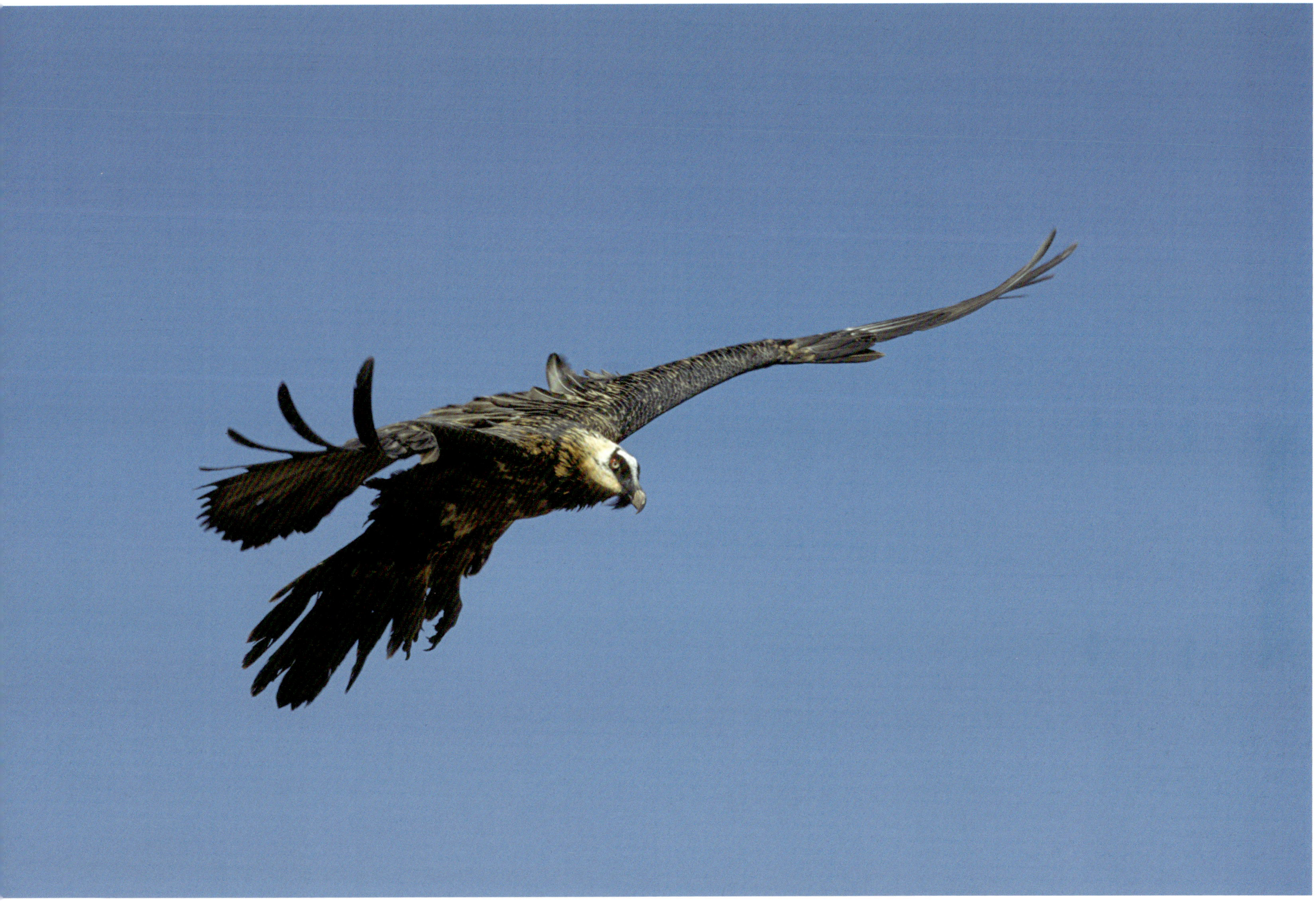

Mächtige Ausmaße können Weißstorch-Horste im Laufe der Jahre annehmen.

Over the years, a White stork's nest may develop into a huge structure.

Au cours des années, un nid de cigogne blanche peut se transformer en une structure gigantesque.

Viele Weißstörche *(Ciconia ciconia)* bleiben und überwintern in der spanischen Extremadura. Sie sparen sich die lange Reise nach Afrika und balzen im Frühjahr schon recht zeitig.

Many White storks spend the winter in Spanish Extremadura; they thereby avoid the long journey to Africa and start parading early in spring.

De nombreuses cigognes blanches passent l'hiver dans l'Estrémadure espagnole; elles évitent ainsi le voyage vers l'Afrique et débutent les parades amoureuses au début du printemps.

Gänsegeier nutzen die Thermik, wo immer es geht. Beim Kreisen im Aufwind winkeln die eleganten Segelflieger ihre langen Flügel leicht an – der Mönchsgeier hält sie dagegen gestreckt.

Whenever possible, Griffon vultures make use of rising currents of warm air to support their circling high in the sky. They keep their wings slightly bent while Black vultures fly with their wings straight.

Dans la mesure du possible, les vautours fauves utilisent les courants d'air chauds ascendants pour faciliter leurs tournoiements vers le ciel. Ils gardent leurs ailes légèrement courbées, contrairement aux vautours moines qui volent avec leurs ailes tendues.

Die Früchte des Erdbeerbaumes *(Arbutus unedo).* Er wächst im Mittelmeerraum.

The berries of the Strawberry tree, native to the Mediterranean region.

Les baies de l'Arbousier, un arbre répandu dans le bassin méditerranéen.

Mit fünf Jahren geschlechtsreif, paaren sich Gänsegeier Ende Januar. Sie leben in Dauerehe, brüten mitunter in lockeren Kolonien und ziehen jährlich nur ein Junges groß.

Reaching sexual maturity at the age of five, Griffon vultures mate at the end of January; pairs stay together for life. They breed in small colonies and each year raise only one young.

Les vautours fauves atteignent leur maturité sexuelle à cinq ans et s'accouplent à la fin janvier; les couples restent ensemble toute leur vie. Ils se reproduisent en petites colonies et n'ont qu'un seul petit par an.

Steinkitz und -geiß, hoch oben im blanken
Fels der spanischen Sierra de Credos

*Spanish Ibex kid and nanny goat, high in the
white rocks of the Gredos Mountains.*

Un petit et une femelle de bouquetin
espagnol, sur les hauteurs des roches de la
Sierra du Gredos.

Mag das Kreisen des Bartgeiers auch bedrohlich wirken – von ihm geht keine Gefahr aus. Anders ist das beim Steinadler, obwohl der mit einer um ein Viertel geringeren Flügelspannweite deutlich kleiner als der Geier ist.

The circling flight of the Bearded vulture may look threatening but the species is harmless. This is not the case for the Golden eagle, even when this one is clearly smaller than the vulture, with a 25% shorter wingspan.

Le vol circulaire du gypaète barbu peut paraître menaçant, mais l'espèce est inoffensive. Ceci n'est pas le cas de l'aigle royal, même quand celui-ci est bien plus petit que le vautour, d'une envergure inférieure de 25%.

Eine Gartenkreuzspinne (*Araneus diadematus*) in ihrem filigranen Netz aus rund 20 Metern Faden und 1000 bis 1500 Verbindungen ...

A European Garden spider in its web, consisting of some 20 metres of silk and between 1,000 and 1,500 connections ...

Une épeire diadème européenne dans sa toile constituée de quelque 20 mètres de fil et de 1000 à 1500 connexions ...

Der Steinkauz (*Athene noctua*) jagt vom Ansitz aus, aber auch im niedrigen Suchflug und mitunter „zu Fuß". Sein Nahrungsspektrum reicht von Käfer, Maus und Frosch bis hin zu Jungvögeln.

The Little owl keeps outlook from a fixed point but may also search for prey – beetles, mice, frogs and even young birds – when flying and even hunts "on foot".

La chouette chevêche chasse à partir d'un point d'observation fixe mais peut aussi chercher sa proie – scarabées, souris, grenouilles et même de jeunes oiseaux – en vol ou »à pied«.

Mit rund 2,70 Metern Spannweite ist der Gänsegeier einer der größten Geier Europas.

With a wingspan of about 2.7 metres, the Griffon vulture is one of the largest European vultures.

Avec une envergure de 2,7 mètres, le vautour fauve est l'un des plus grands vautours européens.

Keine Berührungsängste: zwei Mönchsgeier, umringt von Gänsegeiern

No fear of contact: two Black vultures surrounded by Griffon vultures

Ils n'ont pas peur du contact: deux vautours moines entourés de vautours fauves

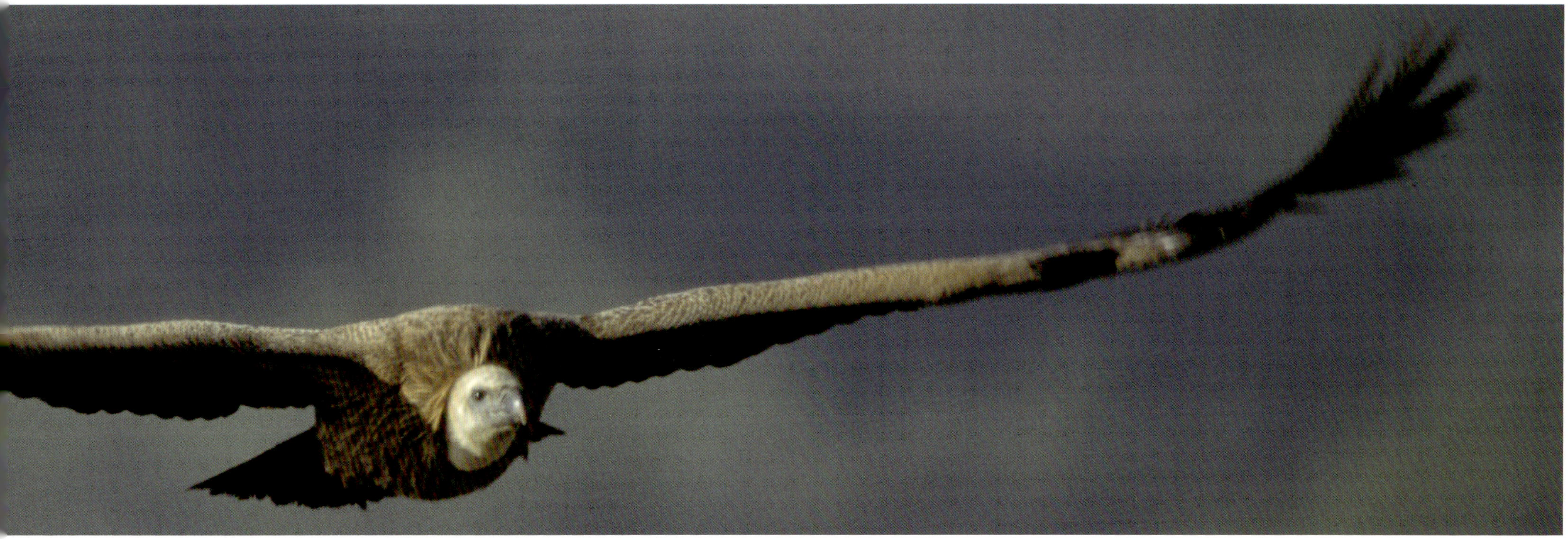

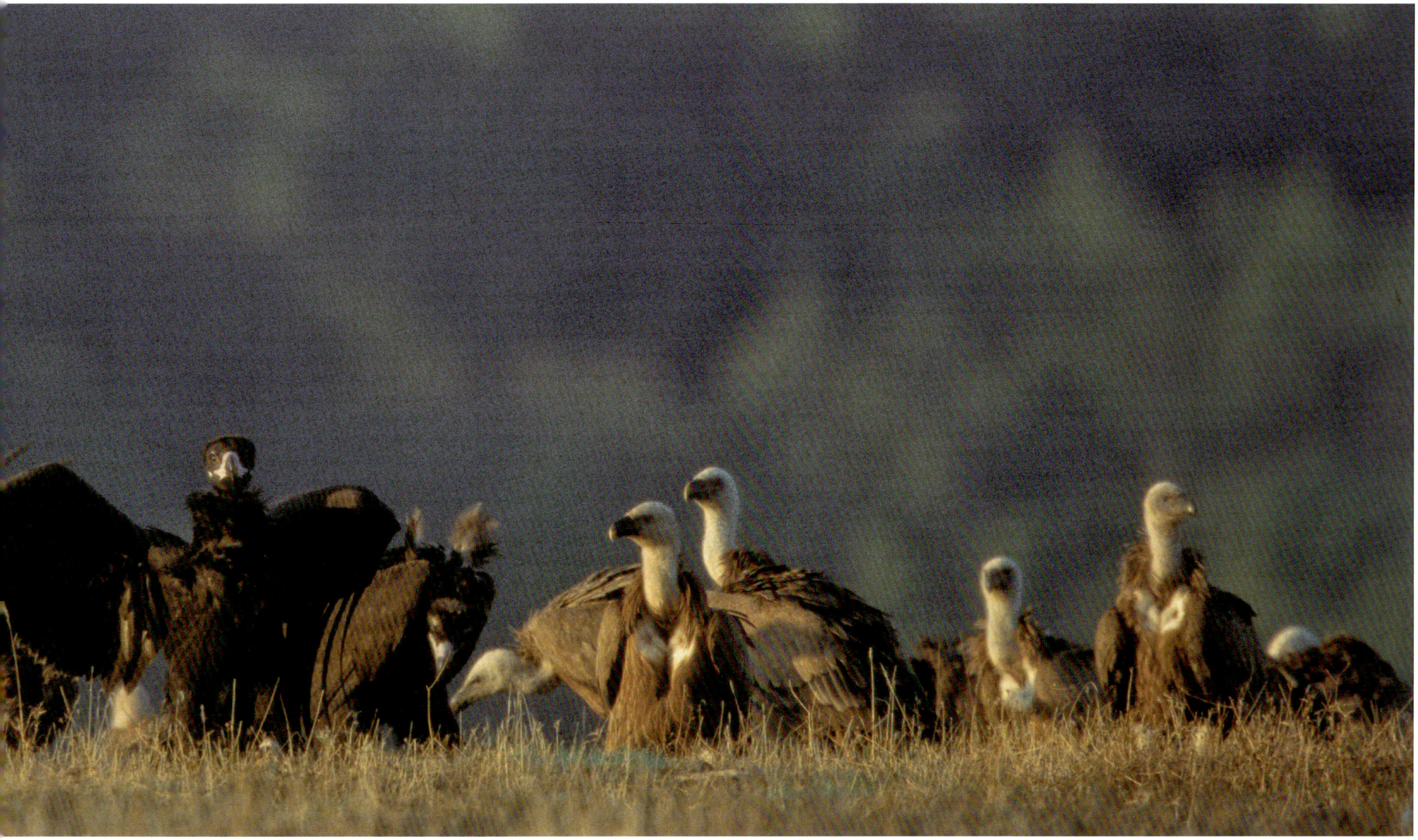

Eine perfekte Tarnung ist überlebensnotwendig, vor allem in deckungsarmen Landschaften und ausgeräumten, intensiv bewirtschafteten „Agrarwüsten". Viele Wildarten verfügen darüber.

A perfect camouflage is indispensable for survival, in particular in open landscapes and in intensively farmed areas; many wild species benefit from such protection.

Un camouflage parfait est indispensable à la survie, surtout dans des paysages ouverts et des zones d'agriculture intensive; de nombreuses espèces sauvages bénéficient de cette protection.

Der Hase verschmilzt fast mit dem Untergrund. Wenn das nicht hilft, dann beweist Langohr, dass er ein typisches Fluchttier ist.

The Brown hare blends in perfectly well with the environment; in case this does not provide sufficient protection, the animal will demonstrate its capacity to outrun any aggressor.

Le lièvre se fond parfaitement dans son environnement; au cas où cela ne le protègerait pas suffisamment, l'animal démontrera ses capacités à semer tout agresseur à la course.

224

„Duck and cover!" Diese Strategie beherrscht auch das Rebhuhn. Wie der Hase bewohnte es ursprünglich Steppen- und Heidelandschaften.

"Duck and cover" is a strategy which the Grey partridge masters well. As with the hare, it is originally a species from open steppe and heather.

«Couché, couvert!» est une stratégie que la perdrix grise maîtrise bien. Comme le lièvre, c'est une espèce originaire des steppes ouvertes et des landes de bruyères.

Der „Niedergang des Hasen" ist ein Spiegelbild unseres Umgangs mit der Natur. Wo sich nämlich der Hase noch wohlfühlt, stimmt auch das Umfeld noch halbwegs! So hilft wohl allen Geschöpfen, was dem Hasen hilft ...

The decline of the Brown hare is reflecting the way man deals with nature: the presence of the species is a good indication of the health of the environment. What is good for the hare is also good for other wild species ...

Le déclin du lièvre reflète bien la manière dont l'homme s'occupe de la nature: la présence de l'espèce est une bonne indication de la qualité de l'environnement. Ce qui est bon pour le lièvre l'est aussi pour d'autres espèces sauvages.

Vom „Angsthasen" und dem lieben „Osterhasen" bis hin zum „alten Hasen" und vielen anderen Bezeichnungen im Sprachgebrauch ist Meister Lampe neben dem Fuchs wohl die volkstümlichste Tiergestalt Europas! Und doch wissen zu wenige für die Natur Verantwortliche, „wie der Hase wirklich läuft" ...

Hares, just as foxes, have always played an important role in folklore, mythology, fairy-tales and popular wisdom throughout Europe. Nevertheless, so many people seem to be harebrained when dealing with nature.

Les lièvres, tout comme les renards, ont toujours joué un rôle important dans le folklore, la mythologie, les contes et les légendes populaires à travers l'Europe. Cependant, certaines personnes »veulent courir deux lièvres à la fois« lorsqu'elles s'occupent de la nature.

Drei Generationen bei der Feldarbeit in der ungarischen Puszta – ein aussterbendes Bild aus fast schon vergessenen Zeiten

Three generations working on a farm in the Hungarian Puszta – a picture of days gone by

Trois générations travaillant sur la terre dans la Puszta hongroise – une image d'un temps révolu

Diese extensive und schonende Art der Landbewirtschaftung ist ein Segen für Bodenbrüter und das Niederwild!

This extensive way of farming is highly beneficial to ground-breeding birds and to small game.

Cette agriculture extensive est vraiment bénéfique aux oiseaux qui nichent sur le sol et au petit gibier.

Die Nähe von Wasser liebt auch die Bachstelze *(Motacilla alba)*. Dort findet sie Insekten, Larven, Spinnen und Schnecken, kurzum alles, was ihr Herz begehrt!

The White wagtail favours the neighbourhood of water where it will find small insects, larvae, spiders and other delicacies.

La bergeronnette grise apprécie la proximité d'un plan d'eau où elle pourra trouver des petits insectes, des larves, des araignées et autres mets délicieux.

Wildschweine lieben nicht nur Suhlen, sondern mögen auch offenes Wasser. Sie baden gern und rinnen erstaunlich gut, auch über größere Strecken.

Wild boar love wallowing but also appreciate open water; they are good swimmers and may cover considerable distances.

Les sangliers adorent se souiller mais apprécient également l'eau claire; ce sont de bons nageurs pouvant parcourir de grandes distances à la nage.

Früh übt sich ...

Who learns young ...

Celui qui apprend jeune ...

„Elf Wutze bei einer Bache – unmöglich!", war mein erster Gedanke. Schon am übernächsten Tag fehlten zwei Frischlinge, sieben zählte ich bei unserer letzten Begegnung! Von den fünf Zitzenpaaren einer Bache ist das vorderste nur schwach entwickelt und wenig ergiebig ...

"Eleven piglets with one sow – impossible", was my first thought. Two days later two were already gone and only seven remained when I last observed them. A female boar has five pairs of nipples but the front ones are not well developed and are hardly productive.

»Onze marcassins et une laie – impossible« fut ma première réaction. Deux jours plus tard, deux d'entre eux avaient déjà disparu et la dernière fois que je les ai observés, je n'en ai plus compté que sept. Une laie a cinq paires de tétons mais les premiers ne sont pas bien développés et peu productifs.

Die Bache traf ich beim fleißigen Wurfkesselbau – welch ein Glücksfall! – und nutzte die Gelegenheit. Vier Tage später entstand dieses Bild des Frischlings beim ersten Sonnenbad. Das Porträt gewährte mir die Bache wohl als „Dankeschön" für zahlreiche Leckerbissen ...

By chance, I discovered the sow while she was building her nursery and, four days later, I was able to portray this piglet sunbathing. It took me quite some titbits to obtain permission from the mother.

Par chance, j'ai découvert la laie lorsqu'elle construisait sa nurserie et, quatre jours plus tard, j'ai pu prendre le portrait de ce marcassin au soleil. Il a fallu que je gâte bien la mère de toutes sortes de friandises pour obtenir sa »permission«.

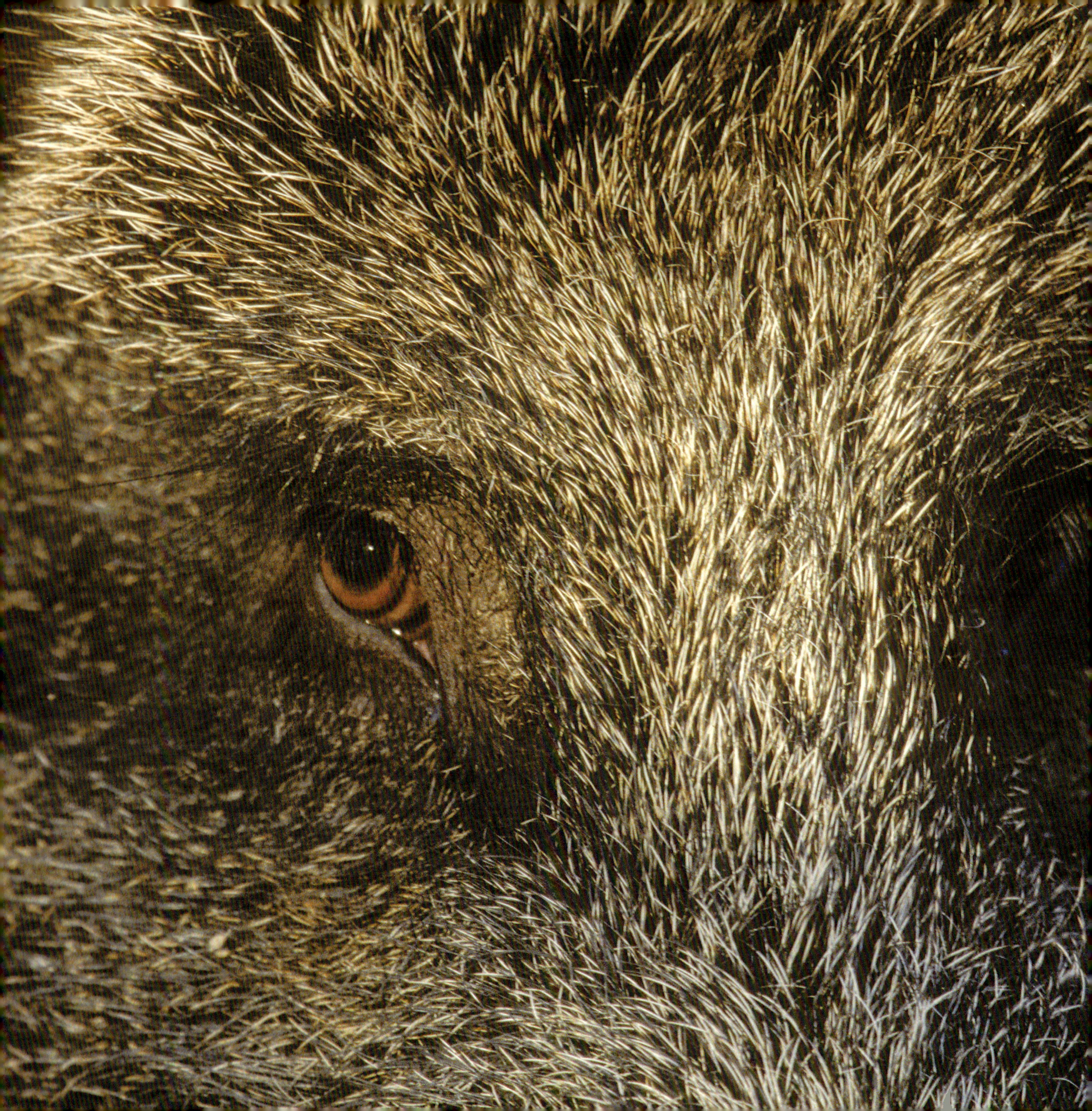

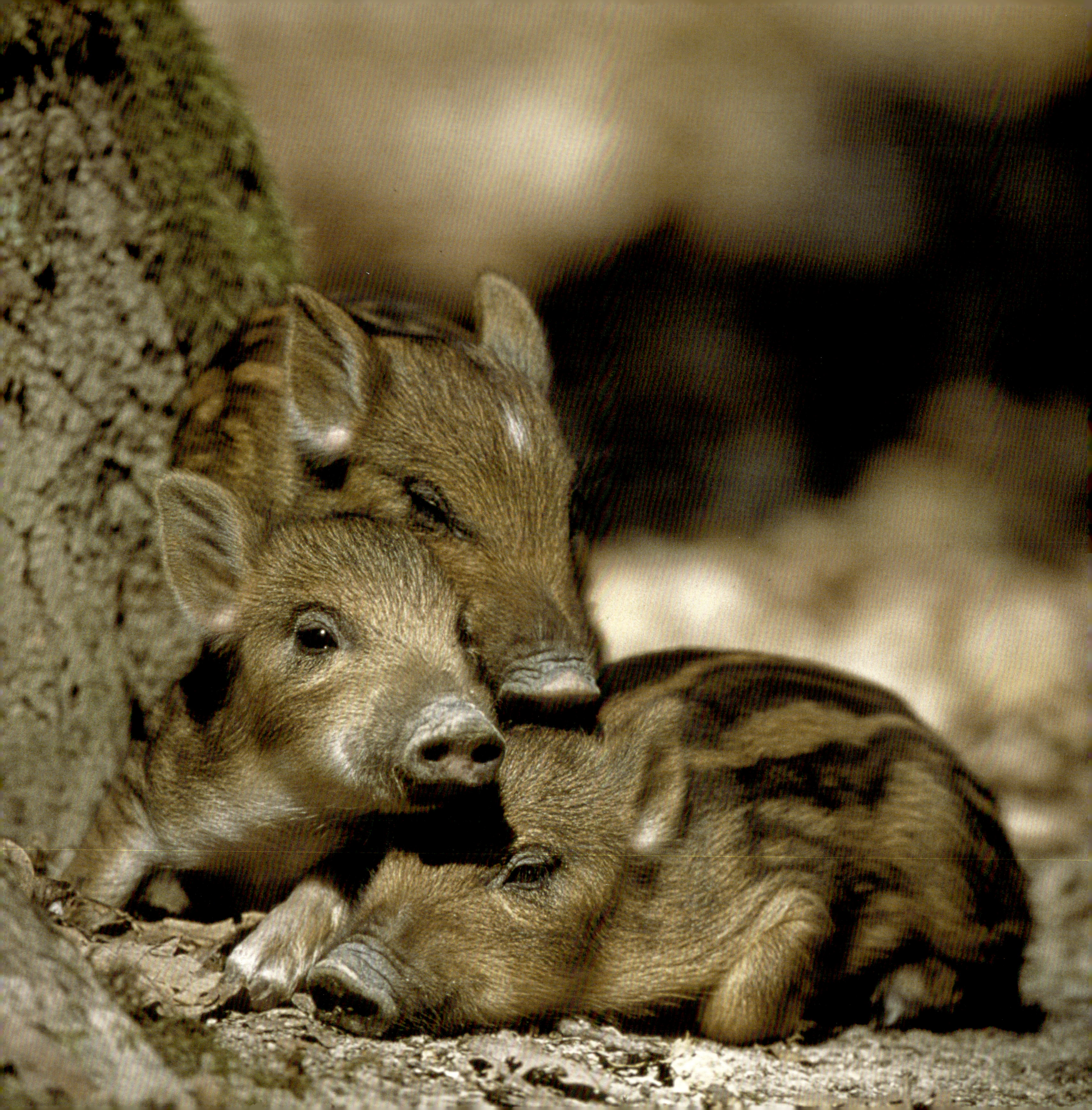

Aller Anfang ist schwer ... Das Wutzchen sucht Mutters Zitzen an der falschen Stelle.

All things are difficult before they are easy ... the little bungler is looking for its mother's nipples in the wrong place.

Tout début est difficile ... le jeune maladroit cherche le téton de sa mère au mauvais endroit.

Frischlinge sind empfindlich gegen Kälte und Nässe. Oft halten sie sich dicht gedrängt gegenseitig warm.

Wild boar piglets require warmth and are sensitive to cold and wet weather. That is why they like to crowd together.

Les marcassins ont besoin de chaleur et sensibles au froid et à l'humidité. C'est pour cette raison qu'ils aiment tant se regrouper étroitement.

Auf den ersten Blick erscheint das Streifenmuster der Frischlinge eher auffällig, im Wald jedoch löst es die Konturen auf und tarnt hervorragend. Im Spiel von Licht und Schatten auf Laub und Reisig hatte ich oft Mühe, den sich drückenden Nachwuchs auszumachen.

The striped coat of the young piglets is, at first glance, rather conspicuous. However, it provides an excellent camouflage amidst the shadow and shades under the trees of the forest. Quite often, I had difficulty in distinguishing the wild boar offspring when they remained motionless.

Le pyjama rayé des jeunes marcassins est, à première vue, assez flagrant. Il lui procure cependant un excellent camouflage dans l'ombre sous les arbres de la forêt. J'ai fréquemment eu des difficultés à distinguer les petits lorsqu'ils restaient sans bouger.

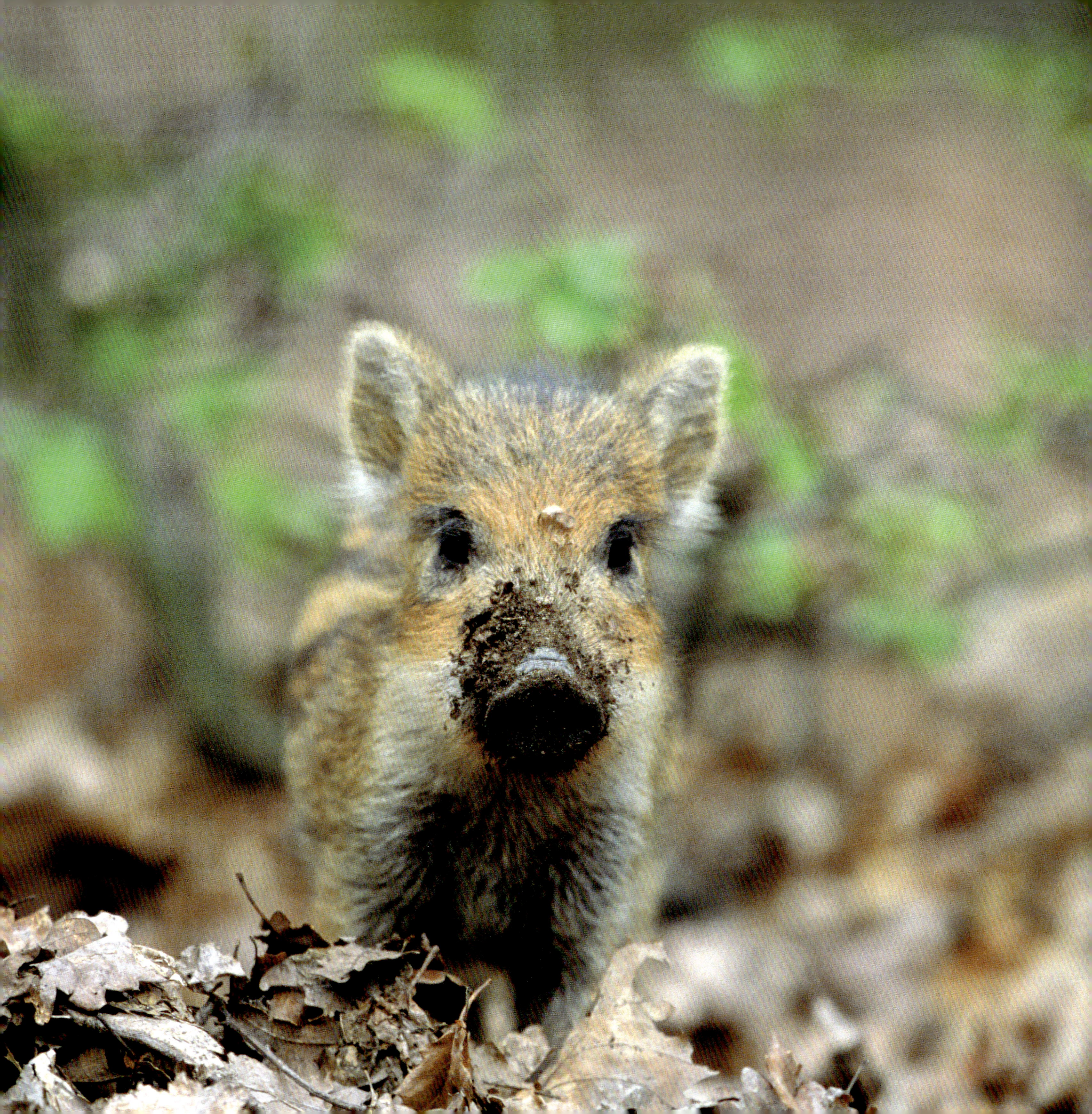

Was aussieht wie Spiel und Liebkosung, ist tatsächlich oft eine wahrlich raue Gangart. Nicht führende, „genervte" Stücke benehmen sich mitunter so rücksichtslos gegenüber der tollpatschigen Jugend, „dass die Fetzen" oder besser „Frischlinge fliegen"!

It may look like playing or cuddling but it is in reality a rough treatment. Sows without piglets may behave rather carelessly towards the playful youngsters so that these sometimes "fly around".

Ce qui peut ressembler à un jeu ou à des câlins est en réalité un traitement assez rude. Une laie sans marcassins ne se soucie pas du tout des jeunes trop folâtres et les enverra »voler aux quatre vents«.

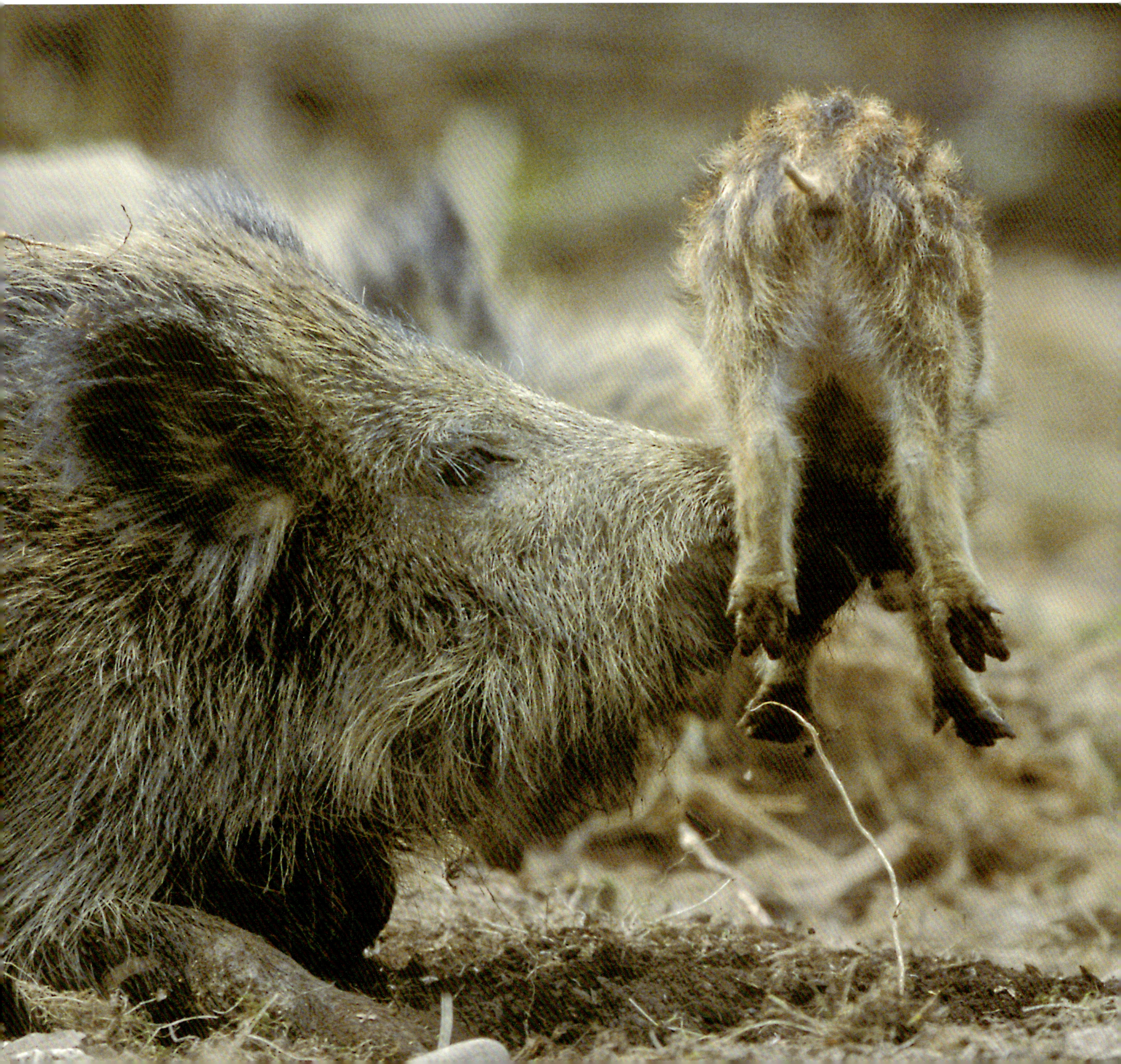

Die Nutria *(Myocastor coypus)* ist eine Verwandte der Stachelschweine, der Chinchillas und Meerschweinchen! Als Farmtier aus Südamerika nach Europa verfrachtet, ist sie ein echter Beitrag zur Faunenverfälschung.

The Nutria is related to the porcupine, the chinchilla and the guinea pig. Imported from South America into Europe for fur-farming purposes, it is to be considered an invasive alien species, in need of eradication.

Le ragondin est cousin avec le porc-épic, le chinchilla et le cobaye. Importé d'Amérique du Sud en Europe pour l'attrait de sa fourrure, il est considéré comme étant une espèce exotique envahissante à éradiquer.

Haubenlerche *(Galerida christata)* und die etwa bussardgroße Heringsmöwe *(Larus fuscus)*

Crested lark and Lesser black-backed gull, about the size of a buzzard

Cochevis huppé et goéland brun de la taille d'une buse variable

Keiler und Bache scheinen sich gegenseitig schon im Windfang zu haben. Er setzt nur noch schnell seine „Duftnote" und streift noch etwas Keilerschaum ab.

These two wild boar are obviously very attracted to each other. Before the real business starts, the tusker wants to leave another olfactory mark.

Ces deux sangliers sont vraisemblablement très attirés l'un par l'autre. Avant de commencer leur affaire, le solitaire désire laisser une marque olfactive supplémentaire.

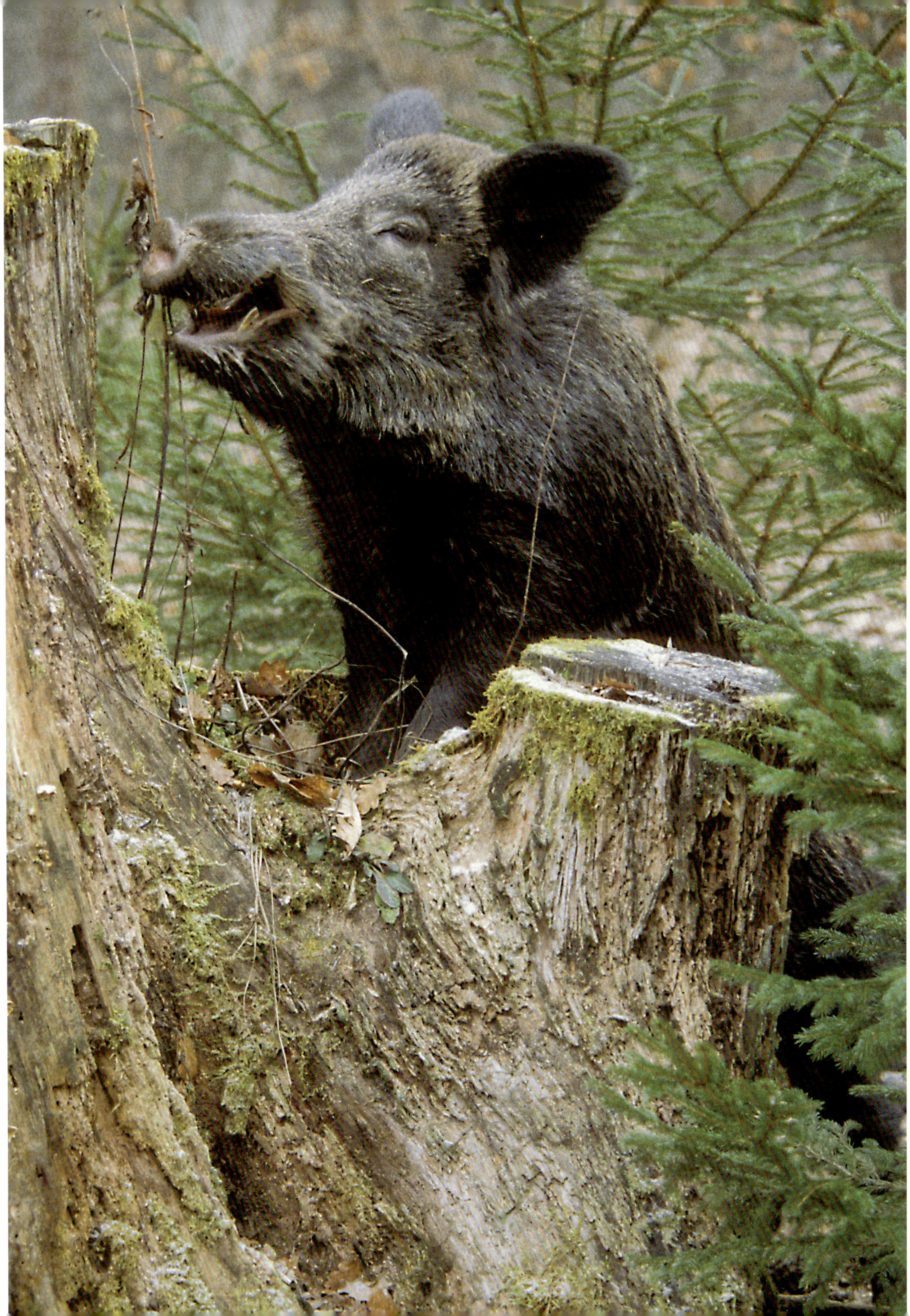

Der Schwarzstorch (*Ciconia nigra*) ist ein reiner Waldbewohner und liebt alte ruhige Laubmischwälder mit Tümpeln und Bächen. Diese Ansprüche erklären seine bedauerliche Seltenheit!

The rare Black stork is a true forest bird, having a clear preference for old and quiet woods with pools and brooks.

La cigogne noire est rare et est un véritable oiseau de la forêt, préférant de loin les vieilles et calmes forêts mixtes avec des étangs et des ruisseaux.

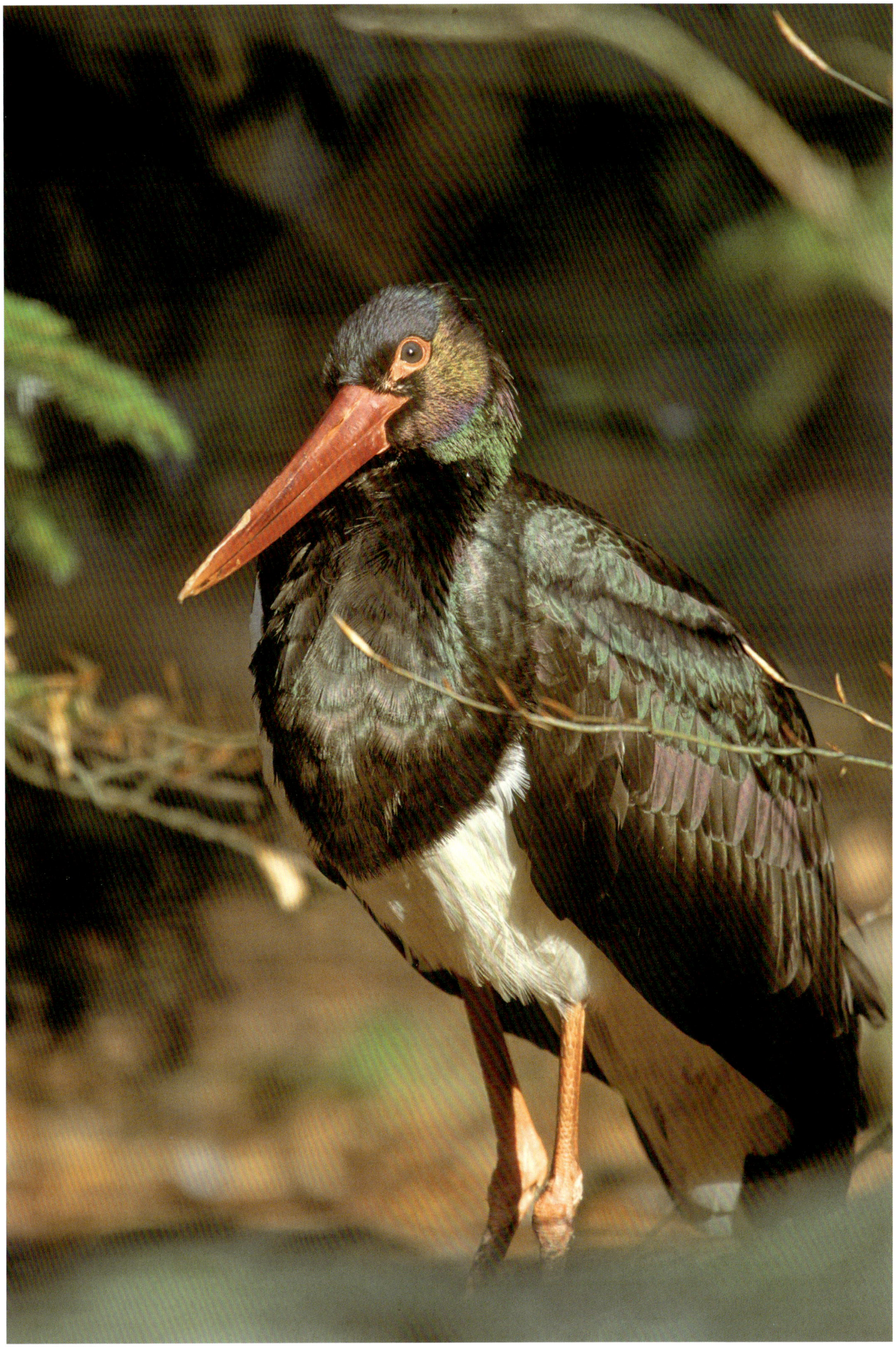

Meister Reineke hält sich sehr oft außerhalb des Baus auf. Bevor er ihn verlässt, wird geprüft, ob die Luft rein ist ...

Reynard likes to stay outside his earth; before leaving it however, he will check if the coast is clear ...

Monsieur Renard se tient souvent en dehors de son terrier; avant de le quitter, il vérifiera si la voie est libre ...

„Meister Grimbart" litt sehr unter der Baubegasung, mit der man Mitte der Sechzigerjahre des letzten Jahrhunderts der Tollwut zu Leibe rückte – mehr als alle anderen „Baubewohner", das Murmeltier ausgenommen, ist er auf seine Baue angewiesen. Mitunter sind diese Anlagen uralt und zu mehrstöckigen „Burgen" ausgebaut. Oft wohnen darin noch „Untermieter" – Füchse in den mittleren Etagen und Wildkaninchen in den oberen Röhren. Dachs-Rüden bevorzugen eigene ruhige kleinere Baue.

Many badgers became victim of anti-rabies campaigns in the sixties of the previous century, when their setts were gassed. They depend on their setts much more than other "cavernous" species, with the exception perhaps of the Alpine marmot, and these underground hideouts may be very ancient and large, with several "floors", offering a home to other "tenants" – foxes on the middle levels and rabbits in the top layers. Male badgers therefore prefer smaller and quieter setts.

De nombreux blaireaux ont été victimes des campagnes contre la rage dans les années soixante lors desquelles leurs terriers furent gazés. Ils dépendent encore plus de leur terrier que d'autres espèces »caverneuses«, à l'exception peut-être de la marmotte alpine. Leurs souterrains peuvent être très anciens, étendus et creusés sur plusieurs étages, offrant l'hospitalité à d'autres sous-locataires: des renards aux niveaux moyens et des lapins aux étages supérieurs. C'est pour cette raison que les blaireaux mâles préfèrent des terriers plus petits et calmes.

Telemetrieuntersuchungen und wildbiologische Forschung liefern wichtige Informationen über unsere Wildtiere, die deren Wohlergehen und dem Erhalt ihrer Lebensräume dienen. Die Jäger leisten entscheidende Beiträge hierzu!

The use of telemetry in game biology research provides us with important information and data on wild species that benefit their well-being as well as the conservation of their habitats. Hunters make a decisive contribution to these efforts.

L'utilisation de la télémétrie pour les recherches biologiques fournit de précieuses informations sur la faune sauvage, contribuant à leur bonne gestion et la conservation de leurs habitats. Les chasseurs y jouent un rôle clé.

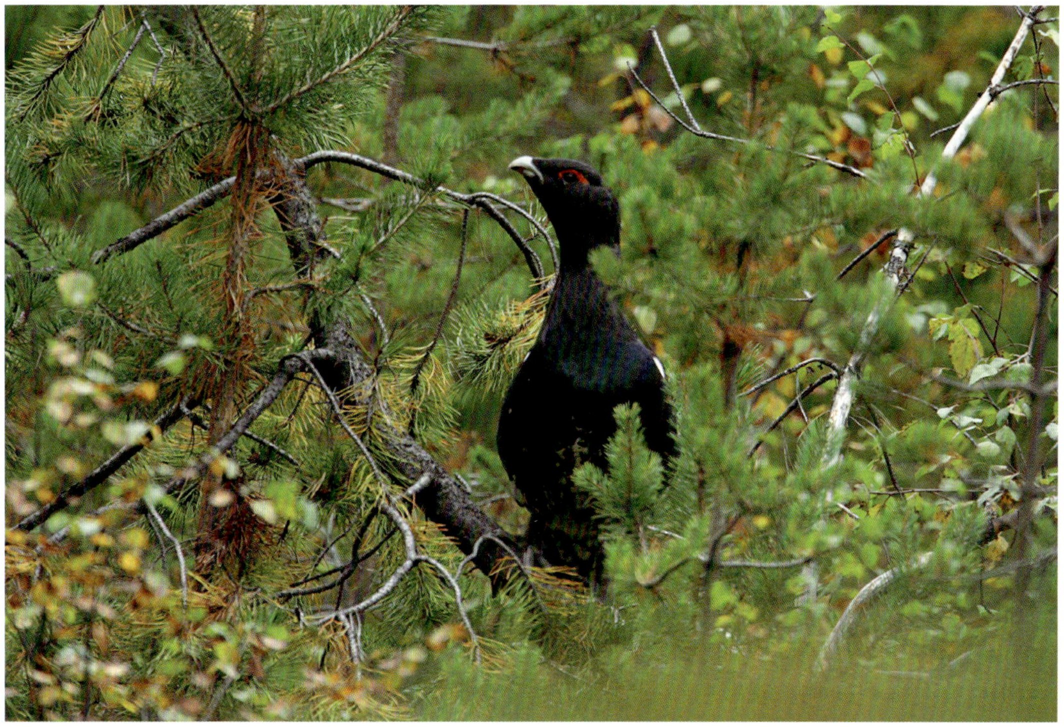

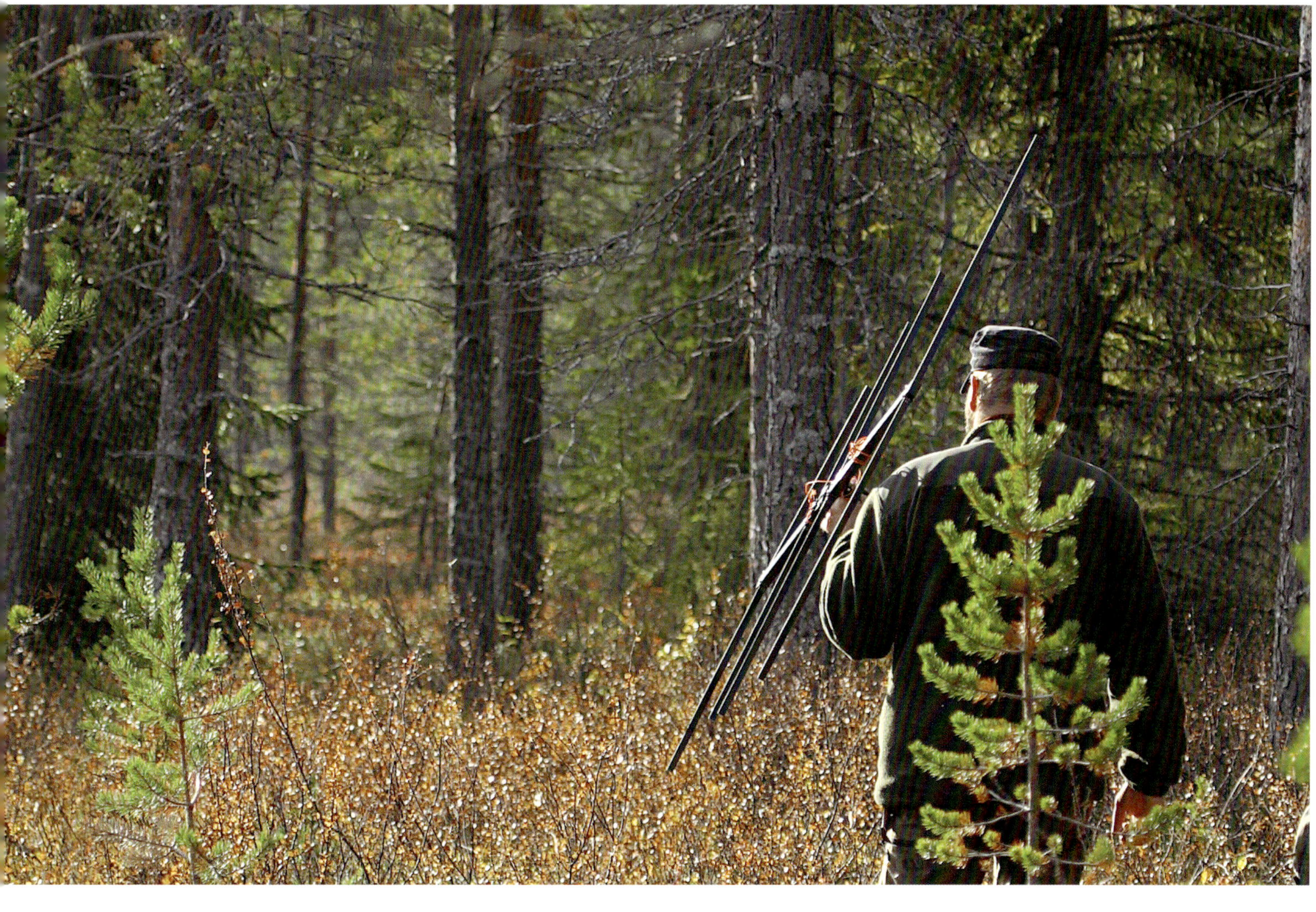

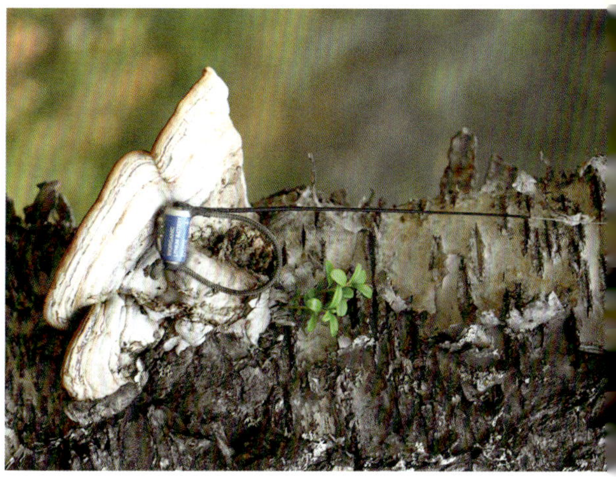

Es darf geäugt werden! Aber „who is who"? Oben ein schwarzfarbenes Damtier, unten ein normalfarbenes Damkalb. Und auf dem großen Foto? Natürlich, eine Rehgeiß.

An observation test: "who is who?". Above, a black-coloured Fallow doe; underneath a Fallow fawn in common colour. What then of the larger picture? A Roe doe, of course.

Et maintenant une petite session d'observation. Qui est qui? Au-dessus, une daine très noire, en-dessous, un faon de daim dans son pelage classique. Et que reconnaissez-vous sur la grande photo? Une chevrette bien sûr!

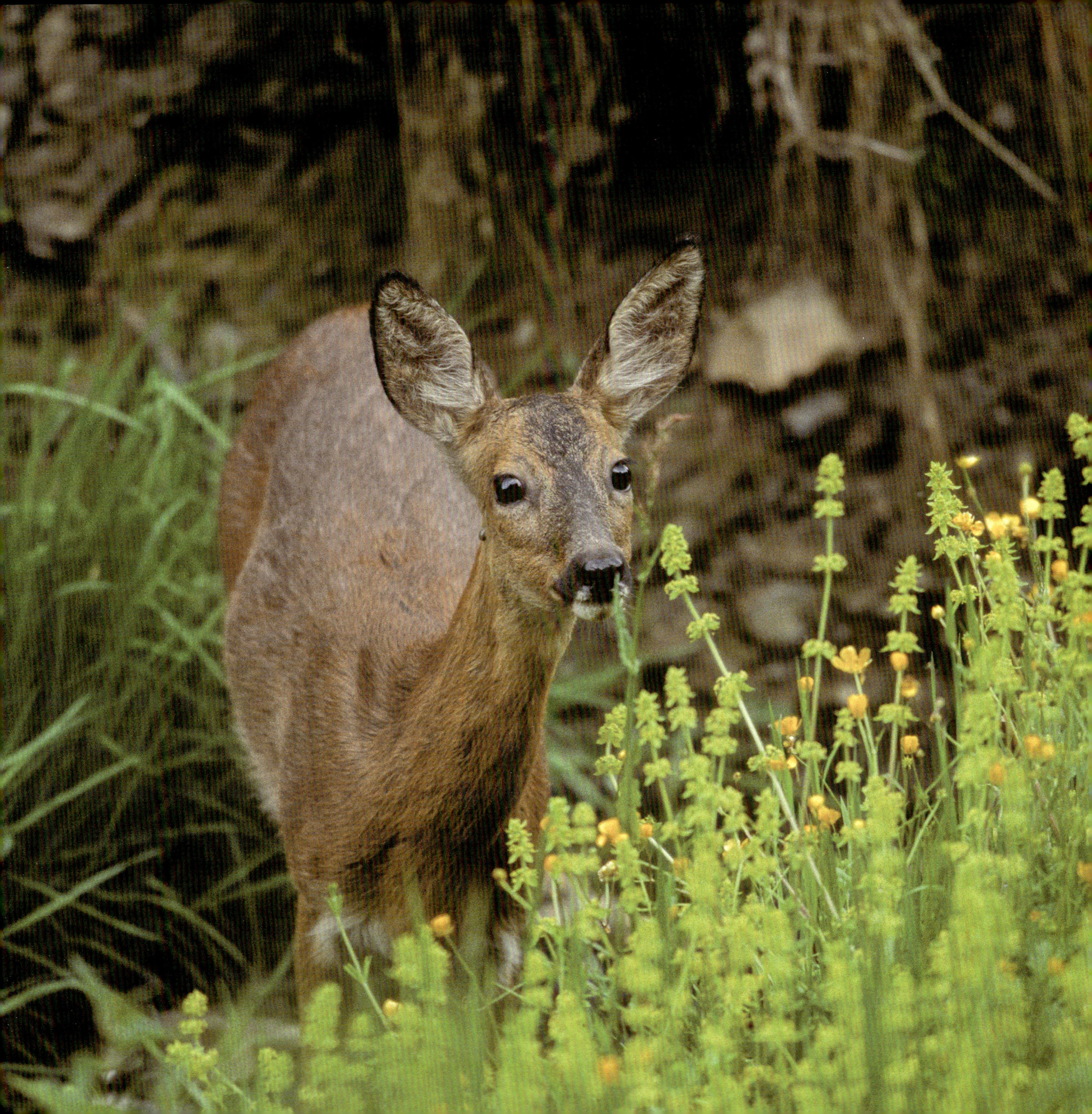

Fuchs und Reh leben zwar in einem gemeinsamen Lebensraum, die „Sympathien" sind aber recht einseitig verteilt.

Although fox and roe share a common habitat, they have very different "sympathies".

Bien que le renard et le chevreuil partagent le même habitat, cela ne s'applique guère à leurs »sympathies«.

Der Iltis *(Mustela putorius)* –von seinen Marder-Verwandten weicht er nicht nur im Äußeren ab, sondern auch in seinen Lebensgewohnheiten. Vor allem als Nestplünderer soll er spürbare Schäden verursachen.

From more than one point of view, the Polecat is rather different from the other marten species. As a nest predator, the species may cause significant damage.

Le putois est différent à bien des égards des autres espèces de mustélidés. En tant que prédateur de nids, l'espèce peut provoquer des dégâts considérables.

Gamander-Ehrenpreis *(Veronica chamaedrys)*

Germander speedwell

Véronique petit-chêne

Der Höckerschwan ist Europas größter und schwerster Schwimmvogel. Im kraftvollen Flug kündigt er sich mit „singendem Flügelschlag" an!

The Mute swan is Europe's largest and heaviest waterfowl. Its powerful wingbeat results in a remarkable "singing" sound.

Le cygne tuberculé est le plus grand et plus lourd oiseau d'eau d'Europe. Son battement d'aile puissant donne un son »mélodieux« remarquable.

Der ausgeprägte schwarze Höcker auf seinem kräftig orangefarbenen Schnabel verhalf dem Höckerschwan zu seinem Namen!

Unmistakable because of the large black bump on the strong orange beak, the Mute swan got its name from the fact that it is much less vocal than other swans.

Le cygne tuberculé a tiré son nom de la proéminence noire qu'il porte sur son robuste bec orange.

Anfang April. Manche Rehböcke bereits den Bast verfegt, die Damhirsche aber werfen erst ab. Junge und alte Hirsche tun das – anders als beim Rotwild – gleichzeitig.

Early April: quite a few Roebucks have already cleaned their antlers while Fallow bucks now cast theirs (and this regardless of whether they are young or old – unlike Red deer stags).

Début avril: de nombreux brocards ont déjà frayé alors que les daims mâles viennent à peine de jeter leurs bois (et ceci indépendamment de leur âge, contrairement aux cerfs élaphes)

Alte Rothirsche verlieren oft schon Ende Februar das Geweih. So kann man im April Hirschrudel beobachten, in denen manche Hirsche schon beachtlich geschoben haben, andere aber noch die „alten Knochen" tragen!

Old Red deer stags have already cast their antlers by the end of February. A male-only group in April can therefore include stags with growing antlers in velvet as well as other stags still carrying their "old headgear".

Les vieux cerfs jettent déjà leurs bois vers la fin février. Un groupe de mâles peut donc contenir en avril des cerfs en repousse de velours ainsi que d'autres portants encore leurs »vieilles têtes«.

Damwild-Porträts: Links ein Damtier des dunklen bis schwarzen Typs, der in freier Wildbahn nach dem normalfarbenen Typ am häufigsten – bis zu 30 Prozent aller Stücke – vorkommt. Gegenüber ein Damspießer des „weißen Typs". Der schemenhafte schwarze im Hintergrund wirkt wie ein Zwillingsbruder! Als nicht „hegewürdig" gelten die „Weißen" gebietsweise, obwohl Farbvarietäten offenbar nicht Ausdruck genetischer Variabilität sind.

Fallow deer portraits: to the left a Fallow doe of the dark to black type, other than the normal colour the most common variety in nature – up to 30%. Opposite, a Fallow pricket of the white type; the black one appearing in the background could be his twin brother! In many areas, white Fallow deer are considered less desirable, although the diversity of colours is not necessarily an expression of the genetic variability.

Portraits de daim: à gauche, une daine de couleur noire – outre la couleur normale, il s'agit du type le plus courant dans la nature: jusqu'à 30%. En face, un daguet de type blanc; le noir qui apparait dans le fond pourrait être son frère jumeau! Dans de nombreux territoires, les daims blancs sont moins appréciés, bien que la variété des couleurs ne soit pas spécialement une expression de variabilité génétique.

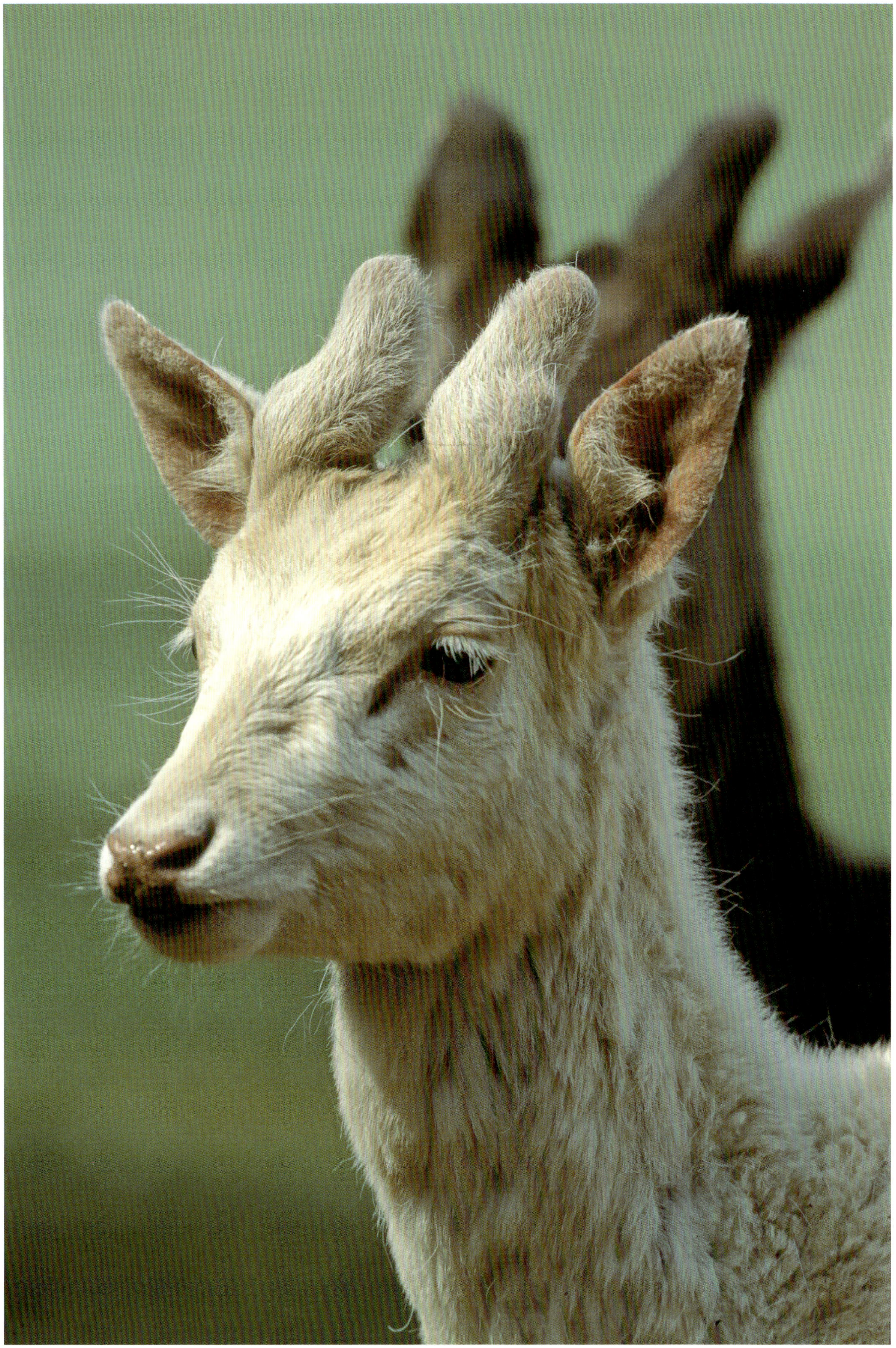

Dass sich die werdende Damschaufel samtig und zart anfühlt wie eine Rose, ist geradezu sichtbar. Ihr Träger behütet sie wie seinen Augapfel und meidet „zartfühlend" jeden harten Kontakt. Vier Monate etwa liegen zwischen dem Abwerfen Mitte April und dem Fegen Mitte August.

The growing antler, covered in velvet, looks soft and fragile, and the Fallow buck acts accordingly, carefully avoiding any hard contact. Antlers are usually cast mid-April; the new ones will be cleaned of their velvet four months later.

Les bois qui repoussent, couverts de velours, semblent souples et fragiles. Le daim mâle agit avec précaution en évitant tout contact violent. Les bois sont normalement jetés à la mi-avril et les nouveaux seront nettoyés de leur velours quatre mois plus tard.

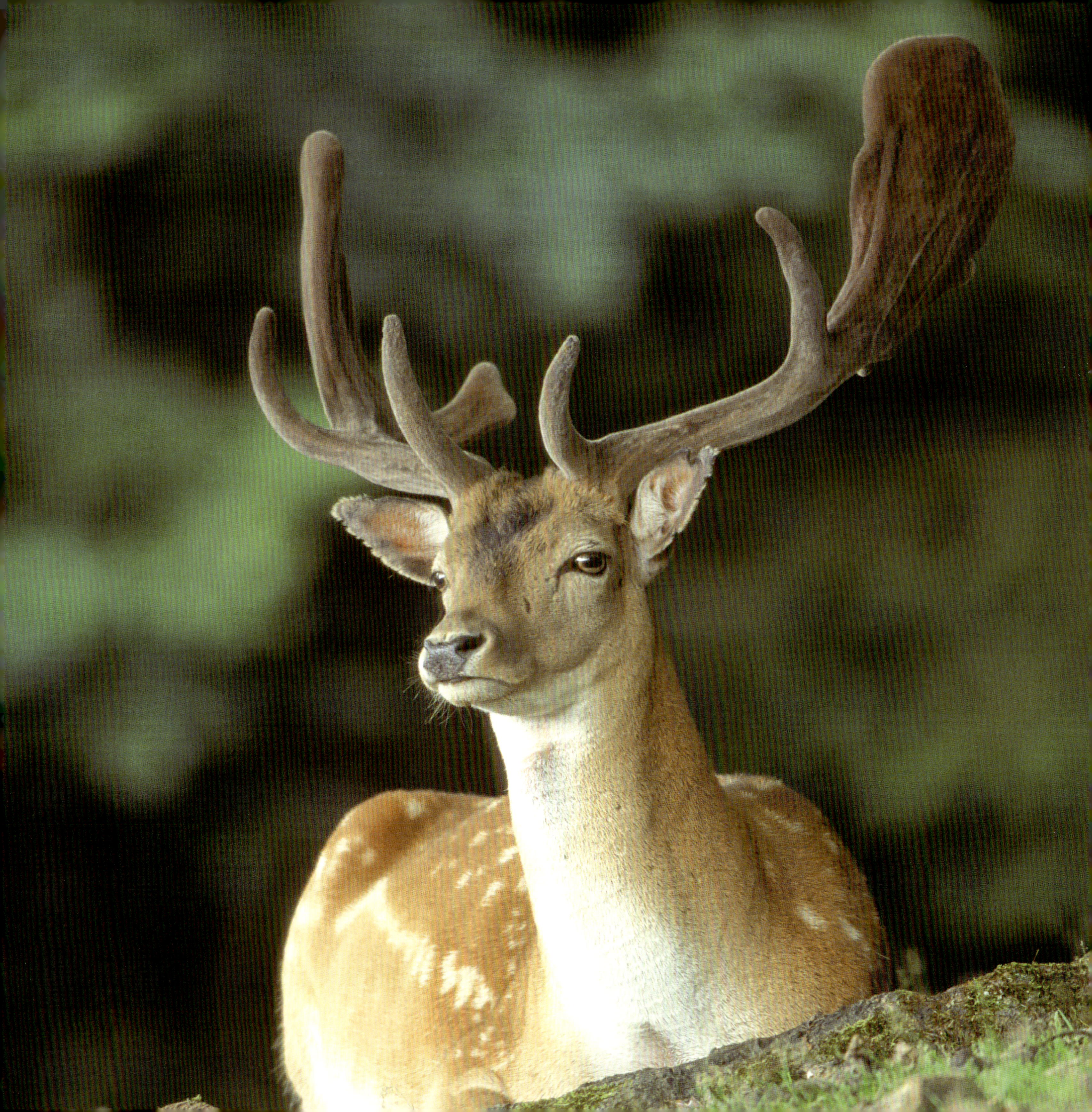

Zwischen Rot- und Schwarzwild herrscht Verträglichkeit, Rehe reagieren dagegen empfindlicher auf Sauen. Kein Wunder, denn ihre Kitze leben in Schwarzwildgebieten gefährlich!

Red deer and Wild boar are tolerant towards each other. Roe deer on the other hand react much more negatively on the presence of Wild boar – which is not surprising as one knows that Roe kids may be eaten by them.

Le cerf et le sanglier se tolèrent. Le chevreuil réagit, par contre, se montre beaucoup plus irritable au contact du sanglier – ce qui n'est pas spécialement surprenant quand on sait que les chevrillards risquent de se faire dévorer par celui-ci.

In störungsfreien Gebieten sind Sauen auch in vollem Tageslicht aktiv. Mit etwas Glück wird man Zeuge lautstarker Auseinandersetzungen ...

When undisturbed, Wild boar are also active during the day. The attentive observer can then hear their noisy discussions.

Lorsqu'ils ne sont pas dérangés, les sangliers sont aussi actifs la journée. L'observateur pourra alors entendre leurs disputes intenses.

Mit dem Ginster erblüht ab Mitte Mai neues Leben auch in der Tierwelt: Die Setzzeit bei Reh und Hirsch beginnt. Recht unterschiedlich und zeitversetzt vollzieht sich die Neukrönung der Rothirsch-Häupter. Sie ist ein energieaufwendiger „Luxus" und dazu unproduktiv im Vergleich zur Nachwuchsleistung der Tiere. Alle „Spitzenleistungen des Jahres" hängen – bei Tier und beim Hirsch – von der Härte der Winter und vor allem der verfügbaren Nahrung ab.

The blossoming of the broom announces new animal life and Roe kids and Red deer calves will be born soon. For stags, the growth of new antlers is an energy-demanding "luxury", less productive in comparison to reproduction. Both phenomena are to a large degree influenced by the harshness of the winter and even more by the availability of food.

La floraison des genêts annonce la renaissance animale; les chevrillards et les faons vont bientôt naître. Pour les cerfs, la repousse des bois est une activité luxueuse qui consomme leur énergie de manière bien moins productive que la reproduction. Les deux phénomènes sont d'une large manière influencés par la rudesse des hivers et encore plus par la disponibilité de nourriture.

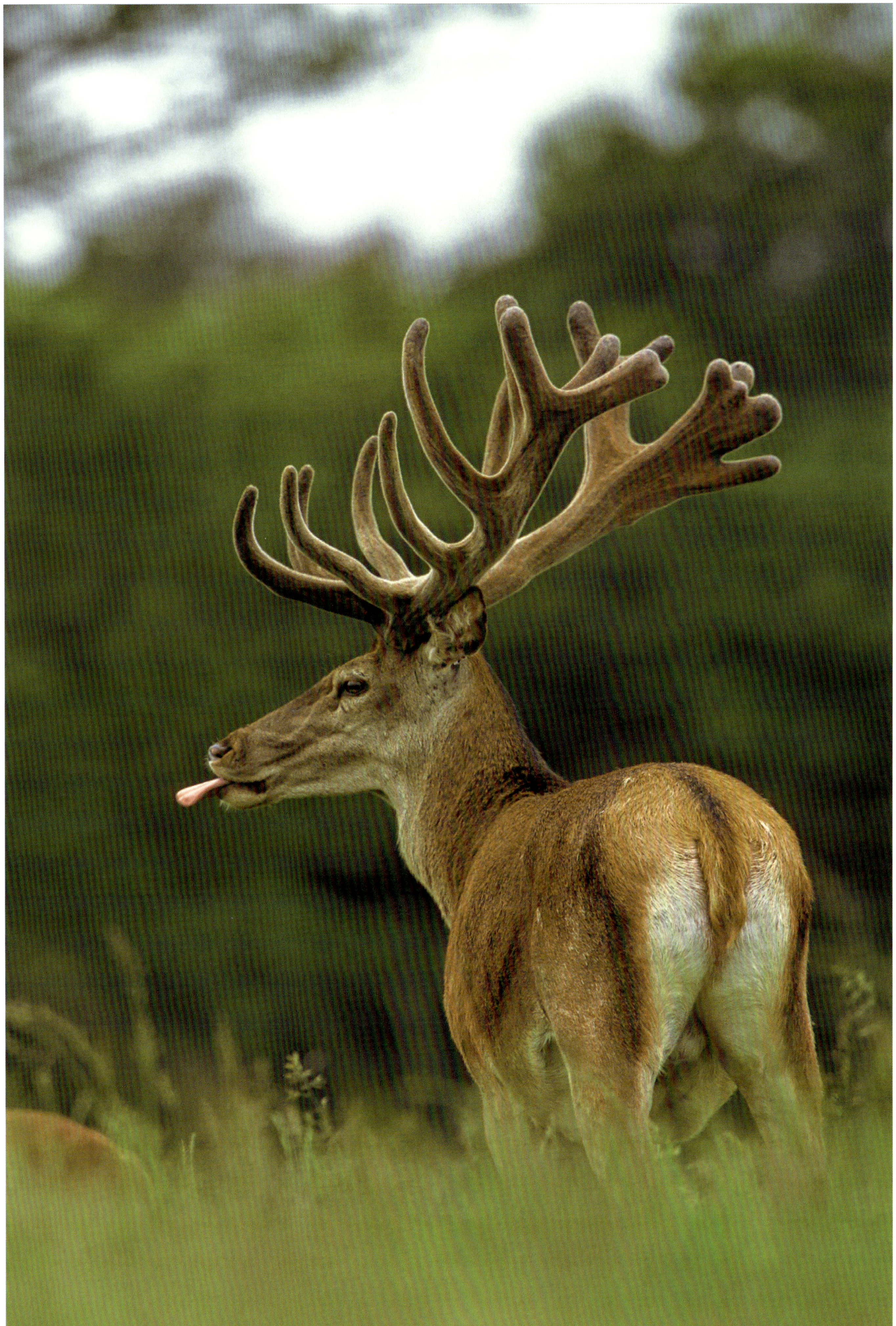

Respekt verschaffen sich Rothirsche auch im Bastgeweih. Mit den Schalen der Vorderläufe, bedrohlich verdrehten Lichtern, angelegten Lauschern, hörbarem Zähneknirschen und seitlich heraushängendem Lecker trommeln sie heftig auf den Gegner ein. Seine Vorderläufe, Kopfstöße und Beißen setzt auch streitbares Kahlwild untereinander ein.

Even when having growing antlers covered in velvet, Red stags are able to defend their authority. Eyes twisted, ears back, the tongue hanging out and with grinding teeth, they use their front legs to strike the opponent. Hinds, too, may fight using front legs, head and teeth.

Même en ayant des bois en repousse et couverts de velours, les cerfs élaphes sont capables de défendre leur autorité. Les yeux révulsés, les oreilles en arrière, la langue pendante et avec un grincement de dents, ils utilisent leurs pattes avant pour frapper leur adversaire. Les biches peuvent aussi se battre, en frappant des pattes avant, en donnant des coups de la tête et en mordant.

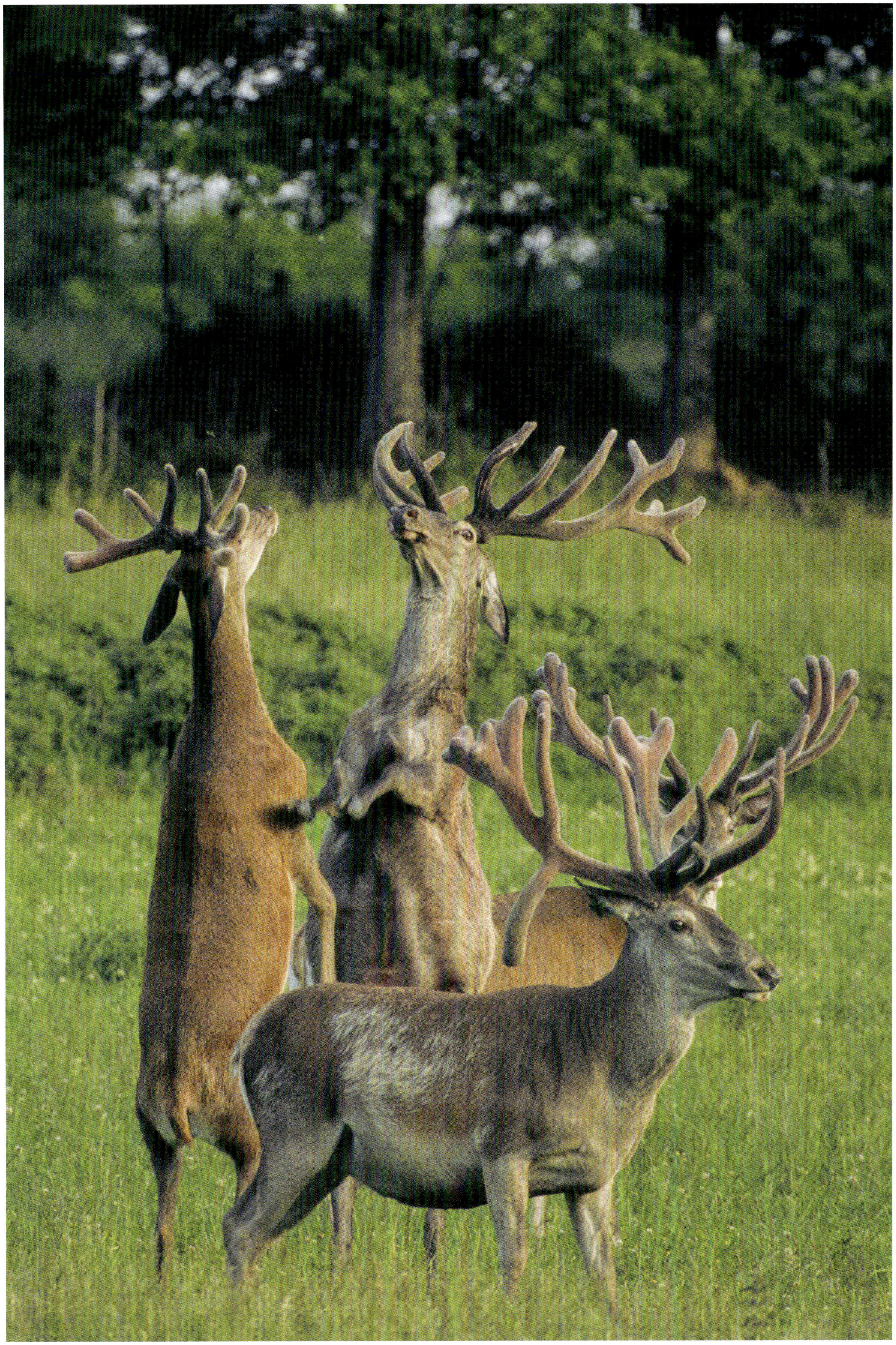

Goldammer *(Emberiza citrinella)*

Yellowhammer

Bruant jaune

Im Frühjahr lösen sich die Rotwildgemeinschaften in der Nähe der Fütterungen auf.

In spring, the temporary Red deer communities disperse in the neighbourhood of the feeding places.

Au printemps, les cerfs quittent les communautés temporaires auprès des zones de nourrissage.

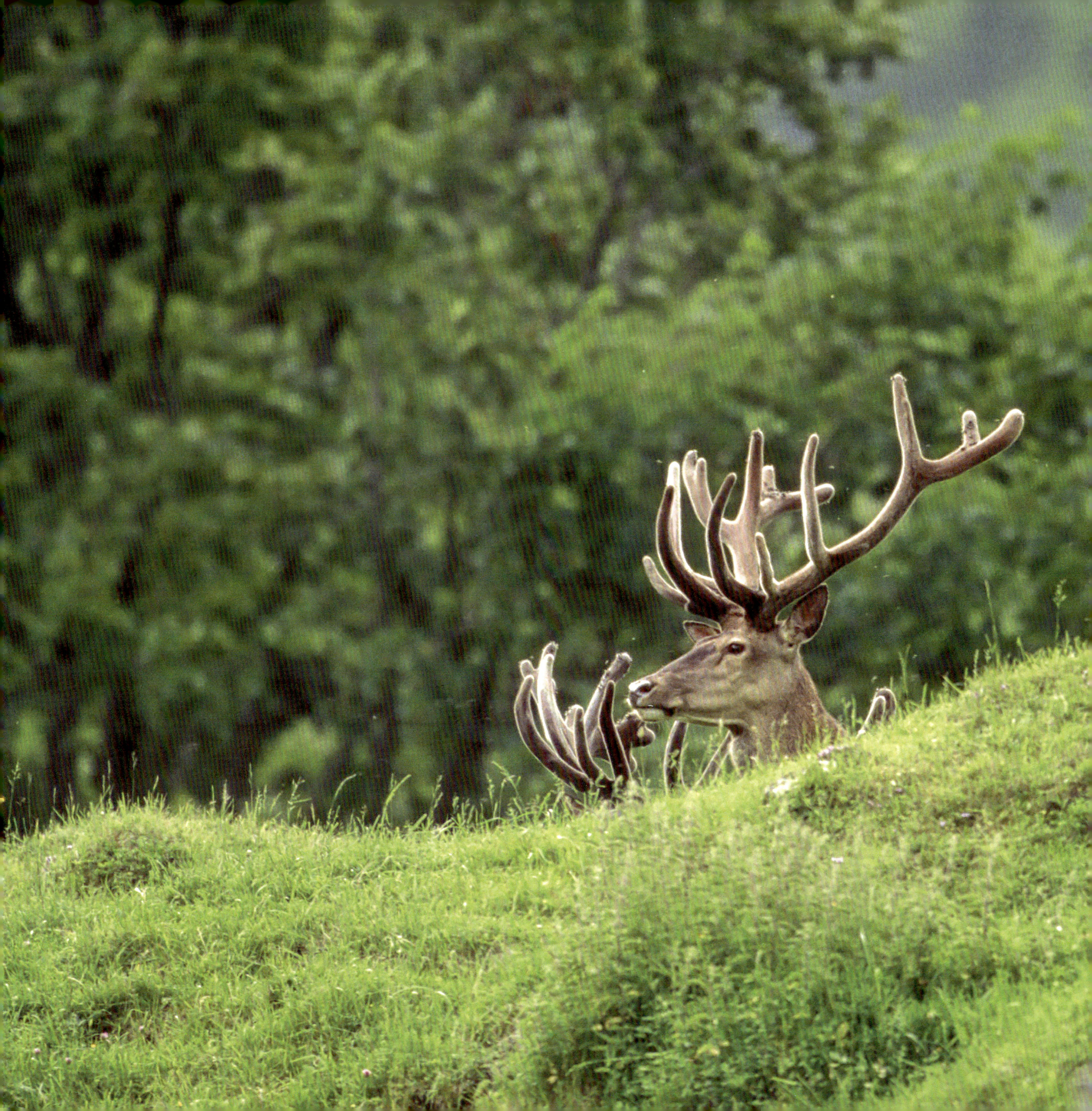

Wachtelweizen-Scheckenfalter (*Melitaea athalia*)? Die exakte Bestimmung der Gattung *Melitaea* ist nicht einfach ...

Heath fritillary? The exact determination of butterflies of the Melitaea *genus is not easy ...*

Mélitée du mélampyre? L'identification précise des papillons du genre mélité n'est pas aisée ...

Rotwildfütterung – ein heiß diskutiertes Thema! Pro und Kontra, dazwischen das wiederkäuende Schalenwild, auf tägliche Nahrungsaufnahme angewiesen. Irgendwo zwischen „künstlicher Beatmung" und sinnvoller Hilfe in Landschaftsräumen, die den Anspruch auf „Wildfreundlichkeit" nicht erfüllen, wird das rechte Maß der Hege liegen. Der Sommer jedenfalls bedeutet für die Hirsche nur Äsen – Ruhen – Äsen ... Fast fünf Monate lang fließen große Energiemengen in den Geweihaufbau.

Feeding Red deer? A heated debate in the centre of which we find this wild ruminant, requiring its daily ration of food. As so often, the best way forward lies somewhere in the middle between "artificial management" and dong nothing whatsoever to assist wild species living in an hostile man-made landscape. The summer is, in any case, a time of the year when stags do little else than eating and resting: for almost five months, significant energy resources are invested in growingnew antlers.

Nourrir le cerf élaphe? Un débat houleux au cœur duquel se trouve ce ruminant sauvage qui a besoin de sa ration quotidienne de nourriture. Comme souvent, la meilleure solution se trouve à mi-chemin entre la »gestion artificielle« et le laisser-faire complet pour aider ces espèces sauvages vivant dans un paysage hostile et façonné par l'homme. L'été est de toute manière une période où les cerfs ne font rien d'autre que manger et se reposer: pendant près de cinq mois, une grande partie de leur énergie est investie dans la repousse des nouveaux bois.

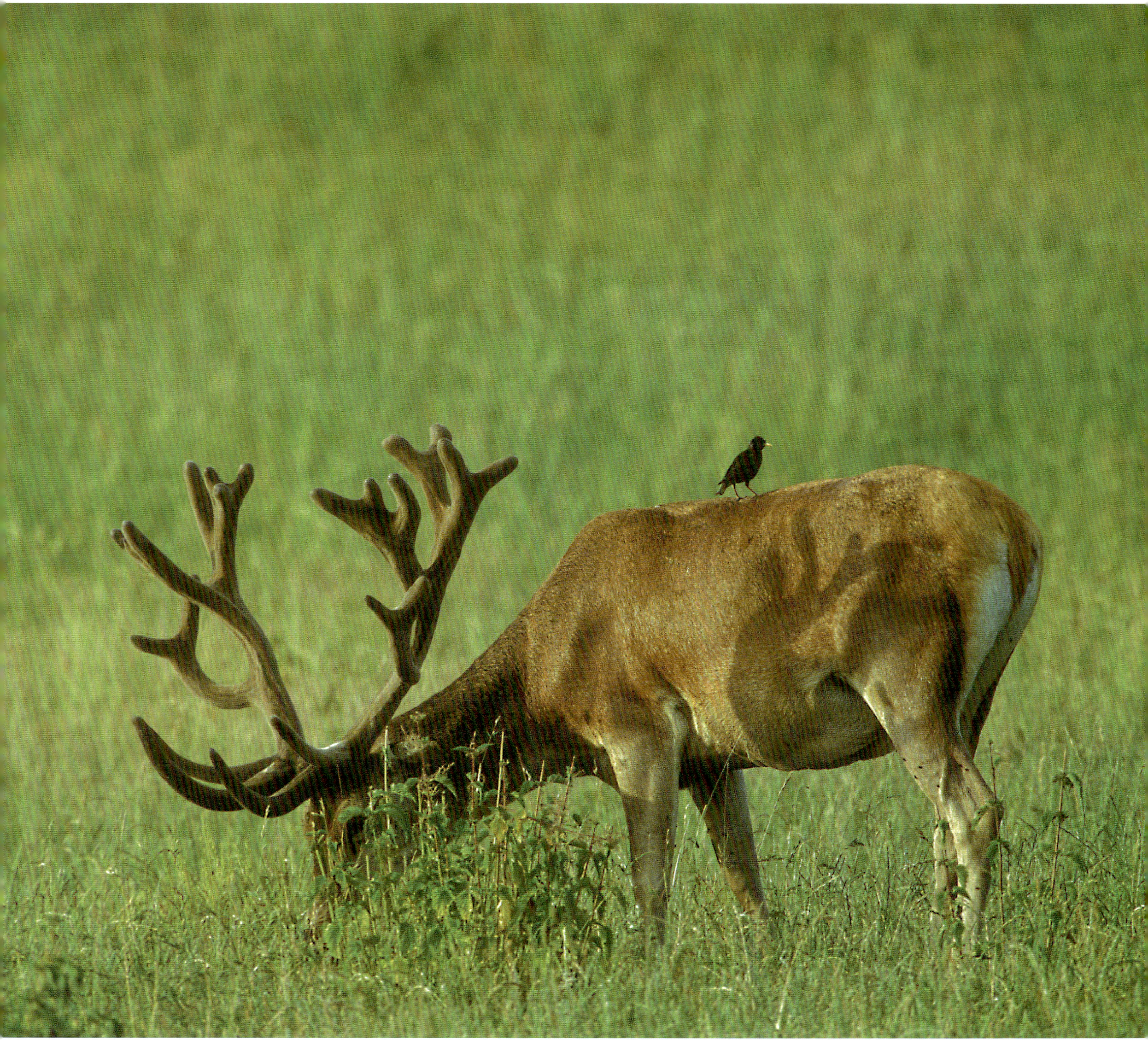

Welche unglaublichen Leistungen die Natur erbringt – atemberaubendes Wachstum gehört dazu! Rothirsche können, so wie der Literatur zu entnehmen ist, in der Anfangsphase der Geweihbildung bis zu eineinhalb Zentimeter täglich schieben!

The productivity of nature is simply impressive: Red deer antlers may grow by 1.5 centimetres a day!

La productivité de la nature est vraiment impressionnante: les bois de cerf peuvent grandir de 1,5 centimètre par jour!

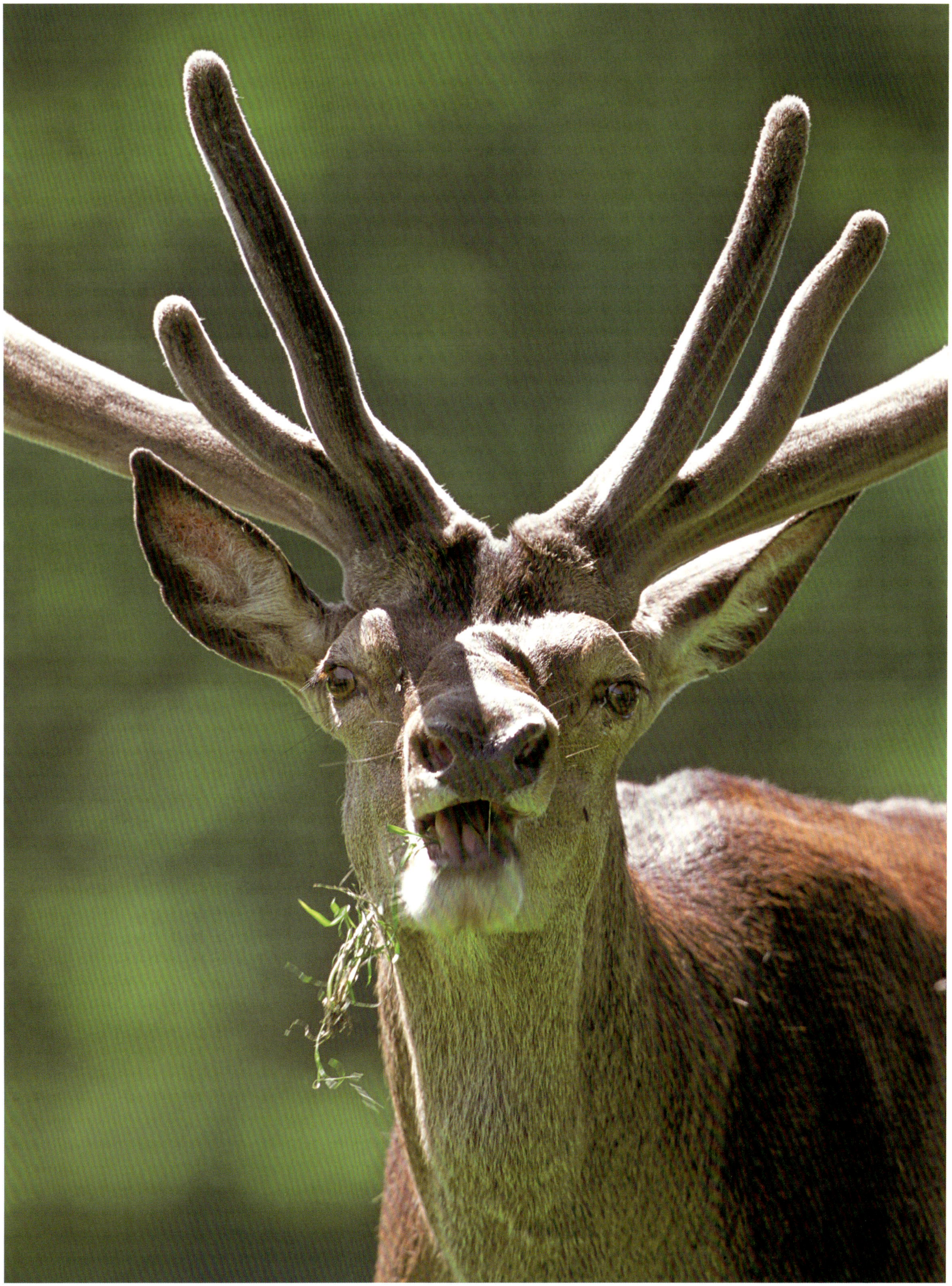

Der Finnenspitz – treuer und beliebter Jagdbegleiter nordischer Jäger

The Finnish spitz: a loyal and popular companion of Nordic hunters

Le spitz finlandais: le compagnon fidèle et populaire des chasseurs nordiques

Der Elch ist die größte Hirschart der Welt. Wie mächtig und imposant ein erwachsener Elchbulle wirklich ist, kann nur ermessen, wer ihm aus nächster Nähe „tief in die Augen" schaute! Ohne besondere Hilfen schickt sich der Elch an, wieder auf Jahrhunderte alten Wechseln in Europa zu ziehen.

The elk is the largest deer species in the world. When looking "eye to eye" with a mature bull, one really measures how powerful and imposing he is. Using centuries-old pathways, the species is currently expanding its natural range in Central Europe.

L'elan est le plus grand cervidé au monde. Si vous le regardez droit dans les yeux, vous vous rendez compte de sa puissance. En utilisant des voies centenaires, l'espèce étend son aire de répartition naturelle en Europe Centrale.

Die Graugans *(Anser anser)*, Stammform der Hausgans! Satt gelb ist der große Schnabel der westlichen Rasse, kräftig rosa oder fleischfarben dagegen der der östlichen. Blass rot sind ihre Beine oder "Latschen".

The Greylag goose is the ancestor of the domestic goose. The western subspecies has an orange bill; the eastern race is pink-billed. Their legs are pink.

L'oie cendrée est l'ancêtre de l'oie domestique. La sous-espèce occidentale a un bec orange, l'orientale un bec rose. Leurs pattes sont roses.

Synchronfliegen – olympiareif!
Der Nachwuchs schaut zu ...

Synchronised flying – ready for the Olympics! The offspring watches ...

Le vol synchronisé – comme aux JO! La relève en prend bonne graine ...

Junges Schneehäschen? Nein – ein weiß geborener Feldhase! Farbmutationen kommen beim Hasen eher seltener vor. Ohne die vorzüglich tarnende Normalfärbung wird es für den weithin sichtbaren Knirps noch schwieriger sein, sich Feinden wie der Kornweihe *(Circus cyaneus)* zu entziehen und durchzukommen. Ohnehin überlebt von den zahlreichen Nachkommen des Feldhasen nur ein äußerst bescheidener Teil das erste Lebensjahr!

A young Blue hare? No, a Brown hare born white. Colour mutations are fairly rare with hares. Without the normal camouflage colour, it will be even more difficult for this very visible youngster to outwit its enemies, such as harriers. Survival rate in the first year is, anyhow, very low for hares.

Un jeune lièvre variable? Non, un lièvre commun né blanc. Les mutations de couleur sont assez rares chez les lièvres. Sans sa couleur de camouflage habituelle, le pauvre petit est très visible et il aura bien du mal à berner ses ennemis, comme les busards. Le taux de survie durant la première année est de toute manière très faible chez les lièvres.

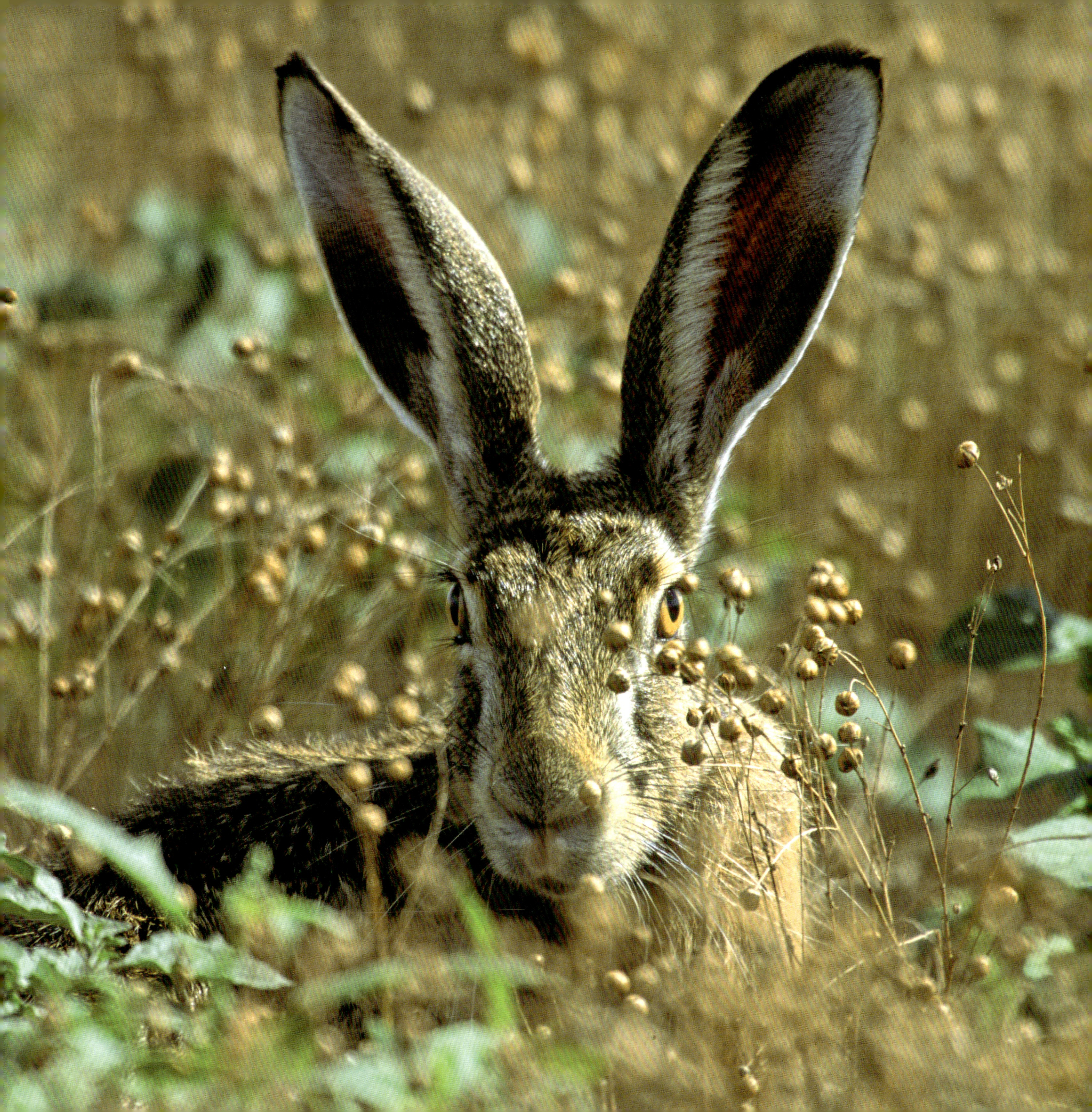

Blüte des Schneeballs *(Viburnum lantana)*

A Wayfaring tree flowering

La viorne lantane en fleur

Ein quiekender „Dreikäsehoch", ängstlich und allein am Wegesrand. Ein kaum vernehmbares Grunzen verriet jedoch die Nähe der Mutter. Sie wartete auf das Verschwinden des zweibeinigen Störenfrieds. Also nichts wie weg!

A squeaking little creature, frightened and lonely at the side of the path. A quiet grumbling nearby indicated however that the mother was there, waiting for the two-legged intruder to disappear so that she could take the piglet away. Let's disappear therefore.

Une petite créature craintive, et seule sur le bord d'un chemin. Un léger grognement proche indique cependant que la mère est là, attendant que l'intrus à deux pattes ait disparu pour pouvoir reprendre son petit. Disparaissons pour cette raison.

Hab dich! Durch „Mausen" lässt der Fuchs sein Geheck gedeihen, ...

Got you! Plenty of mice make the fox cubs prosper ...

Je t'ai eu! Beaucoup de souris rendront le renardeau prospère ...

Klatschmohn *(Papaver rhoeas)* inmitten eines Gerstenschlages

The Corn poppy in the middle of a barley field

Le coquelicot au milieu du champ d'orge

... mit kraftvoller Muttermilch die Rehgeiß ihr Kitz.

... while Roe kids need the effective milk of the doe.

... tandis que le chevrillard a besoin du nourrissant lait maternel.

Der Damspießer sucht die Nähe der Mutter, doch die führt schon ein neues, etwa zwei Wochen altes Kalb. Der Jüngling kann wohl nicht verstehen, dass das Alttier ihn „nicht mehr haben will". Damkälber werden lange gesäugt – das erklärt ihre enge Bindung an das Muttertier.

The Fallow pricket longs for closeness with his mother but the doe already leads a two-week-old fawn and is not inclined to take him back. Fallow fawns suckle for many months and this explains why they are so strongly focused on the mother.

Le daguet de daim cherche la tendresse de sa mère, mais la daine s'occupe déjà d'un nouveau faon de deux semaines et n'est pas prête à le reprendre. Les faons de daim sont allaités pendant de nombreux mois, ce qui explique leur attachement étroit à leur mère.

Erst kürzlich hat das Muffelschaf sein Lamm gesetzt – zu erkennen auch an der noch nicht gänzlich eingetrockneten Nabelschnur. Die anfänglich starke Mutter-Kind-Beziehung lockert sich nach nur wenigen Wochen. Muffellämmer werden relativ schnell selbstständig, knabbern schon nach einer Woche feste Nahrung.

The Mouflon ewe just gave birth to a lamb – its umbilical cord is still not yet totally dry. The mother-child relationship is strong in the beginning but weakens after a few weeks; Mouflon lambs become independent fairly quickly, nibbling green food from the second week onwards.

La mouflonne vient de donner naissance à son agneau – le cordon ombilical n'est même pas encore complètement séché. Au début la relation mère-petit est forte mais se relâche au bout de quelques semaines; les agneaux deviennent assez rapidement autonomes, grignotant déjà des plantes vertes à partir de la seconde semaine.

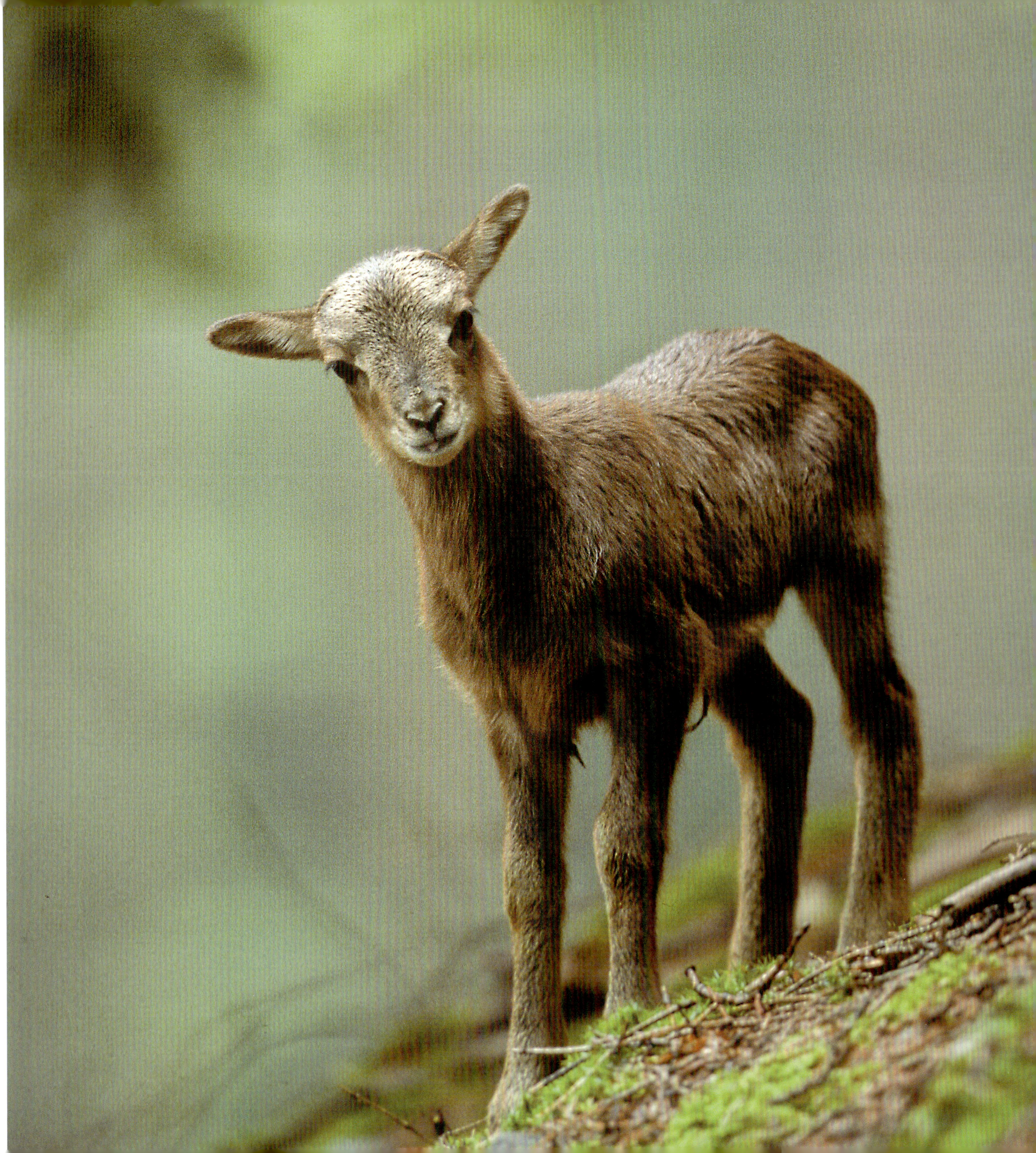

Rotwildkälber werden in den ersten Wochen einzeln abgelegt und anfangs alle zwei Stunden gesäugt. Die Säugeintervalle werden bald größer und die Kälber mobiler. Sie folgen der Mutter, lernen in ihrem Umfeld die Geschwister kennen. Die Bilder verraten Neugier und Verwunderung auf allen Seiten ...

In the first weeks of life, a Red deer calf remains alone and motionless but is fed about every two hours. These intervals soon become longer and the calf becomes increasingly mobile; it follows the hind and learns to know its environment and other calves. These pictures clearly show their continuous curiosity and astonishment.

Au cours de ses premières semaines, un faon reste seul et immobile et il est nourri toutes les deux heures. Rapidement ces intervalles deviennent plus longs et le faon plus mobile. Il suivra la biche et apprendra à connaître son environnement et les autres faons. Ces photos montrent bien leur curiosité permanente et leur étonnement.

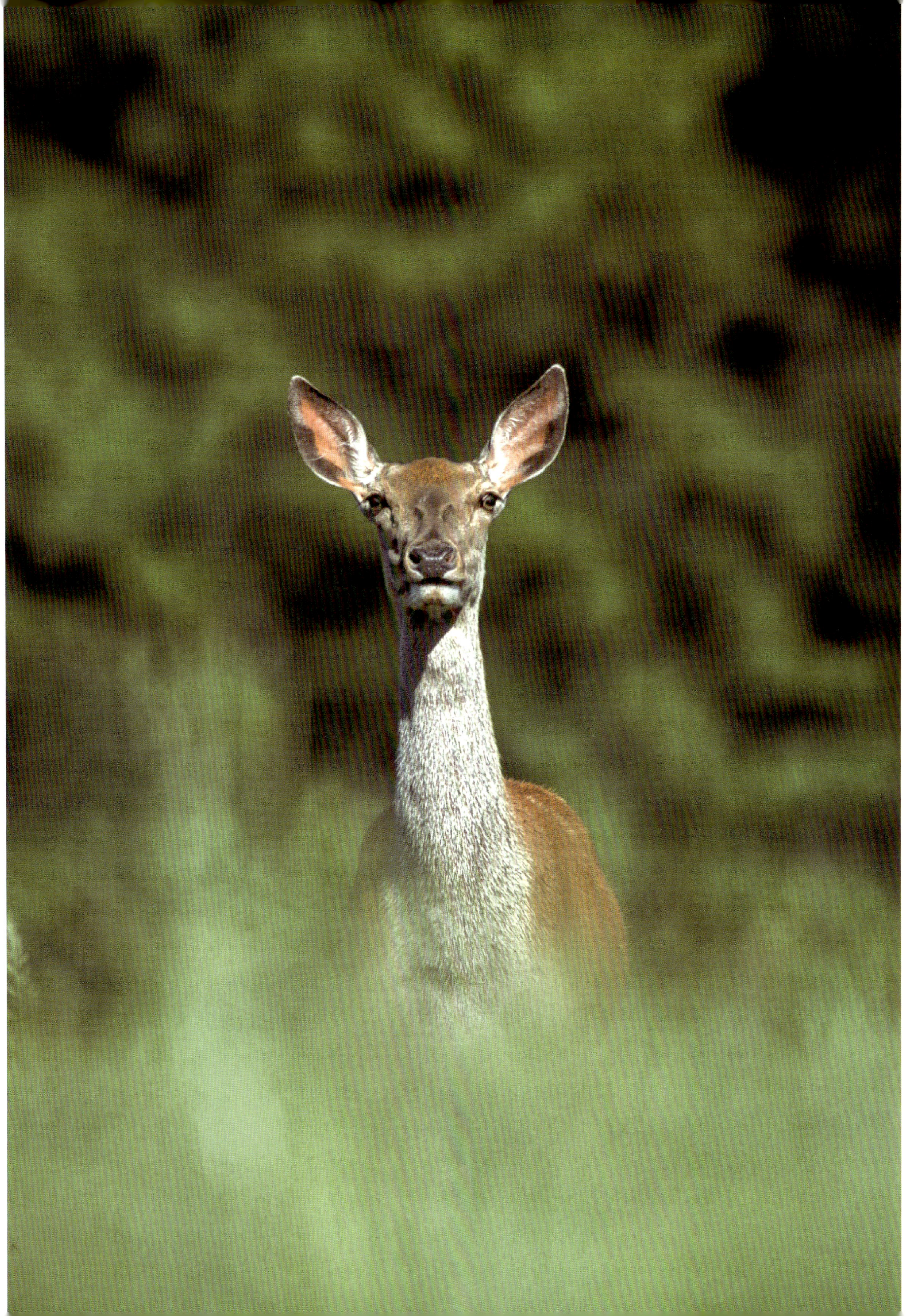

Die helle Variante des Wespenbussards *(Pernis apivorus)* mit seinem „Markenzeichen", der leuchtend gelben Iris der Augen. Vor ihm muss sich das Wildkaninchen *(Oryctolagus cuniculus)* nicht fürchten.

The pale form of the Honey buzzard; the species can be identified by the bright yellow iris in the eyes. The rabbit has nothing to fear from the bird.

La forme pâle de la bondrée apivore; l'espèce est identifiable à l'iris jaune éclatant dans son œil. Le lapin n'a rien à craindre de lui.

Rotwildkälber werden bis in den Winter hinein gesäugt, manchmal auch darüber hinaus. Etwa vier Liter Milch pro Tag spendet das Alttier – auch das erklärt die verheerenden Folgen, die der Verlust der Mutter für ein Kalb bedeutet!

Red deer calves are suckling until well into the winter. The hind produces some four litres of milk per day – this explains why the loss of the mother may have serious consequences for the calf.

L'allaitement des faons se poursuit jusqu'au milieu de l'hiver. Les biches produisent quelque quatre litres de lait par jour – ceci explique également pourquoi la perte de la mère peut avoir des conséquences désastreuses pour le faon.

Der Säbelschnäbler *(Recurvirostra avosetta)*, Europas elegantester Watvogel, mit seinem markanten aufwärts gebogenen langen Schnabel, und der Kormoran *(Phalacrocorax carbo)*

An Avocet, without any doubt the most elegant wader species in Europe with its typical upwardly curved bill, and a Cormorant

Une avocette, sans aucun doute le plus élégant échassier d'Europe, avec le bec typique, courbé vers le haut, et le grand cormoran

Junge Höckerschwäne

Young Mute swans

Jeunes cygnes tuberculés

Knäkentenpaar

A pair of Garganey

Un couple de sarcelles d'été

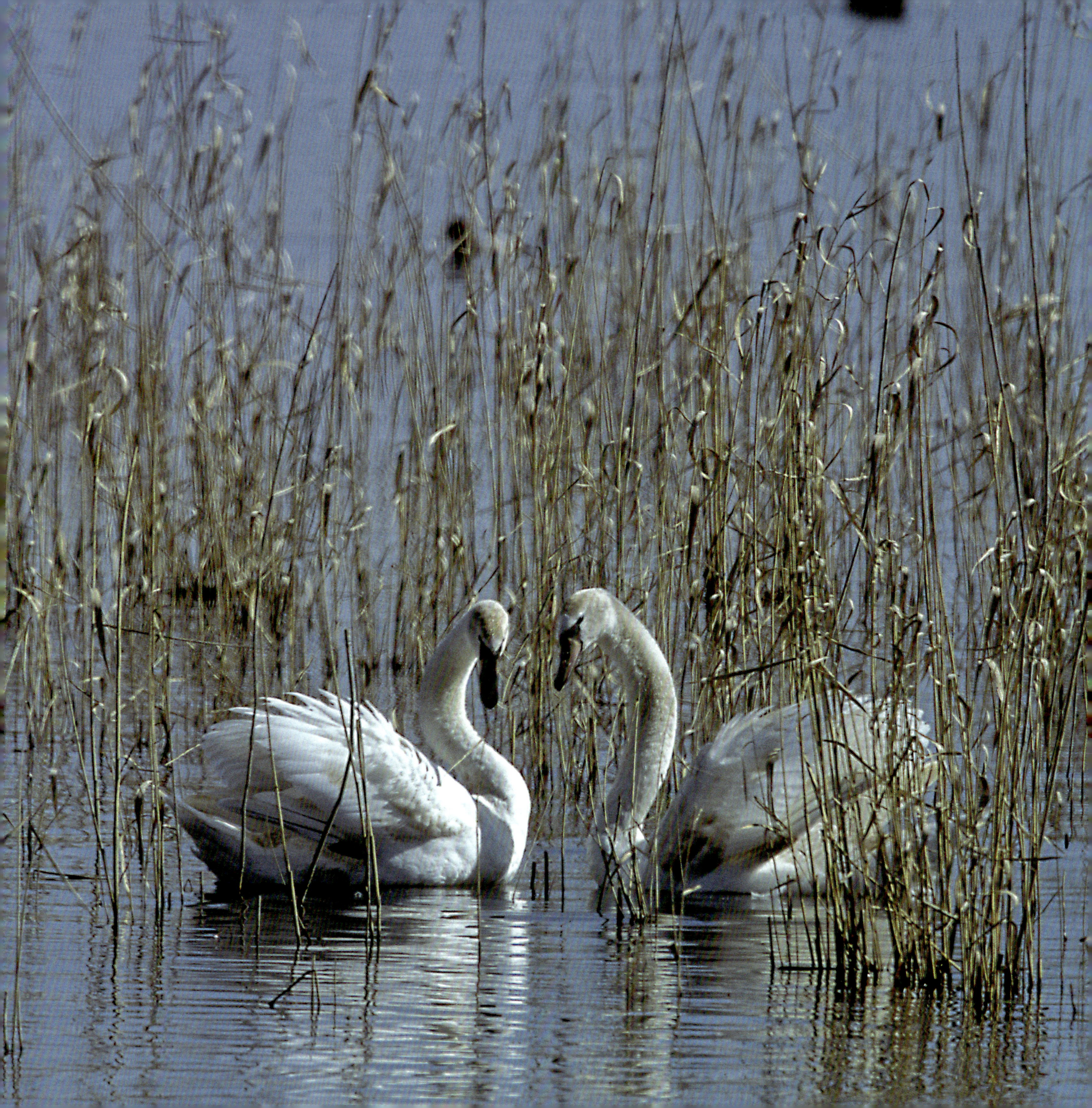

Während der Paarungszeit, der „Bärzeit", vollführen die Geschlechter des Alpenmurmeltiers – „Bär" und „Katze" – typische Paarungsrituale. Zwischen den Männchen spielen sich Scheinkämpfe ab.

During the mating season, male and female Alpine marmots display typical rituals; between males, mock fighting takes place.

Durant la saison d'accouplement chez les marmottes, mâles et femelles pratiquent des rituels typiques; des simulations de bagarres ont lieu entre les mâles.

Das Alpenmurmeltier *(Marmota marmota)* besiedelt den gesamten Alpenraum von 800 bis auf etwa 3000 Metern Höhe und lebt auch in Teilen der Pyrenäen, der Hohen Tatra und der Karpaten. Es hält einen etwa sechsmonatigen Winterschlaf. Bär und Katze leben monogam.

The Alpine marmot occurs throughout the Alps, at between 800 and 3,000 metres altitude, but also lives in the Pyrenees, the High Tatra and the Carpathian mountains. These creatures hibernate in their burrows for about six months of the year. The species is monogamous.

La marmotte est installée dans les Alpes, entre 800 et 3000 mètres d'altitude, mais elle vit aussi dans les Pyrénées, les Hautes Tatras et les Carpates. Elle hiberne dans son terrier pendant à peu près six mois. L'espèce est monogame.

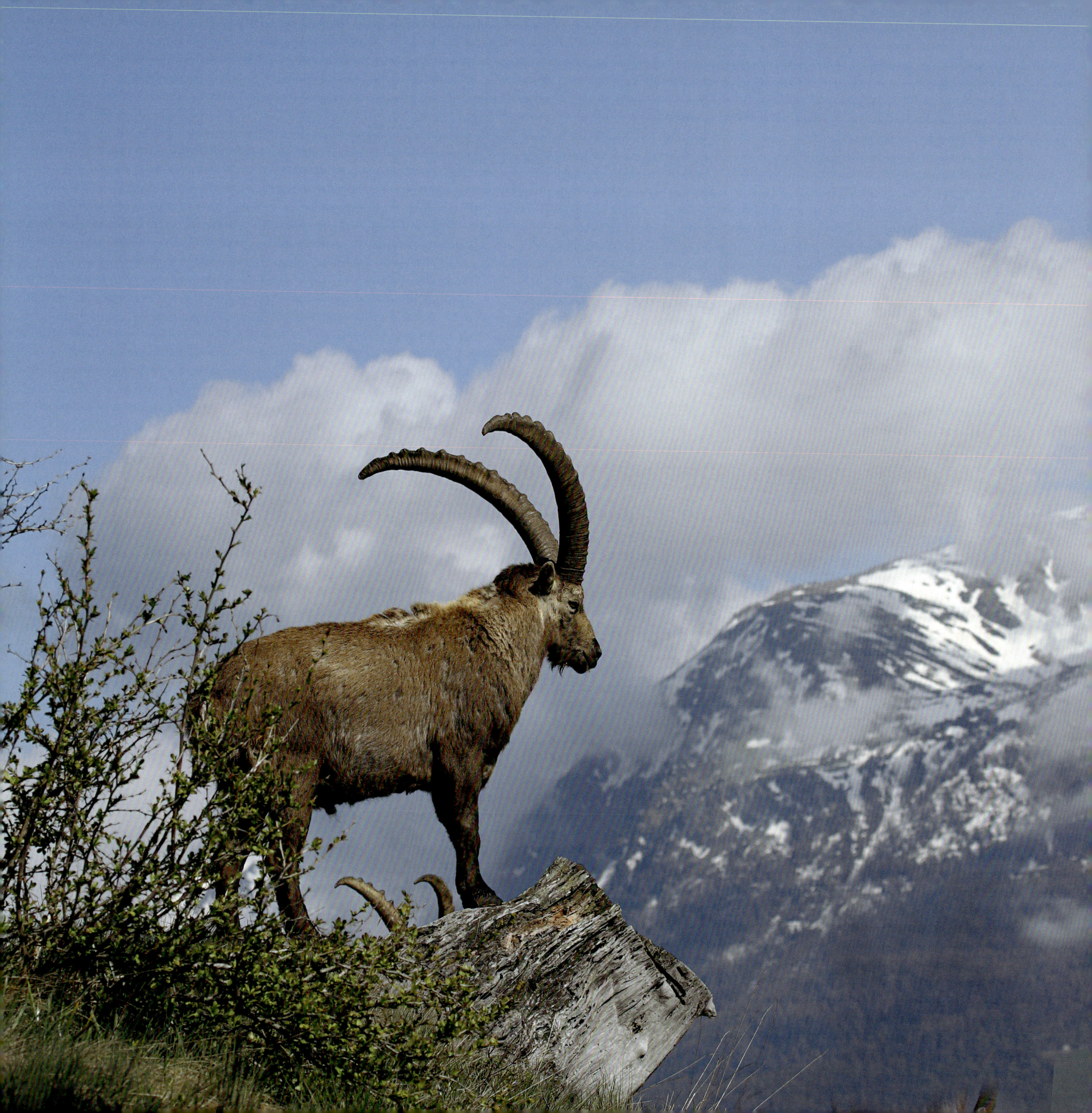

Beide Geschlechter des Steinwildes tragen einen Kopfschmuck aus Horn. Wie bei anderen Hornträgern und Vertretern der Ziegenartigen, werden die Schläuche nicht alljährlich gewechselt, sondern wachsen stetig weiter.

Both male and female Ibex have horns that, as with other representatives of the goat family, grow continuously and are not cast annually like antlers.

Le mâle et la femelle du bouquetin des Alpes portent des cornes qui, comme pour d'autres espèces de la famille des chèvres, poussent constamment et ne sont pas jetées annuellement comme les bois de cervidés.

Das Alpensteinwild (*Capra ibex*) ist Bewohner ausgeprägter Hochgebirgslagen. Menschlicher Aberglaube rottete es bis 1850 nahezu aus, denn es galt als Reittier der Berggeister und Hexen und vor allem Lieferant von Heilmitteln: Seine pulverisierten Hörner wurden zeitweilig mit Gold aufgewogen und gegen verschiedene Leiden verwendet, das „Herzkreuzl" – verknöcherte Sehne des Herzmuskels – sollte unverwundbar machen. Ausgangspunkt für eine Wiedereinbürgerung des Steinwilds an verschiedenen Orten des Alpenbogens waren Restbestände im italienischen Gran Paradiso. Heute kann es vielerorts wieder regulär bejagt werden.

The Alpine Ibex occupies the highest mountains. The species was virtually eradicated because of human superstition as it was believed they acted as a mount for mountain ghosts and witches and also a source of medication: its pulverised horns were used against a wide range of ailments and had the value of gold, and the "heart-cross" – ossified tendons within the heart muscle – was believed to make people invulnerable. Ibex were successfully reintroduced throughout the Alpine region from a residual population in the Italian Gran Paradiso sanctuary so that they may again be hunted in several range states.

Le bouquetin des Alpes occupe les plus hautes montagnes. L'espèce a pratiquement été éradiquée à cause de la superstition humaine qui le considérait comme la monture des fantômes et des sorcières et également comme une source médicinale: ses cornes pulvérisées étaient utilisées pour soigner un tas de souffrances et valaient de l'or, et la »croix du cœur« – les tendons ossifiés du muscle du cœur – était censée rendre invulnérable. Le bouquetin fut réintroduit avec grand succès dans la région alpine à partir d'une population qui avait survécu dans le sanctuaire Gran Paradiso en Italie, de façon à ce que l'espèce soit redevenue chassable dans de nombreuses régions.

Von der Mutter getrennt, bleibt das Vorjahreskitz am Platz, harrt aus in Sichtweite. Rund ein Jahr wurde es gesäugt. Zwillingskitze sind eher selten beim Steinwild.

Separated from its mother, the Ibex kid of last year remains motionless. It has been suckled for about one year. Twins are fairly rare.

Séparé de sa mère, le jeune bouquetin de l'année précédente reste immobile. Il est allaité pendant un an. Des jumeaux sont assez rares chez le bouquetin.

Kurz vor dem erneuten Setzen hat die Steingeiß ihr Vorjahreskitz verlassen; in der Steilwand leckt sie stundenlang Mineralien vom feuchten Gestein.

Shortly before again giving birth the female Ibex leaves her last year's kid; she occupies a very steep mountainside and licks minerals from the wet rocks for hours.

Juste avant de redonner naissance, la femelle de bouquetin abandonne sa progéniture de l'année précédente. Elle occupe les pentes abruptes des montagnes et lèche pendant des heures les minéraux des roches humides.

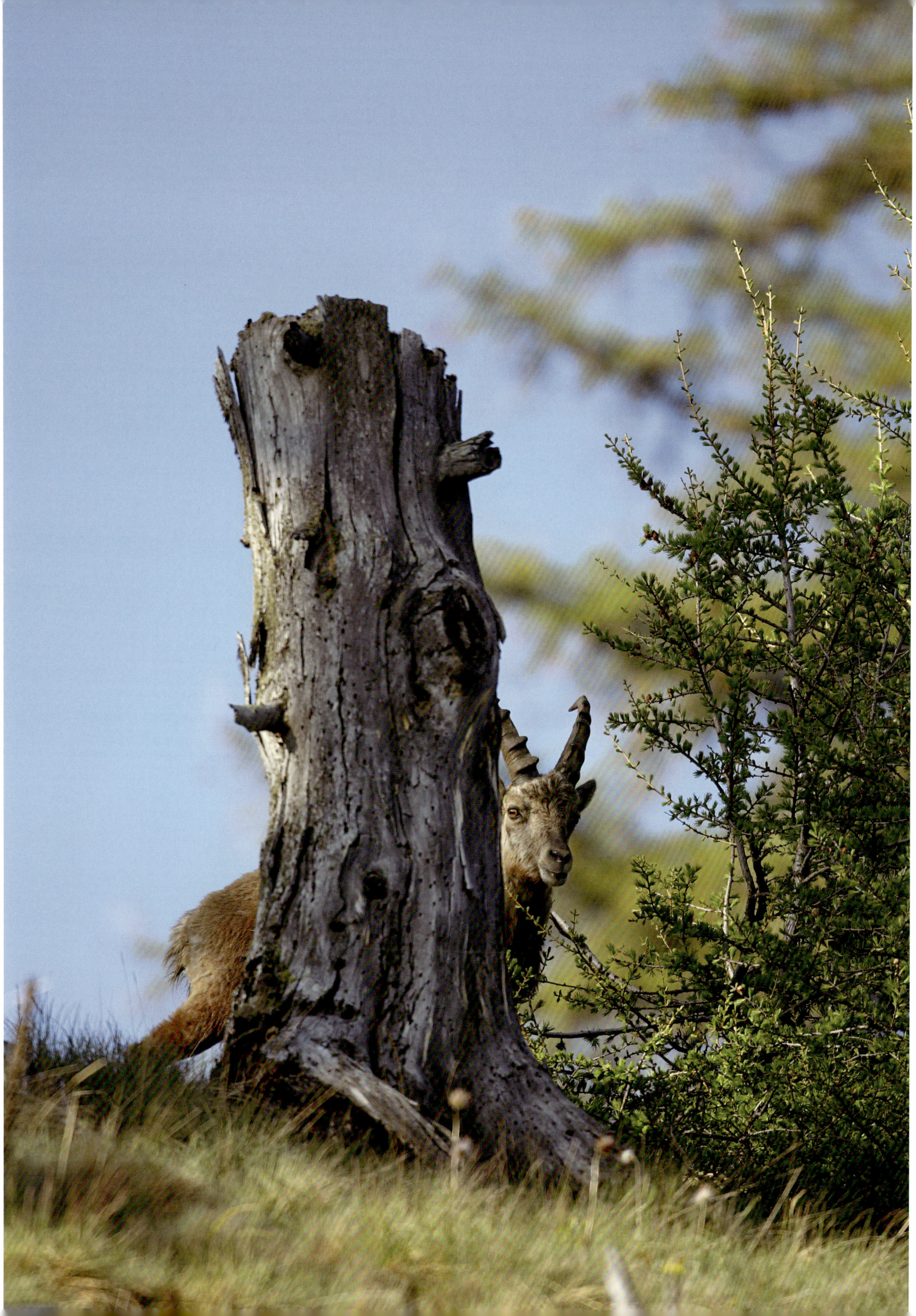

Uriges Wild in einsamer Höhe: Der mächtige, bis zu 100 Kilogramm schwere Steinbock steht meist in steilen Felswänden. Er lebt in Höhen von bis zu 3 500 Metern und damit oberhalb des Lebensraums der Gämse und weit über dem des Rehwildes, das bis zur Baumgrenze vorkommt.

The powerful male Ibex, weighting up to 100 kilograms, selects steep rocky mountains for a habitat. Here, they live at an altitude of 3,500 metres – higher than the range of Chamois and much higher than that of Roe deer, the latter inhabiting only the region below the tree line.

Le bouquetin est un animal puissant et pèse jusqu'à 100 kilos. Il choisit les flancs de montagne abruptes comme habitat pour vivre jusqu'à une altitude de 3500 mètres – plus haut que les chamois et beaucoup plus haut que les chevreuils qui resteront en dessous de la limite des arbres.

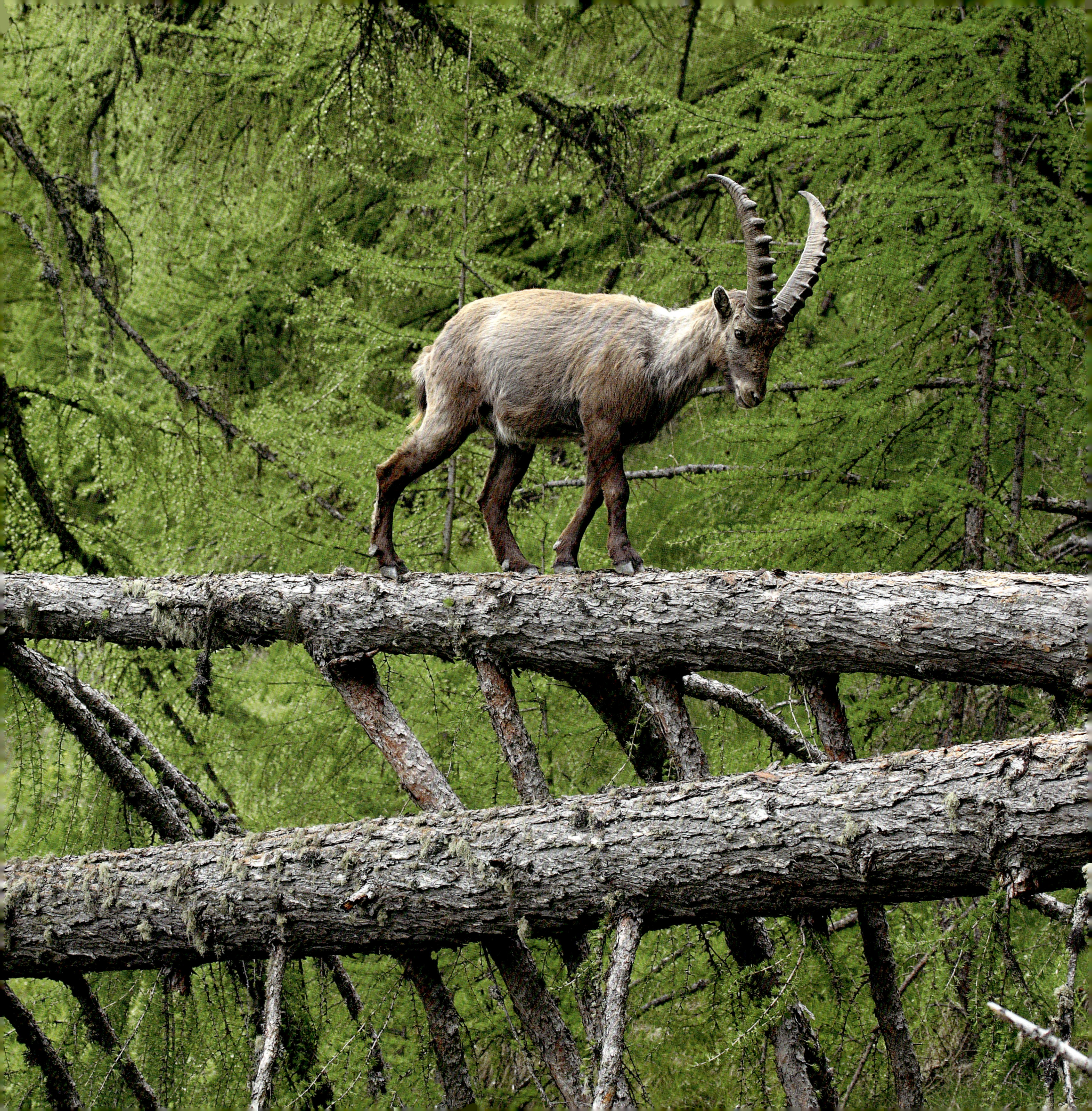

Atemberaubende „Hochseilakrobatik". Sie scheint auch den Buntspecht zu beeindrucken!

Breathtaking acrobatics: even the Great spotted woodpecker is impressed.

Acrobatie à couper le souffle. Même le pic épeiche en reste »bec bé«.

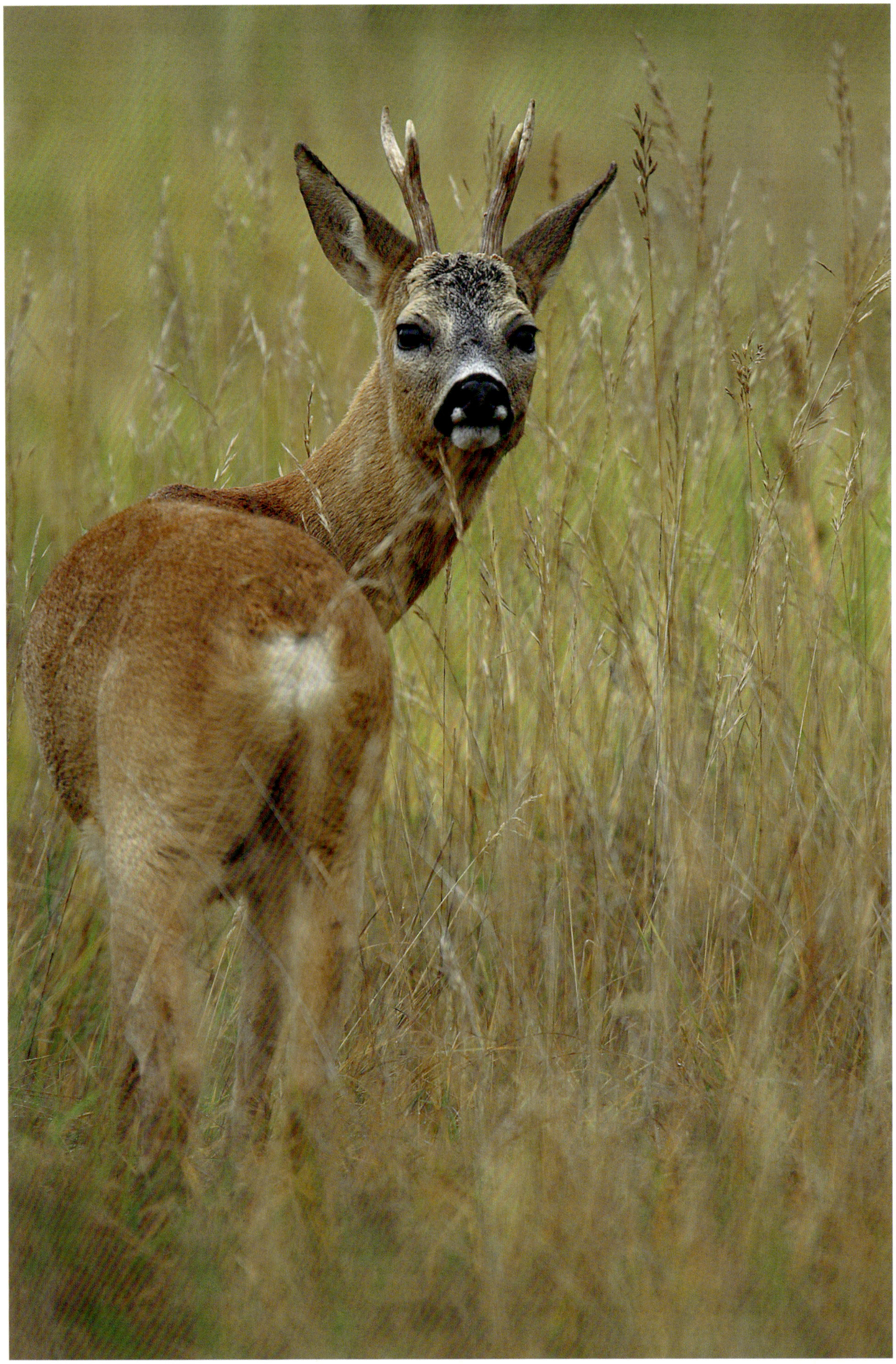

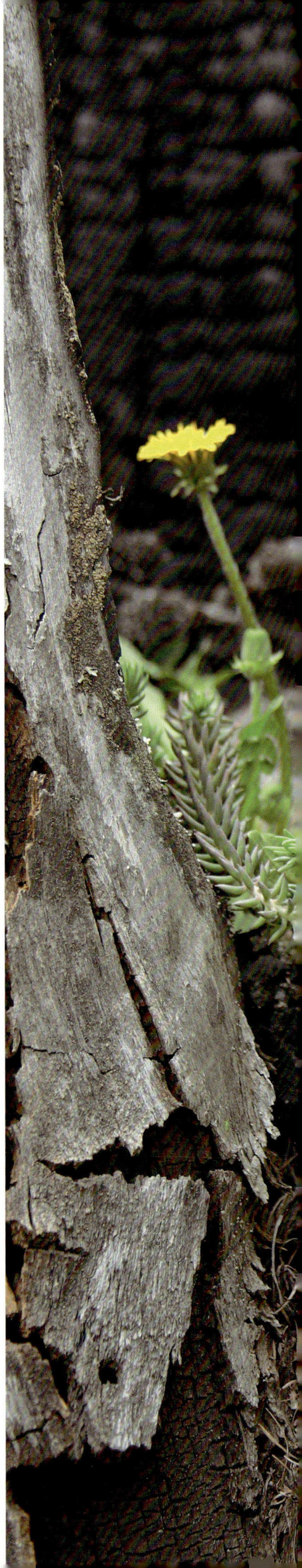

Ein Blick zurück von Rehbock und Birkhahn: Ob sie die Genügsamkeit des Löwenzahns (*Taraxacum officinale*) beeindruckt? Doch auch sie selbst sind oft gezwungen, unter suboptimalen Bedingungen zurechtzukommen.

A Roebuck and a Black grouse looking over their shoulder. Are they impressed by the frugality of the Dandelion? Fact is that they too have to survive in an environment that is often less than optimal.

Le brocard et le coq de bruyère jettent un regard vers l'arrière. Seraient-ils impressionnés par la sobriété du pissenlit ? Il est vrai qu'eux aussi sont souvent confrontés à des conditions de vie très peu optimales.

Neuntöter oder Rotrückenwürger *(Lanius collurio)*, gut zu erkennen am schwarzen breiten Augenstreif

Red-backed shrike, with its typical black stripe through the eye

Pie-grièche écorcheur, avec la ligne noire typique à travers l'œil.

Vier bis sechs blinde Welpen wölfen Fuchsfähen im Bau. Rund drei Wochen säugen sie sie ausschließlich und füttern dann Fleisch zu. Die Beteiligung des Rüden an der Welpenaufzucht scheint zweifelhaft. Schließlich ist die Vaterschaft immer fraglich, da die Rüden in der Ranz auf „Brautschau" weit umherstreifen und vielleicht auf mehreren Hochzeiten tanzen!

The vixen gives birth to four to six fox cubs, born blind in an earth. For the first three weeks, they only get their mother's milk; from then on also meat. It is not clear to what extent the male dog fox participates in the upbringing of the young. Their paternity is anyhow questionable as males may wander widely during the mating season and "dance on more than one wedding party".

La renarde met au monde entre quatre et six jeunes renardeaux qui naissent aveugles dans leur tanière. Durant les trois premières semaines, ils boivent uniquement le lait de leur mère, et après cela ils compléteront leur menu de viande. Le rôle du père dans l'éducation des jeunes n'est pas très clair. La paternité peut de toute façon toujours être remise en question vu qu'il est courant que les mâles papillonnent durant la période d'accouplement et ne sont pas très fidèles.

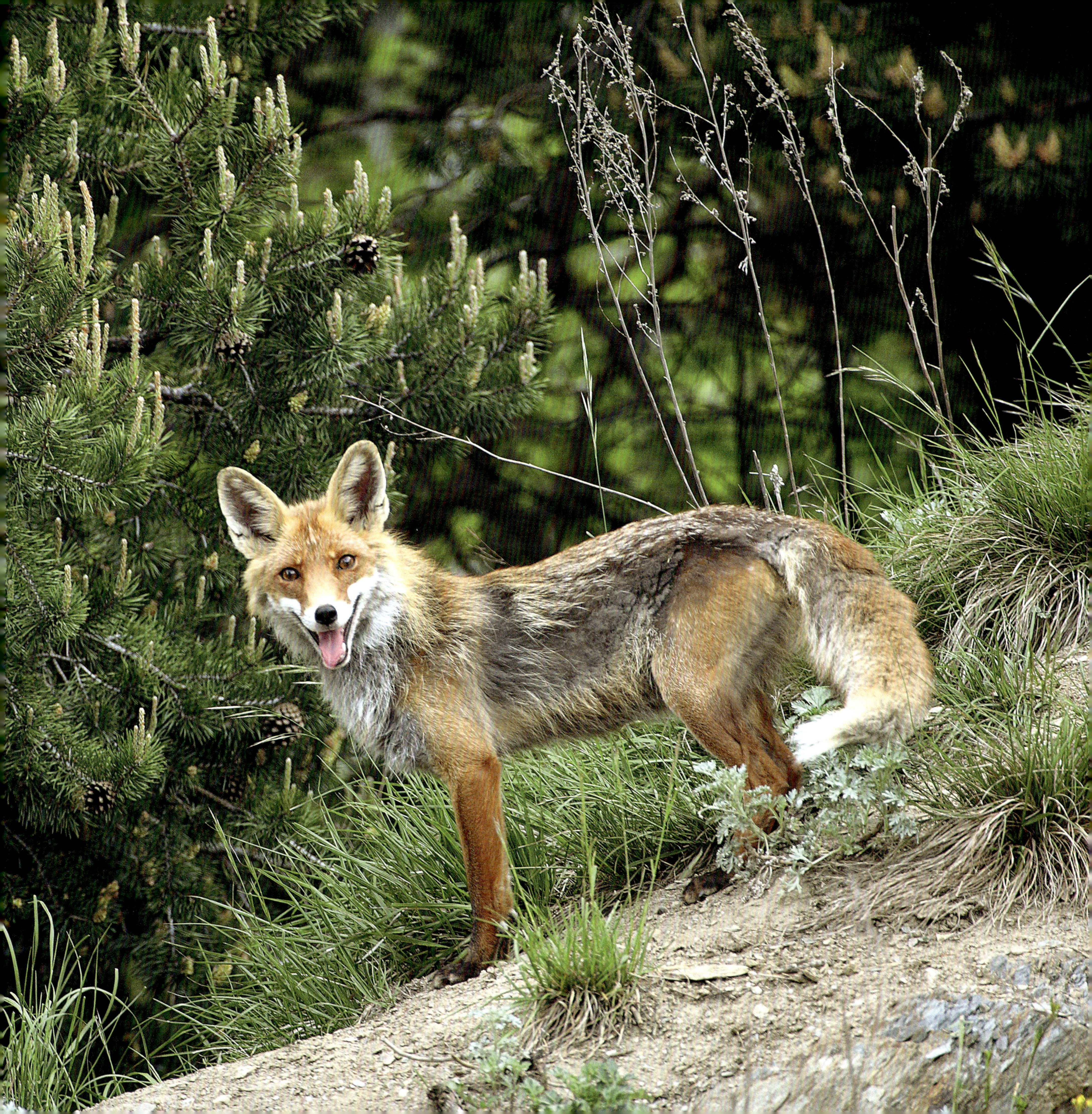

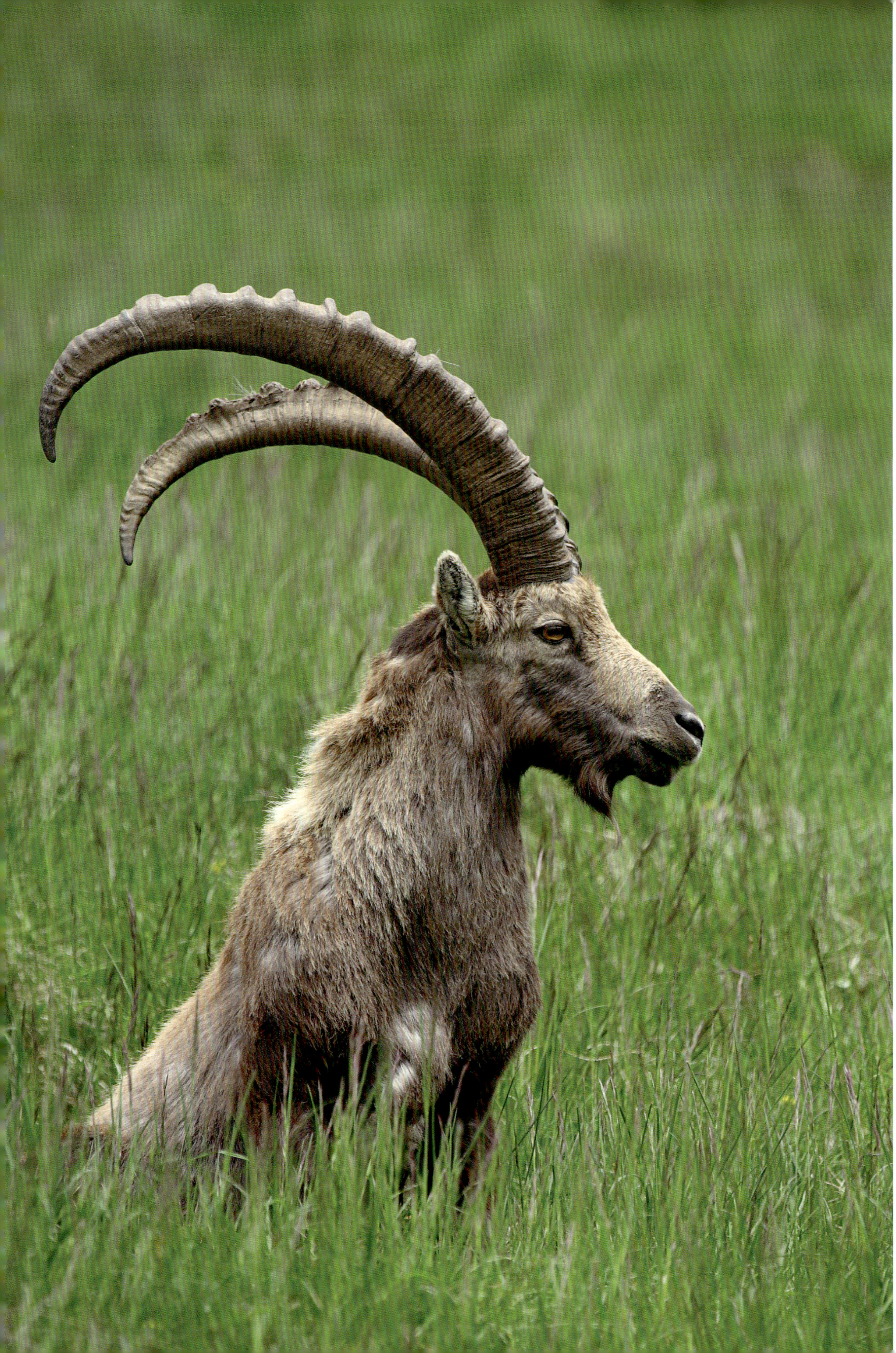
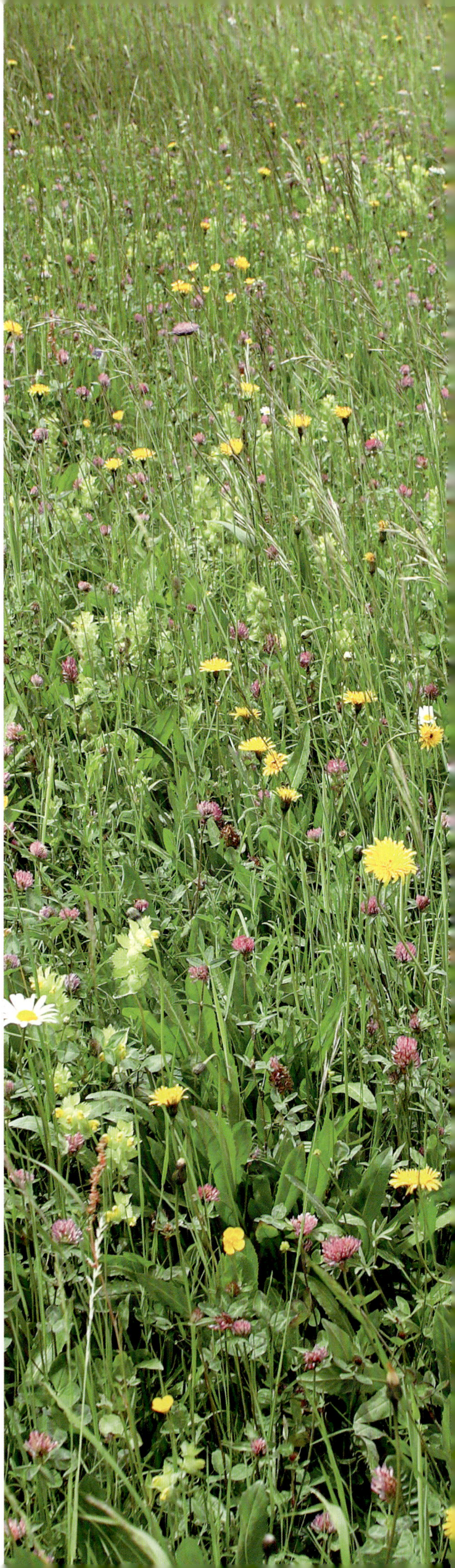

Eine schwere Last tragen Steinböcke auf ihren Häuptern mit sich herum. Bei Rangkämpfen lassen sie ihre Hörner, Symbole ihrer Kraft und Stärke, mit aller Wucht gegen die des Rivalen krachen!

Ibex males carry a heavy burden on their heads. These horns, symbols of their power and strength, are put to use intensively during fighting to establish rank and order.

Les bouquetins mâles portent un poids lourd sur leur tête. Ces cornes, symbole de leur puissance et de leur force, sont soumises à rude épreuve lors des combats destinés à établir la hiérarchie dans les groupes.

Sauen hatten während der Nacht die Wiesen nach Mäusen umgepflügt – der Mäusebussard *(Buteo buteo)* profitierte von den „Grabungsarbeiten": Er gelangte leichter an seine Mäuse!

Because Wild boar, in their search for food, had been ploughing fields the previous night, the buzzard has an easier task to catch its own mice.

La buse variable a bien plus de facilité à attraper ses souris, parce que dans leur recherche de nourriture, les sangliers ont labouré les champs pendant la nuit.

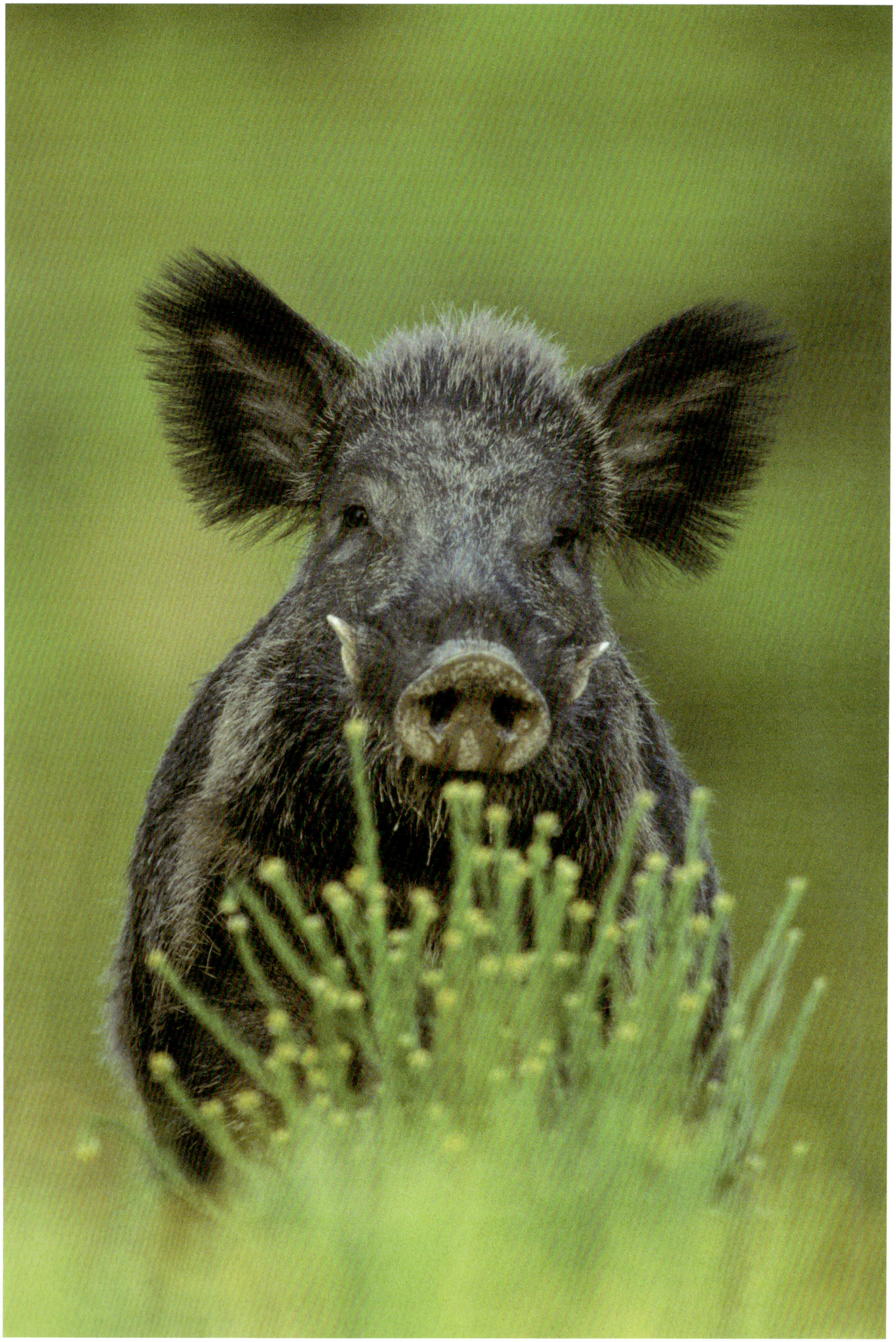

Der Königsfasan *(Syrmaticus reevesii)* ist eng mit dem in Europa seit alters her heimischen und meist verbreiteten Fasanenarten *(Phasianus colchicus* spec.) verwandt. Der seltene und prächtige Vogel – über 1,50 Meter lange Stoßfedern kann ein Hahn tragen – lebt bevorzugt im Wald und stammt aus Nordchina.

The Reeves's pheasant is closely related to the widely distributed Common pheasant, introduced much longer ago in Europe. This rare and splendid bird – the tail feathers of the male can be over 1.50 metres long – prefers woodland and originates from China.

Le faisan vénéré est par sa biologie très proche du faisan commun très répandu et introduit il y a bien plus longtemps en Europe. L'oiseau rare et splendide – les plumes de queue du coq peuvent dépasser le mètre et demi – est principalement forestier et est originaire du nord de la Chine.

Sehr schlecht ist das Sehvermögen des Hasen, umso besser dafür aber sein Gehör. Ob er das seinen bemerkenswert langen Ohren, den „Löffeln", verdankt?

Hares have poor eyesight but excellent hearing. Is this thanks to their long ears?

Les lièvres ont une mauvaise vue mais une excellente ouïe. Serait-ce dû à leurs longues oreilles?

„Paarungen" der anderen Art! Schmalreh-Geschwister, Hasenpärchen und Nebelkrähen-Duo *(Corvus corone cornix)*

Different kinds of "pairs": yearling does, hares and Hooded crows

Différents »couples«: chevrettes, lièvres et corneilles mantelées

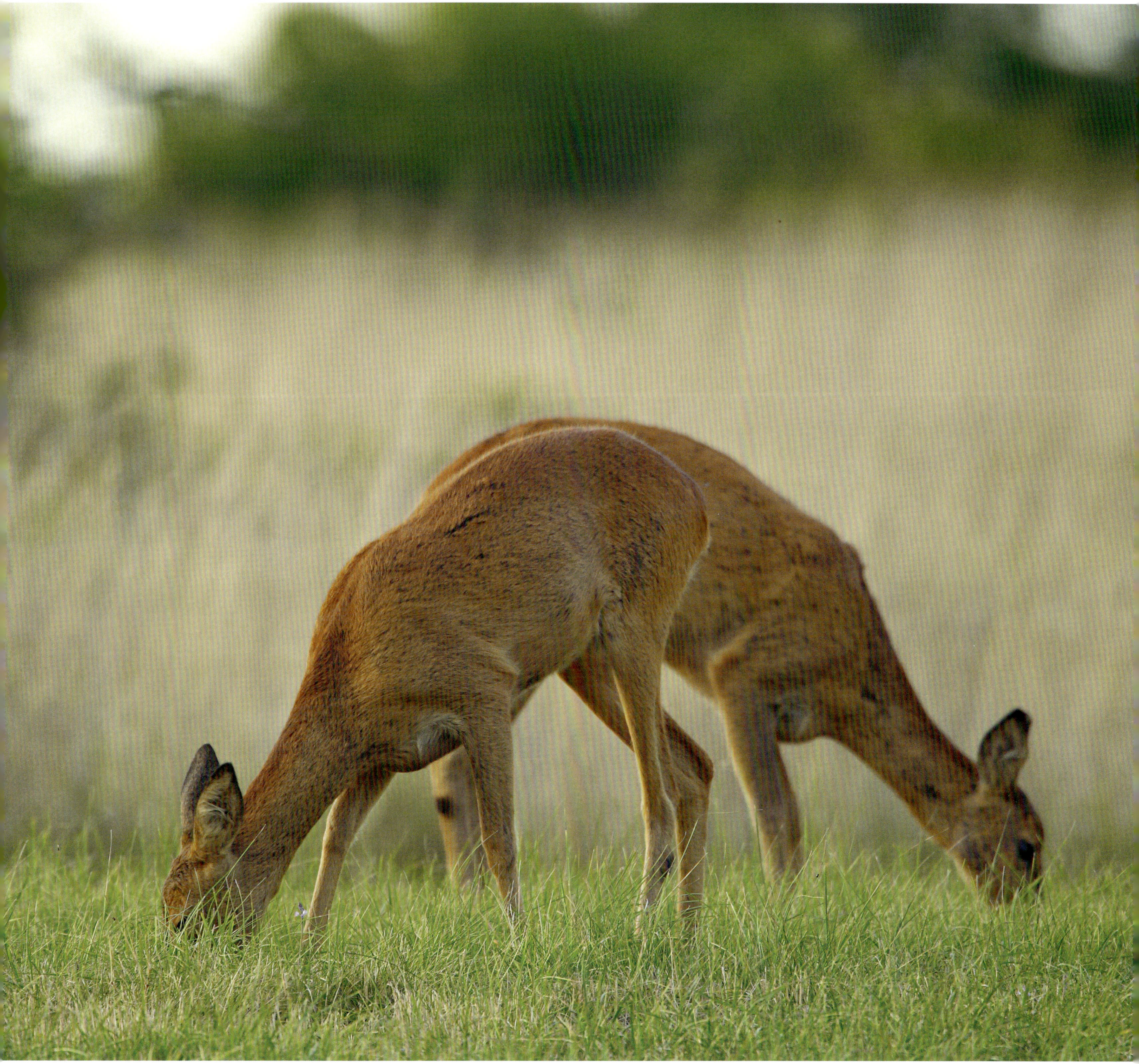

Europäische Sumpfschildkröte *(Emis orbicularis)* am kleinen Plattensee beim Sonnenbad

European pond terrapin, sunbathing at Lake Balaton in Hungary

Cistude d'Europe (ou tortue des marais), se dorant au soleil du lac Balaton hongrois

Die östliche Variante der Graugans, erkennbar am Schnabel und den Augenringen in kräftigem Rosa.

The eastern race of the Greylag goose has a pink bill and pink legs.

La race orientale de l'oie cendrée a le bec et les cernes des yeux roses.

Mit großen Augen verfolgt der Wasserfrosch *(Rana esculenta)* jede Bewegung des „gepanzerten Fressfeindes", denn er steht genauso auf dem Speiseplan der Sumpfschildkröte wie kleine Fische, Würmer und Krebse! Im Gegensatz zu Landschildkröten ernährt sich die Sumpfschildkröte weitgehend von tierischer Kost.

The Edible (or Green) frog watches every movement of the Pond terrapin as the latter usually preys on small fish, worms, crayfish and ... frogs. Unlike turtles, terrapins are indeed not herbivores.

La grenouille verte observe chaque mouvement de la cistude d'Europe qui chasse d'ordinaire des petits poissons, des vers, des écrevisses et ... des grenouilles. Contrairement aux tortues terrestres, elles ne sont effectivement pas herbivores.

Spätnachmittag, die Motorsägen waren verstummt, die Waldarbeiter gegangen, da erschien zu meinem Erstaunen ein junger Keiler am Lagerfeuer. Warum, war mir sofort klar: Die zurückgelassenen Brotzeitreste – inklusive Sardinenbüchsen und anderem, was mich schon tagelang störte –, hatten ihn angelockt. Das Klicken meiner Kamera allerdings gefiel dem Schwarzkittel weniger!

Late afternoon, no more noise of chainsaws – the forest workers had just left – and, to my surprise, a young wild boar appeared near the campfire. What attracted him were the leftovers from their lunch, including empty sardine cans and other rubbish that had bothered me for days already. He, however, minded the clicking of my camera.

En fin d'après-midi, fini le bruit des tronçonneuses – les forestiers venaient de partir, un jeune sanglier apparaît, à ma grande surprise, près du feu de camp. Il était attiré par les restes de repas des hommes, dont des boîtes de conserve de sardines vides et d'autres crasses qui à mon grand mécontentement étaient là depuis quelques jours. Sans crainte apparente, le clic de mon appareil photo lui a quand même fait prendre « la poudre d'escampette ».

Muffelwidder *(Ovis ammon)*. Der Ursprung der Wildschafe liegt in Kleinasien, über Korsika und Sardinien gelangten sie durch Einbürgerung in viele Teile des europäischen Festlandes. Reinrassige Mufflons sind vergleichsweise selten, da sie sich mit Hausschafen kreuzen!

A Mouflon ram. These wild sheep originated in Asia Minor and they were introduced via Corsica and Sardinia to many parts of Europe. Completely pure Mouflon are relatively rare as they have often been crossed with domestic sheep.

Un mouflon mâle. Ces moutons sauvages sont originaires d'Asie mineure et ont été introduits dans de nombreuses régions d'Europe, via la Corse et la Sardaigne. Les mouflons complètement purs sont relativement rares car ils se sont souvent croisés avec des moutons domestiques.

Begegnungen in Schnee und Eis   Winter encounters   Rencontres hivernales

Der Winter – die Zeit knapper Nahrungsressourcen und tiefer Frostgrade. Sie kann für das Wild mitunter lebensbedrohlich sein. Manche Tiere entfliehen diesen harten Bedingungen: Viele Vogelarten ziehen jedes Jahr teilweise Tausende von Kilometern in den klimatisch günstigeren Süden. Und auch Säugetiere zeigen dieses Verhalten, wenn sie aus den Bergen bei Wintereinbruch in die Flusstäler der Niederungen hinabwandern. Rothirsche zum Beispiel zogen einst in jedem Jahr über weite Strecken. Heute aber sind ihre Wanderrouten durch Verkehrswege und Siedlungen versperrt und auch die Überwinterungsgebiete im Auwald der großen Flüsse verschwunden.
Ein normaler Winter ist Teil unserer Breiten und hat die Lebensgemeinschaften über Jahrtausende entscheidend mitgeprägt. Die meisten heimischen Wildarten sind sehr gut an ihn angepasst: Ihr Stoffwechsel ändert sich und die verfügbaren Energiereserven können auf die primär notwendigen Funktionen verwendet werden. Auch das Verhalten wird umgestellt, um Energieverluste zu minimieren. Raufußhühner wie zum Beispiel Schnee- oder Auerhuhn graben Höhlen in den Schnee, in denen sie frostfrei die Nacht verbringen. Sie sparen so Energie und sind geschützt, ähnlich den Inuit in ihren Iglus. Sofern der Schnee das Wild nicht nahezu unbeweglich macht oder alle Nahrung versperrt, kann er also durchaus Vorteile haben. Die durchschnittliche Höhe der winterlichen Schneedecke ist oft ein entscheidender Faktor für die Verbreitung einer Wildart.
Besonders strenge Winter selektieren aber auch, in erster Linie schwache oder junge Tiere fallen ihnen zum Opfer. Jäger füttern „ihr" Wild in solchen Wintern, um die durch Verlust oder Degradierung natürlicher Lebensräume entstandenen Nahrungsengpässe abzumildern.
Damit ihre Winter-Strategie funktioniert, brauchen Wildtiere vor allem Ruhe. Sie ist im Winter sogar wichtiger als Nahrung! Jede Störung durch den Menschen ist in harten Wintern eine zusätzliche Hürde. Skifahren und Wandern abseits ausgewiesener Loipen und Wege und andere Wintersportaktivitäten können zu Erschöpfung und im Extremfall Verhungern von Hirsch und Gämse, von Auer- und von Birkhahn führen.
Der Winter und seine Begleiterscheinungen sind als Teil der normalen Lebensbedingungen wichtig für ein funktionierendes Ökosystem und das langfristige Überleben der Tiere. Diese Mechanismen werden durch den vom Menschen mit verursachten Klimawandel zunehmend beeinträchtigt. Die Gefahr katastrophaler und unumkehrbarer Konsequenzen für Mensch und Tier liegt auf der Hand. Bergbewohnende und nordische Huftiere sind ebenso wie viele Vogelarten vom Verlust wichtiger Lebensräume bedroht.
Es liegt an uns, dieses verhängnisvolle Szenario abzuwenden!

Winter is the time of year when food resources are scarce and freezing temperatures may lead to serious hardship or even life-threatening situations for wild animals. Many bird species will migrate each year, sometimes over thousands of kilometres, in search of more clement climatic conditions, and even mammal species (such as red deer) may have an annual pattern of moving to the milder temperatures of lower grounds when winter breaks out. Most wild species are, in any case, well adapted to lower temperatures and normal winter conditions: their metabolism changes so that the available energy resources are primarily used for essential body functions, and by behaving differently, game animals try to reduce energy losses. Grouse, for instance, will dig a hole in the snow, protecting themselves as one would in a mini igloo. The average snowfall is often a decisive factor for the distribution of wild species.

It is only under particularly unfavourable winter conditions that mortality significantly affects population levels. But even then, winter acts in a selective way, by first removing weaker or immature specimens, which then increases the amount of food available for the strong. And the efforts undertaken by hunters to feed "their" game in harsh winters are mainly intended to compensate for the loss of natural food resources caused by the degradation of habitats and ecosystems as a result of "development" by humanity.

Essential for the survival strategy of wild animals facing serious winter conditions is the absence of disturbance, a condition or state that is even more important than food. Human activities, such as unregulated skiing, cross-country hiking and other recreational winter activities, can not only upset wild animals but also constitute an additional burden on them. These may seriously disrupt the behaviour of ungulates (deer) or certain bird species (grouse), leading to their exhaustion and possibly starvation.

In many parts of Europe, winter, with its attendant snow, frost and ice is nevertheless very much part of normal living conditions and is even essential for the proper functioning of ecosystems and the long-term survival of animal populations.

This mechanism is increasingly threatened by human-induced changes of our climate, with the likelihood of disastrous and irreversible consequences for many wild species. Many bird species will be faced with significant loss and degradation of the habitat they rely on for breeding, wintering or feeding (such as wetlands, moors, heather, etc.) and this also applies to mountain ungulates and those normally living in Nordic ecosystems. It is the responsibility of humanity to act without delay in order to prevent this doomsday scenario from happening.

L'hiver est l'époque des disettes et les températures extrêmes peuvent poser de grosses difficultés et même menacer les animaux sauvages. De nombreuses espèces d'oiseaux migrent chaque année, parfois sur des milliers de kilomètres, à la recherche de conditions climatiques plus clémentes. Même des mammifères comme les cervidés peuvent prendre l'habitude de se déplacer vers une zone plus tempérée à l'arrivée de l'hiver. La plupart des espèces sauvages sont par nature bien adaptées à des températures plus basses et à des conditions normales d'hiver: leur métabolisme s'adapte pour canaliser en priorité l'énergie disponible aux fonctions essentielles du corps, et en se comportant différemment, le gibier essaye d'éviter tout gaspillage de ressources. Les lagopèdes vont par exemple creuser un trou dans la neige comme un petit igloo pour se protéger. La moyenne des chutes de neige est un facteur décisif dans la répartition des espèces sauvages.

C'est uniquement durant des hivers aux conditions particulièrement défavorables que la mortalité affecte les niveaux de population de manière significative. Mais même dans ce cas, l'hiver agit d'une manière sélective, en éliminant les éléments les plus faibles et les moins matures, ce qui permettra aux plus forts de disposer de plus de nourriture. Les efforts réalisés par les chasseurs pour nourrir leur gibier durant les durs hivers ont comme but principal de compenser la perte de nourriture naturelle due à la dégradation des habitats et des écosystèmes résultant du développement humain. Un aspect essentiel dans la stratégie de survie des animaux sauvages face à des conditions hivernales difficiles est l'absence de dérangement, cette condition semble aussi importante voire plus importante que la nourriture. Les activités humaines comme le ski non encadré, la marche en forêt et d'autres activités de loisirs en hiver peuvent non seulement déranger les animaux, mais constituent aussi une difficulté supplémentaire pour eux. Ceci peut dérégler sérieusement le comportement de certains ongulés (chamois, cervidés) ou de certaines espèces d'oiseaux (tétraonidés) et mener à un épuisement et à une mort probable.

Dans de nombreuses parties d'Europe, l'hiver, la neige, le givre et la glace font partie intégrante des conditions normales de vie et même essentielles pour le fonctionnement de l'écosystème et la survie à long terme de la population animale. Ce mécanisme est de plus en plus menacé par les changements climatiques dus à l'activité humaine, et il semble fort probable que ce phénomène soit désastreux et irréversible pour de nombreuses espèces sauvages. Beaucoup d'oiseaux vont être confrontés à la dégradation et à la perte des habitats qu'ils utilisent pour se reproduire, pour hiverner ou se nourrir (comme les zones humides, les landes, les bruyères, etc.) et ceci sera aussi le cas pour les ongulés de la montagne et ceux qui vivent dans les écosystèmes nordiques. La responsabilité des humains est d'agir sans délai pour éviter la catastrophe qui se profile devant nous.

Mit Wasser hat Rotwild kein Problem. Gezielt badet es zur Sommerzeit im kühlen Nass. Größere Gewässer durchrinnt es problemlos wie hier ein Alttier auf direktem Weg zur Äsung.

Red deer do not mind water and wetlands. During summer, they like to cool off in water. They will also cross streams, rivers or ponds without a problem, as shown by this hind taking the shortest way to her feeding area.

Le cerf élaphe n'a pas peur de l'eau et des zones humides. Durant l'été, ils aiment se rafraîchir dans l'eau. Ils peuvent aussi facilement traverser des cours d'eau ou des lacs, comme le démontre cette biche qui prend le raccourci vers son gagnage.

Der scharfäugige Mäusebussard kann gesunde Beutetiere bis zu etwa 500 Gramm Gewicht schlagen. Trifft man ihn mit größerer Beute an, war die sicher geschwächt oder ist gar tot in seinen Besitz gelangt!

A buzzard may kill healthy animals of up to a weight of some 500 grams. When seen with a larger prey, this must already have been weakened or wounded, or even found dead.

La buse variable peut tuer des animaux sains jusqu'à un poids de 500 grammes. Lorsque nous la voyons avec une plus grande proie, c'est que celle-ci est déjà affaiblie, blessée ou même morte.

Ob Fell oder Federn – wetterfest und von Natur aus gut getarnt sind Hase und Rebhuhn. Meister Lampe erstarrt hier zum Maulwurfshaufen, flach auf dem Boden trotzt er Graupel und Wind!

Fur or feather? Both protect against poor weather and contribute to making an animal less detectable: here Grey partridge and a Brown hare, trying to look like a molehill, despite hail and wind.

La fourrure et les plumes protègent contre les mauvaises conditions climatiques et contribuent à rendre les animaux moins détectables. Ici la perdrix grise et le lièvre qui essaient de se faire passer pour une taupinière, malgré la grêle et le vent.

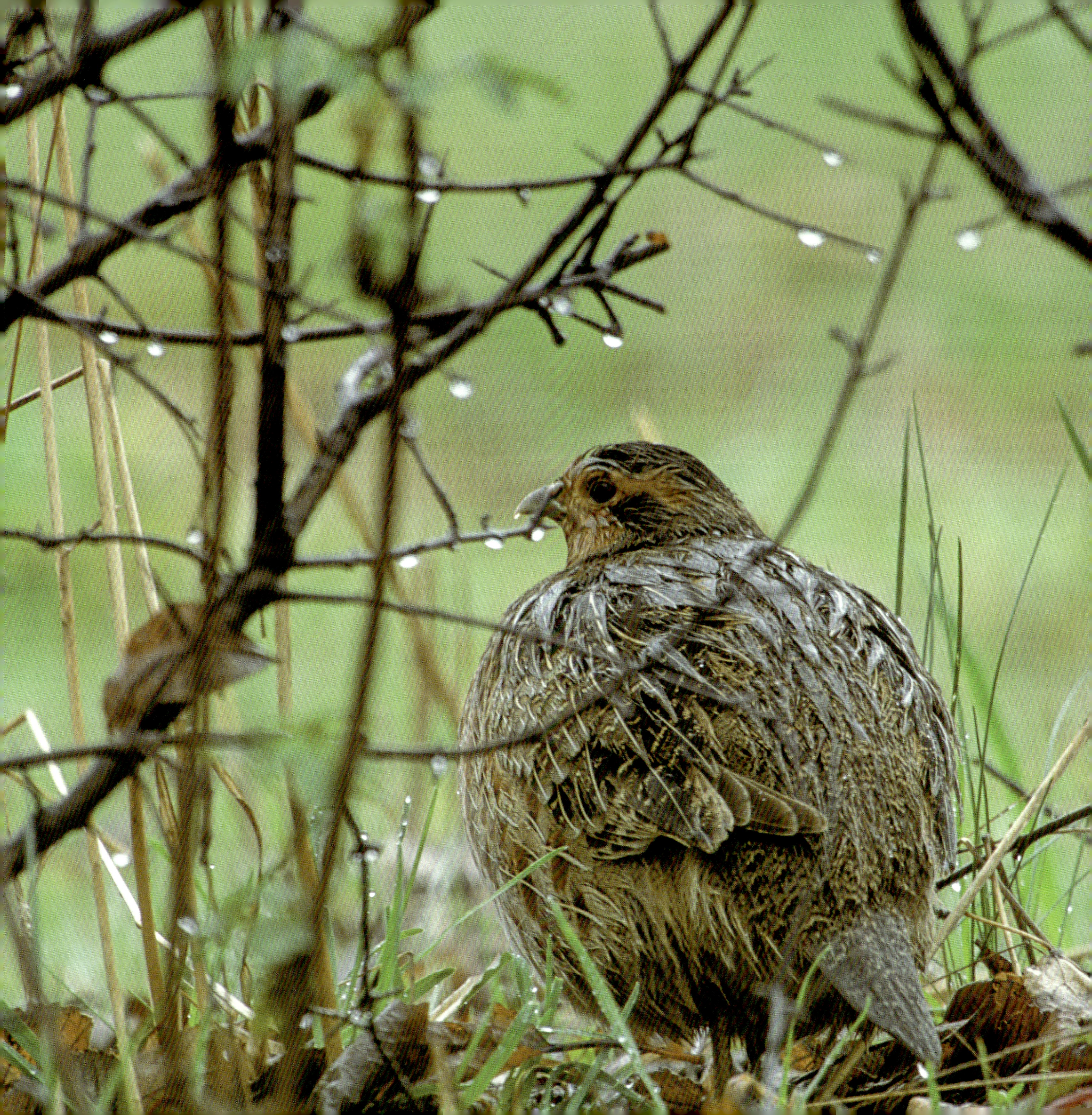

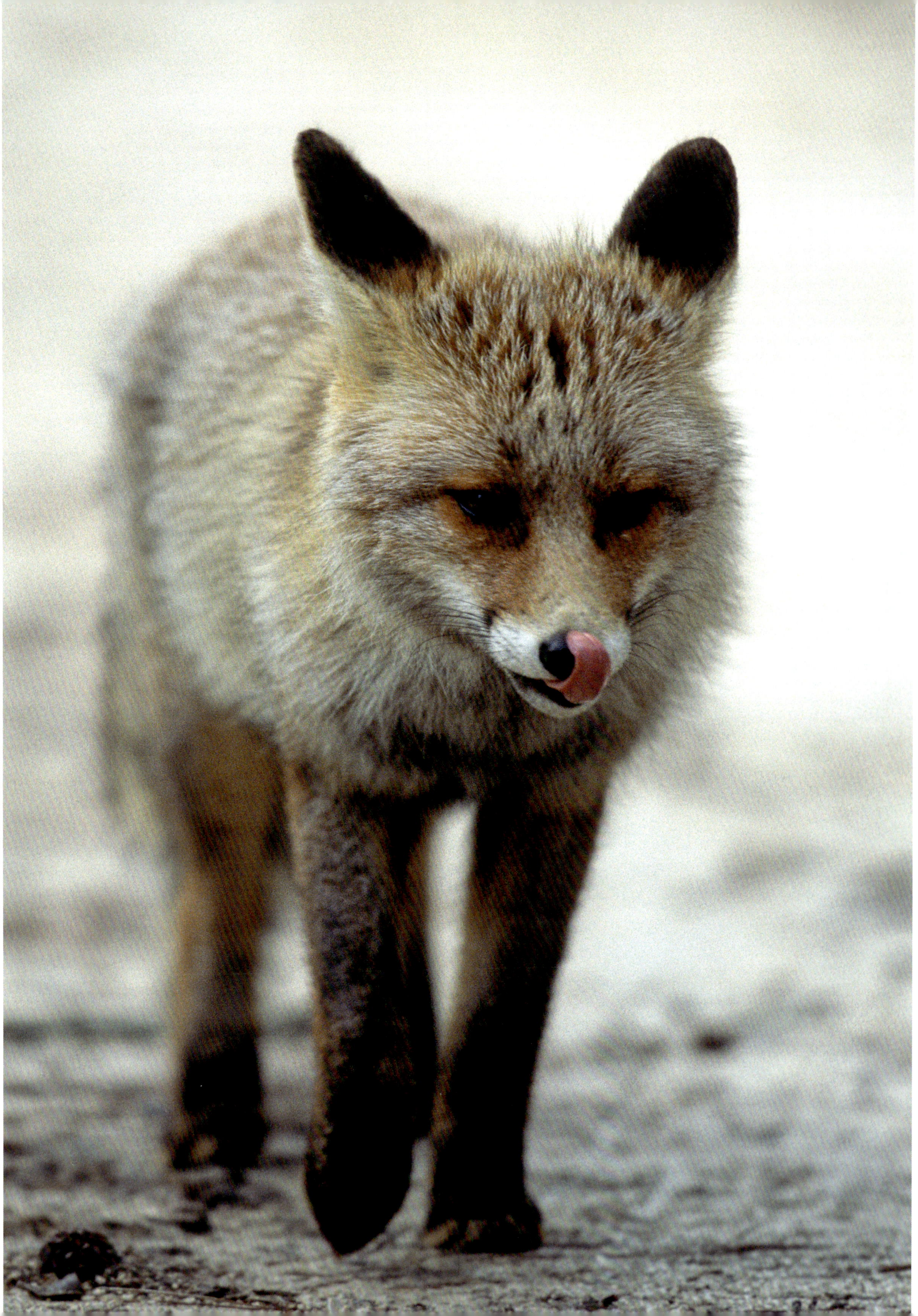

Rotfüchse sind nicht wählerisch. Den ausgewachsenen gesunden Fasanenhahn in freier Flur zu erbeuten – ein schmackhafter Leckerbissen wäre der schon –, bleibt jedoch ein Traum ... Und doch: „Wachsam und stets auf der Hut – tut auch Fasanen gut!"

Red foxes are not choosy: this one certainly would go for a healthy adult pheasant, but the chances of successful capture are remote ... Nevertheless, it is wiser for the bird to remain alert.

Le renard roux n'est pas très difficile: celui-ci choisirait certainement un faisan adulte et sain, mais il serait bien plus difficile de l'attraper ... néanmoins, je conseillerais à l'oiseau de rester vigilant.

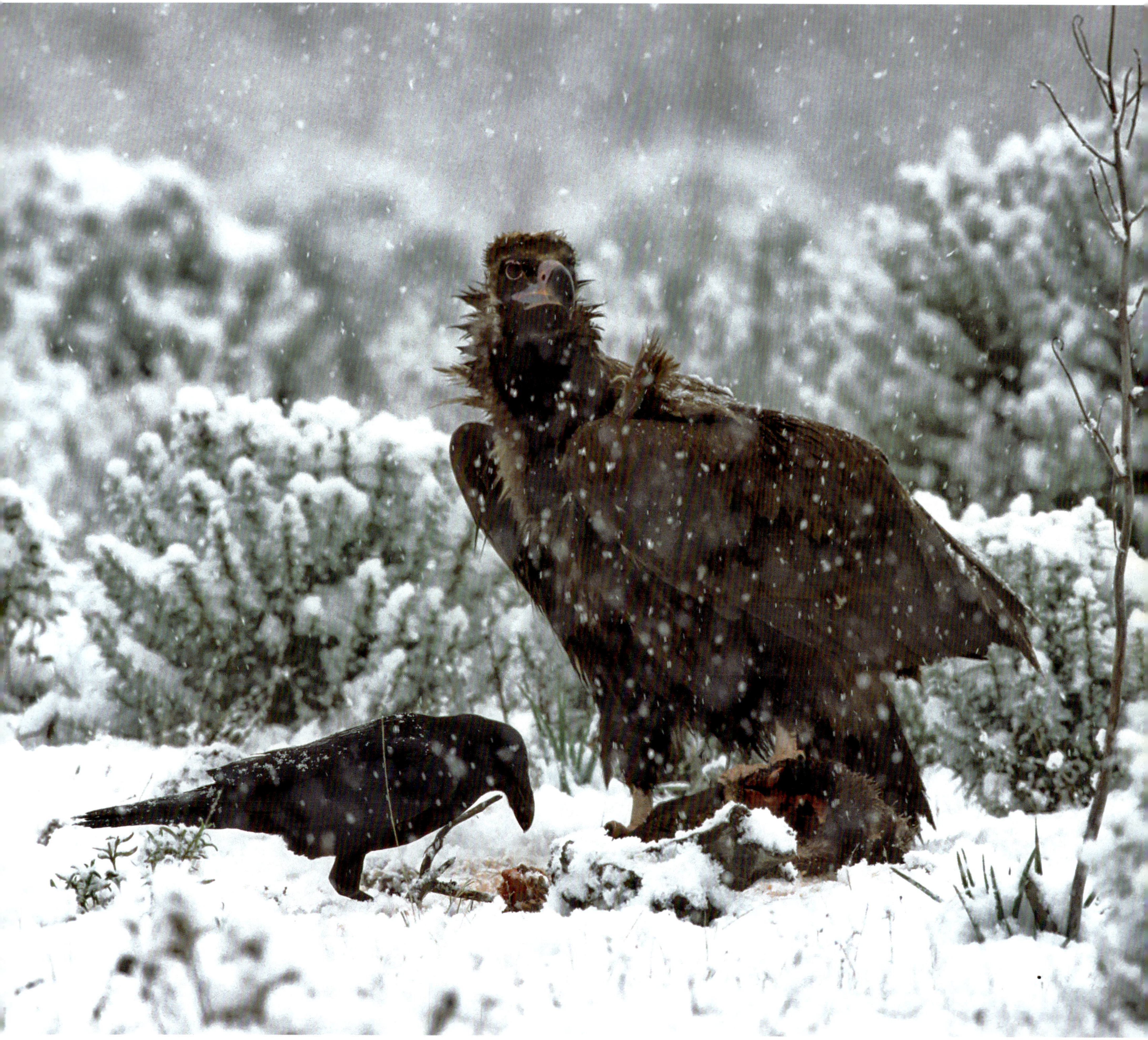

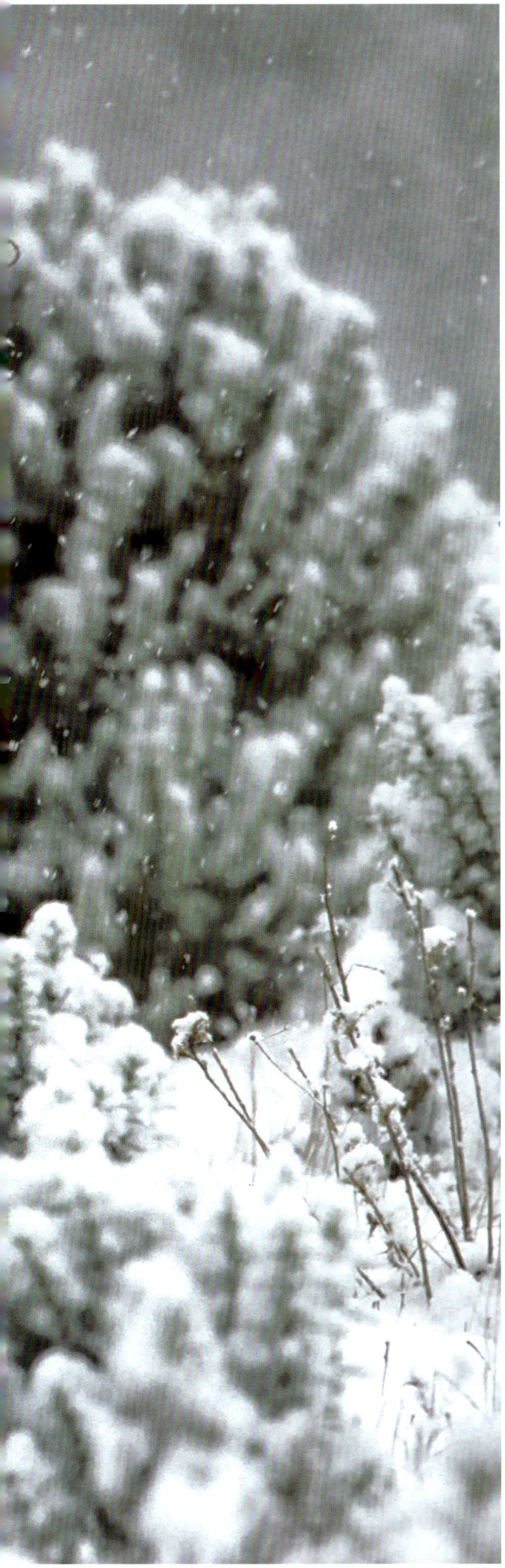

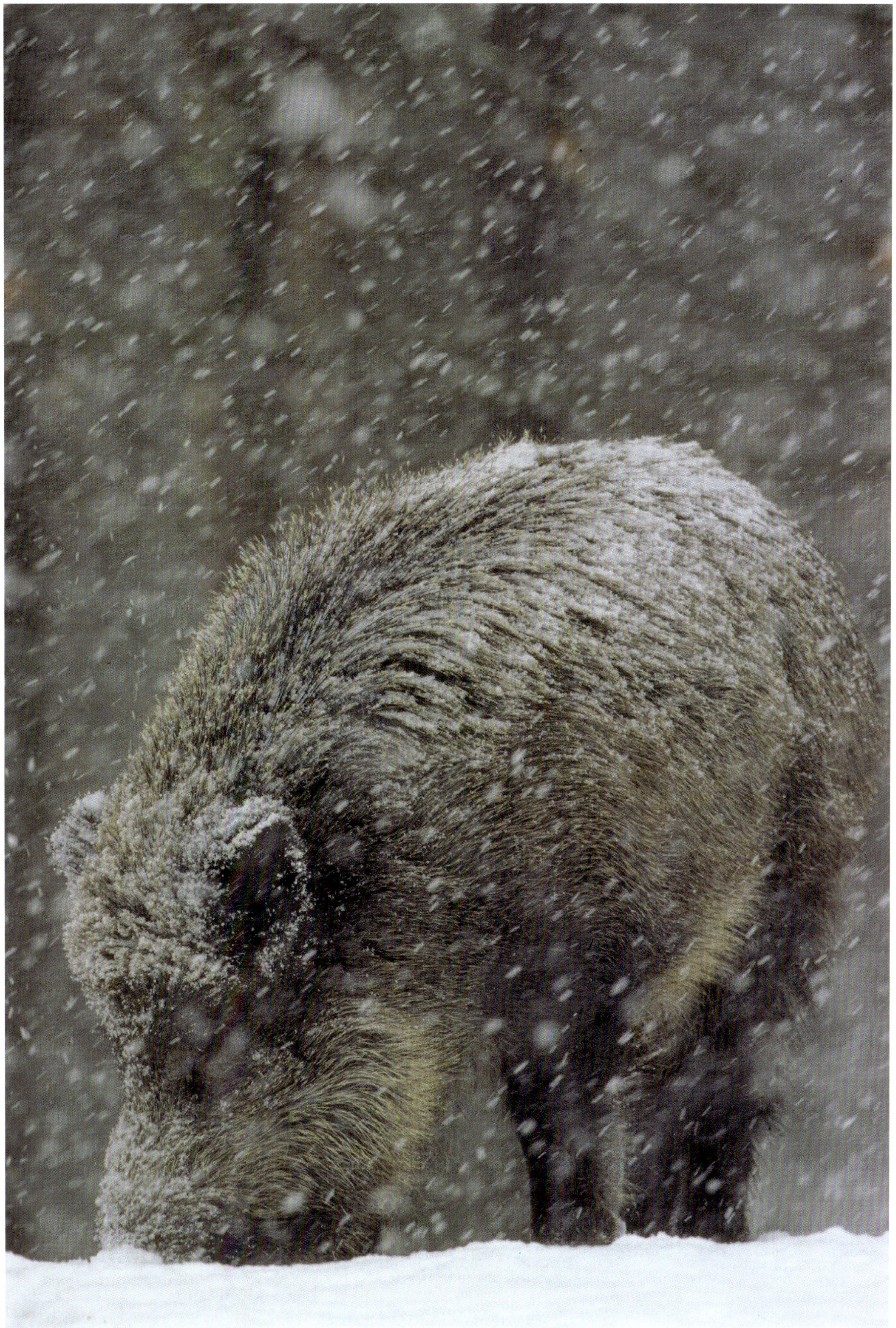

Irgendwann ist es soweit – der Schnee rieselt, Winterzeit ... Nicht alle Wildtiere sind dafür gleich gut gerüstet. Die einen verbringen die Zeit im Bau, andere schrauben den Nahrungsbedarf zurück, wieder andere zehren von ihren Nahrungsvorräten. Not leidet das Wild bei Äsungsmangel, zu hoher Wilddichte, vor allem aber bei andauernden Störungen in den Einständen. Jäger, aber auch Waldbesitzer, Landwirte und andere Naturnutzer haben das in ihrer Hand – sie sind hier gefordert!

Winter has come: the season of snow, icy winds and frost. Not all wild animals are equally well prepared for that. Some will stay as much as possible in their subterranean homes, others will lower their metabolism while certain species can survive thanks to their food reserves. When sufficient food is lacking, when population levels are too high and in particular when various human activities cause too much disturbance, wild game will suffer. It is up to hunters and also to forest owners, farmers and other users of nature to act – it is in fact their duty.

L'hiver est arrivé: la saison de la neige, des vents glacés et du gel. Tous les animaux ne sont pas aussi bien préparés pour ces conditions. Certains resteront un maximum dans leurs terriers pendant que d'autres vont ralentir leur métabolisme tandis que certaines espèces peuvent survivre grâce à leurs réserves de nourriture. Quand la nourriture vient à manquer, lorsque les niveaux de populations sont trop élevés et en particulier quand les activités humaines créent trop de dérangement, la faune sauvage souffre. Il est de la responsabilité des chasseurs mais aussi des propriétaires forestiers, des agriculteurs et des autres utilisateurs de la nature d'agir – c'est leur devoir.

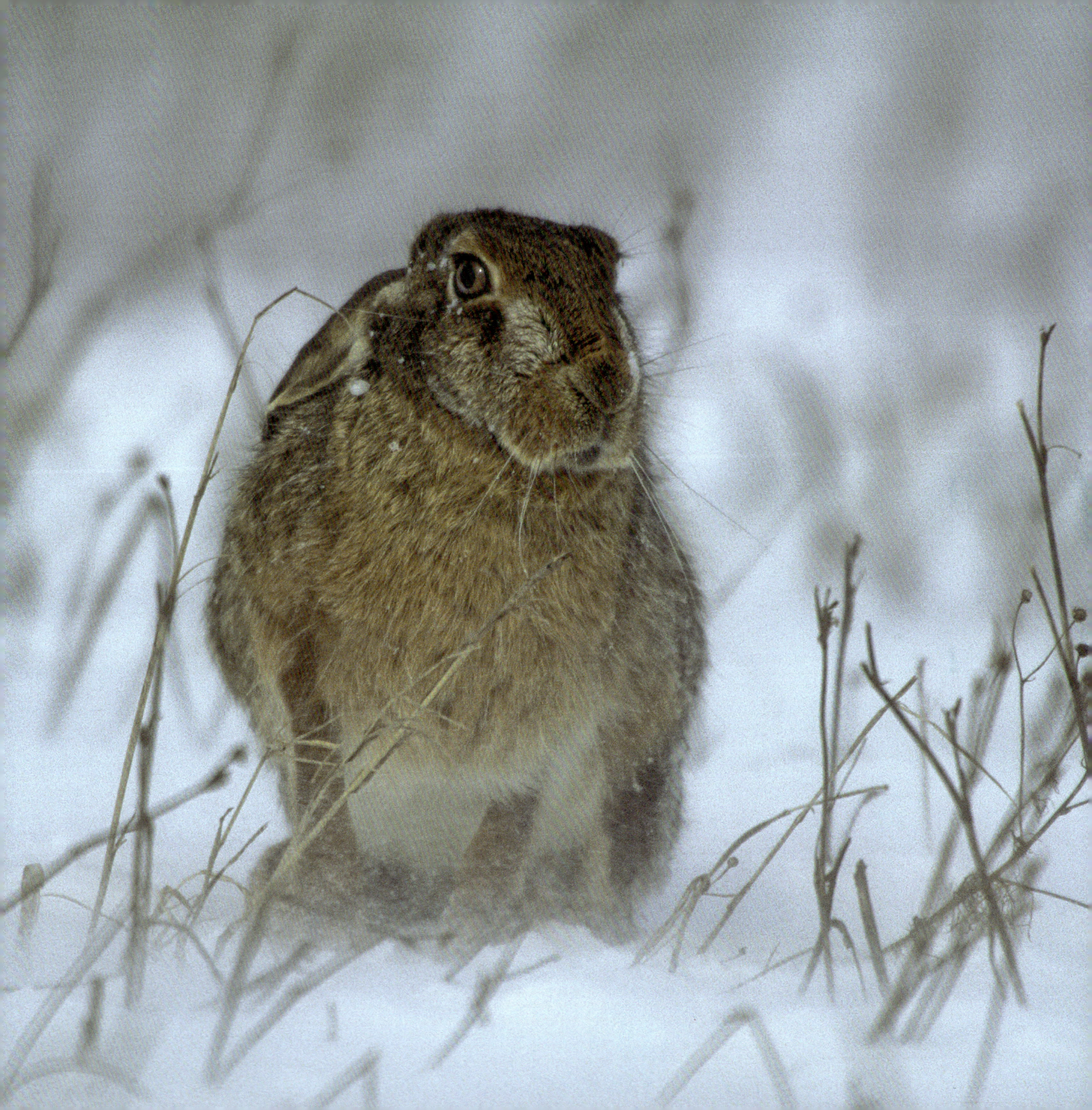

Neuschnee verrät, was im Revier los ist! Einzelne Keiler treibt ab Mitte November die „Lust auf Liebe".

Fresh snow reads like a book. Already from mid-November onwards, some wild boar start to feel the "lust for love".

La neige fraîche révèle bien des secrets. A partir de la mi-novembre, certains solitaires commencent à rechercher l'amour …

Früh Gefrischte erwischt es „frostig" – Unterkühlung bringt oft den Tod! Erfahrene Bachen schützen ihren Nachwuchs umsichtiger, bleiben länger im wärmespendenden Kessel. Dort liegen die Frischlinge eng beieinander und wechseln sich immer wieder an den nachteiligen Randplätzen ab!

Wild boar piglets may be born when the winter is still very much active; many die then because of hypothermia. Experienced sows will, however, ensure that their offspring stay longer in the warm nest, where the piglets pack closely together, although rotating the less pleasant positions at the outside.

Les marcassins peuvent naître alors que l'hiver est encore bien rude et bon nombre d'entre eux meurent d'hypothermie. Les laies expérimentées prendront soin de garder leur progéniture le plus longtemps possible dans leur nid douillet, le chaudron. Les marcassins se serrent les uns contre les autres, en changeant de position pour ne pas laisser les mêmes aux places extérieures les plus inconfortables.

Der Kiebitz *(Vanellius vanellius)* mit seiner charakteristischen Federholle. Gebietsweise ist er in Europa auch im Winter immer häufiger zu beobachten.

The Lapwing is increasingly present in certain locations in Europe during the winter.

Localement, le vanneau huppé est de plus en plus présent en Europe, même en hiver.

Starke Bache mit noch winzigen Frischlingen auf Fraßsuche. Den warmen Kessel verlässt der Nachwuchs anfangs nur kurz, um der Mutter zu folgen. Der Verteidigungsinstinkt der Bache ist jetzt so ausgeprägt, dass es auch für harmlose Tiere oder Menschen gefährlich werden kann, wenn sie zu nahe kommen. Erfahrungen prägten meinen respektvollen Umgang mit diesem wehrhaften Wild!

A strong Wild boar sow, with her tiny piglets having briefly left the warm "nest" to follow their mother in search of food. The sow will defend her offspring without hesitation and attack even harmless animals or people when they come too close. I have learned from such experiences to treat this able-bodied species with respect.

Une grande laie avec ses petits marcassins qui ont brièvement quitté le chaudron pour suivre leur mère à la recherche de nourriture. La laie défendra ses petits sans hésitation et attaquera même d'autres animaux inoffensifs ou des humains s'ils s'approchent trop près. En ayant fait l'expérience, j'ai appris à traiter cette espèce robuste avec respect.

Kolkrabe *(Corvus corax)*

Common Raven

Grand corbeau

Anfang Dezember, Neuschnee: Dumpfe Rammstöße hatten mich angelockt und ich sah hilflos mit an, wie sich die Schnecken beider untrennbar verhakelten. Erst am Mittag des nächsten Tages gelang es den Kontrahenten, sich voneinander zu lösen.

Early December, fresh snow: the dull sound of horns hitting each other attracted me to the scene of two Mouflon rams, locked together inseparably. There was nothing I could do but, at noon of the next day, the two opponents had managed to free themselves.

Début décembre, un tapis de neige recouvre le sol: le son maussade de cornes qui s'entrechoquent m'attire sur le lieu d'un combat de deux mouflons, leurs cornes inséparablement entremêlées. Je ne pouvais rien faire, mais le lendemain midi, les deux opposants avaient réussi à se libérer.

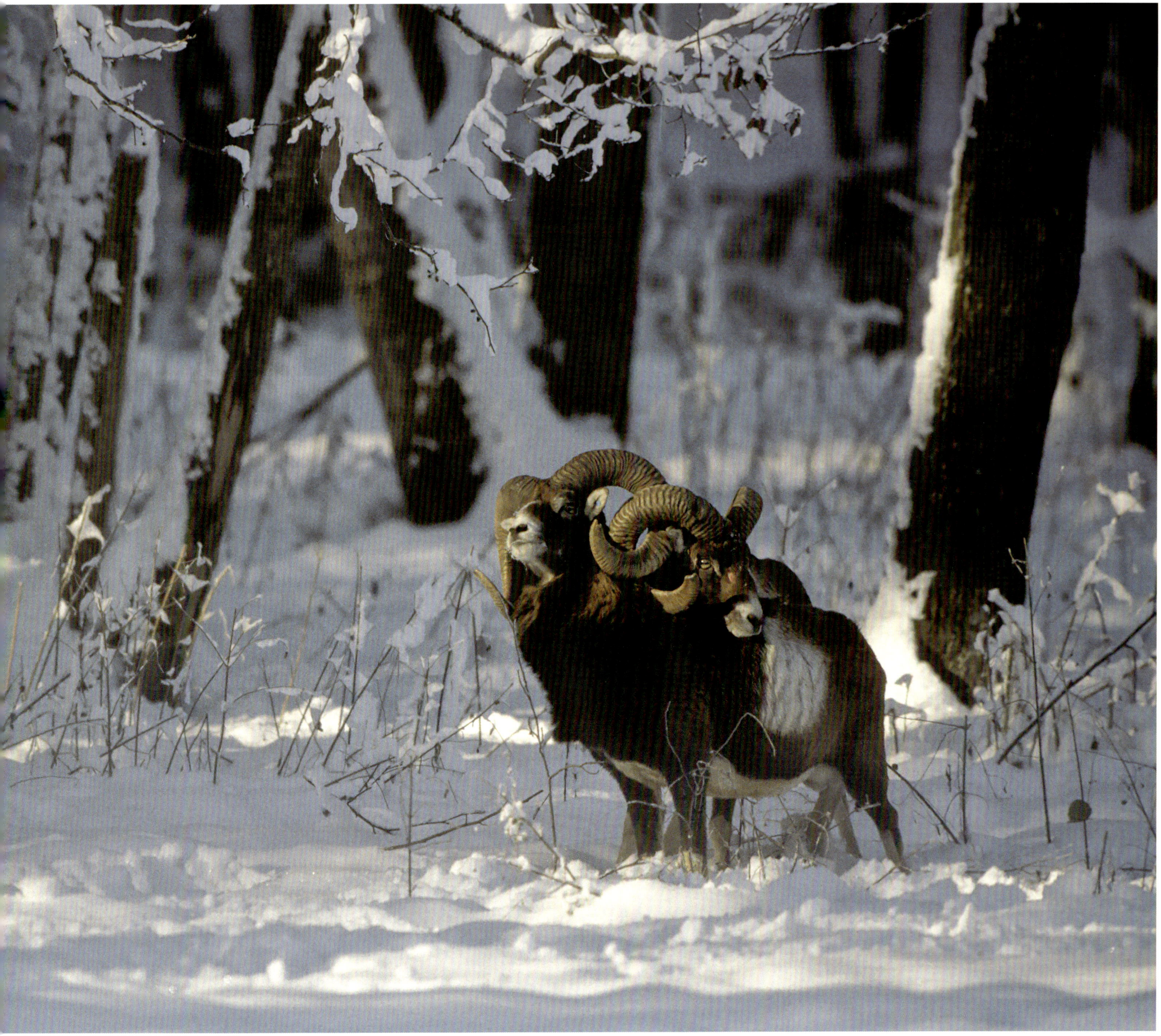

Ein verendeter Überläufer, bei der Frühpirsch gefunden und von einem Fuchs angeschnitten, ließ mich ein Versteck beziehen, weil ich auf den Anblick und Fotos von Reineke hoffte. Lange geschah nichts, dann erschien unter einer jungen Kiefer der Wurf einer Sau. Zu dieser unüblichen Tageszeit zog sie zielstrebig zum Kadaver des Artgenossen, bewindete ihn ausgiebig und stupste ihn dann mehrfach an. Als ich gerade die Kamera richtete, zischte es plötzlich laut in der Luft: Im Sturzflug landete ein Mönchsgeier und hüpfte drohend auf den Kadaver zu, wie im Bild rechts fest gehalten.
Die fliehende Sau erwischte ich nicht mehr – das linke Foto ist „nachgestellt".

After I found a small Wild boar that had died and which a fox had already started to eat, I decided to put up my hide in the hope of taking some good pictures if Reynard returned. For a long time nothing happened, then suddenly – in full daylight – another wild boar appeared, approached the carcass, examined it with great care and then nudged it a few times. Just as I directed my camera towards the scene, I heard a sizzling sound in the air – a Black vulture diving down, landed and hopped towards the carrion in a menacing fashion, as can be seen in the picture at the right. Unable to capture both this and the boar running off, I had to "stage" the photo on the left.

Après avoir découvert un jeune sanglier mort qu'un renard avait déjà commencé à dévorer, j'ai décidé d'installer mon abri dans l'espoir de pouvoir prendre de bonnes photos de notre cher renard. Il ne s'est rien passé pendant longtemps quand soudain – en pleine journée – un autre sanglier est apparu, s'est approché de la carcasse, l'a analysée consciencieusement et l'a ensuite remuée à quelques reprises. En dirigeant mon appareil vers la scène, j'ai entendu un cri strident dans le ciel, un vautour moine plongeant, a atterri et s'est approché de la carcasse d'un saut menaçant, comme vous pouvez le voir sur l'image de droite. Incapable de prendre aussi le sanglier en fuite, j'ai dû »mettre en scène« la photo sur la gauche.

Weiß in Weiß thront die Henne des Schneehuhns *(Lagopus mutus)* auf hoher Warte und prüft, welch zotteliges Wesen da am Grat erscheint: Der Hahn hat dagegen nur Augen für sein kleines Schneehuhnvölkchen ...

The hen Ptarmigan, white on white, scrutinises the shaggy creature appearing at the crest; the male, on the other hand, only has eyes for his small party ...

La femelle lagopède, blanc sur blanc, scrute la créature poilue qui apparaît sur la crête; le mâle de son côté, n'a d'yeux que pour elle ...

Moschusochsen *(Ovibus mochatus)* verdanken ihren Namen dem starken Geruch, den sie während der Brunft verströmen, ähnlich dem von Parfums bekannten Moschusduft. Der wird jedoch aus einem Drüsensekret der asiatischen Moschus-Hirsche gewonnen! Auch in andere Tier- und Pflanzennamen flossen moschus-ähnliche Gerüche ein, zum Beispiel beim Moschuskraut oder beim Moschusbock – einem Käfer und nicht etwa dem Moschusbullen.

Musk oxen owe their name to the strong odour they emit during the rut. This smell is not unlike that of a perfume with a similar name which is produced from the extract of glands of the Asian Musk deer. Other plant and animal species release somewhat comparable odours or fragrances such as the Muskroot (Adoxa) or the Musk beetle.

Le bœuf musqué doit son nom à la forte odeur qu'il émet durant le rut. Cette odeur ressemble un peu à un parfum du même nom mais qui est produit avec les extraits de glandes du cerf porte-musc. D'autres plantes et animaux émettent des odeurs ou des flagrances comparables comme la petite musquée (Adoxa) ou l'aromie musquée.

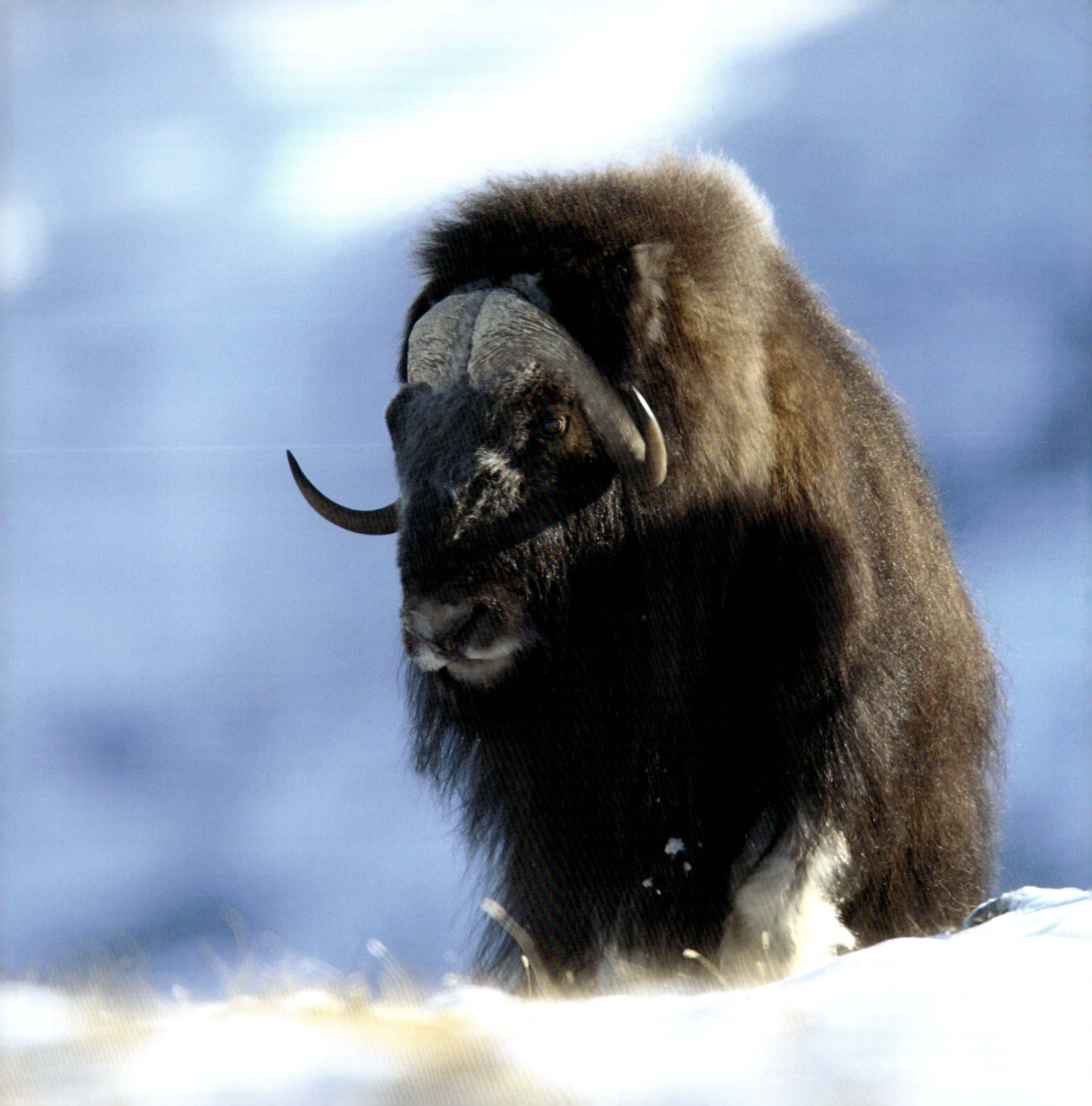

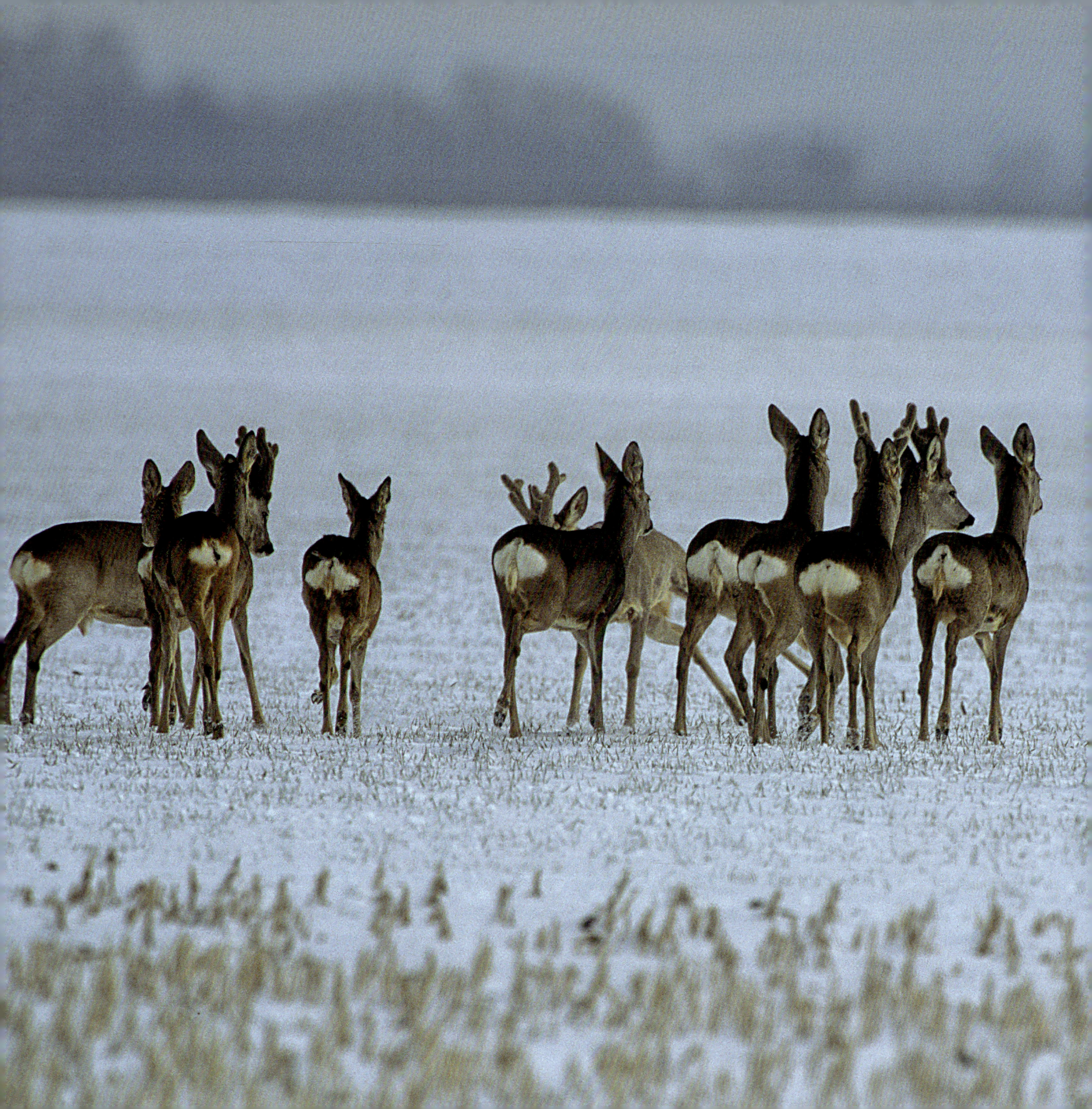

Feldrehe schließen sich vor allem im Winter oft zu großen Sprüngen zusammen. Dies erhöht ihr Sicherheitsgefühl und damit Wohlbefinden.

Especially during winter, so-called field Roe deer assemble in what are sometimes large groups. This increases their feeling of security and therefore also their well-being.

Particulèrement pendant l'hiver, les chevreuils des plaines se rassemblent en grands groupes. Cela augmente leur sentiment de sécurité et donc aussi leur bien-être.

Eine Kette Rebhühner, oder das, was von ihnen überlebte. Bei hohem Schnee werden Nahrung und Deckungsmöglichkeiten knapp ...

A partridge family, or at least what is left of it. Under a thick layer of snow, food and shelter become scarce.

Une famille de perdrix, ou du moins ce qu'il en reste. Sous une épaisse couche de neige, la nourriture et les couverts se font rares.

„Die Katze lässt das Mausen nicht", und der Fuchs genauso wenig, denn auch seinen feinen Gehören entgeht kaum einer der kleinen Nager. Mit einem Satz ergattert Reineke Mäuse zu jeder Jahreszeit. Im Frühjahr trägt er die Beute zu den Welpen im Bau.

The acute hearing of the Red fox records virtually every mouse. With an elegant bound, Reynard will catch mice at any time of the year. In springtime, the prey is carried to the cubs in their earth.

L'ouïe fine du renard lui permet d'entendre la moindre souris. D'un bond élégant, il attrapera les souris tout au long de l'année. Au printemps, les proies sont rapportées aux renardeaux dans la tanière.

In der Winterzeit schiebt der Rehbock sein neues „Gehörn" – zoologisch betrachtet ist es auch ein Geweih. Sofort nach dem Abwerfen von Mitte Oktober bis Mitte Dezember – je jünger der Bock, je später – wächst der neue Kopfschmuck. Die abgestorbene Basthaut wird im Frühjahr ab Mitte März entfernt. Auch hier „fegen" die Alten eher als das „junge Gemüse".

During winter, the Roebuck grows new antlers. This process starts immediately after the previous antlers are cast, between mid-October and December – the older bucks are first, the young ones follow afterwards. The dried velvet skin is rubbed off from mid-March onwards – here too the older bucks take the lead.

Durant l'hiver, les bois du chevreuil sont en refait. Ce processus commence immédiatement après qu'il eut jeté ses bois précédents, entre mi-octobre et décembre. Les brocards plus âgés seront les premiers, les jeunes suivront. Les velours sont déjà frayés à partir de la mi-mars – ici également, les plus âgés commencent plus tôt.

„Wache schieben" – bei geschlossener Schneedecke für Rebhühner umso wichtiger!

"On guard"! When snow covers the ground, this is even more essential for Grey partridges.

»Monter la garde« Cela est d'autant plus important pour les perdrix lorsque la neige couvre le sol.

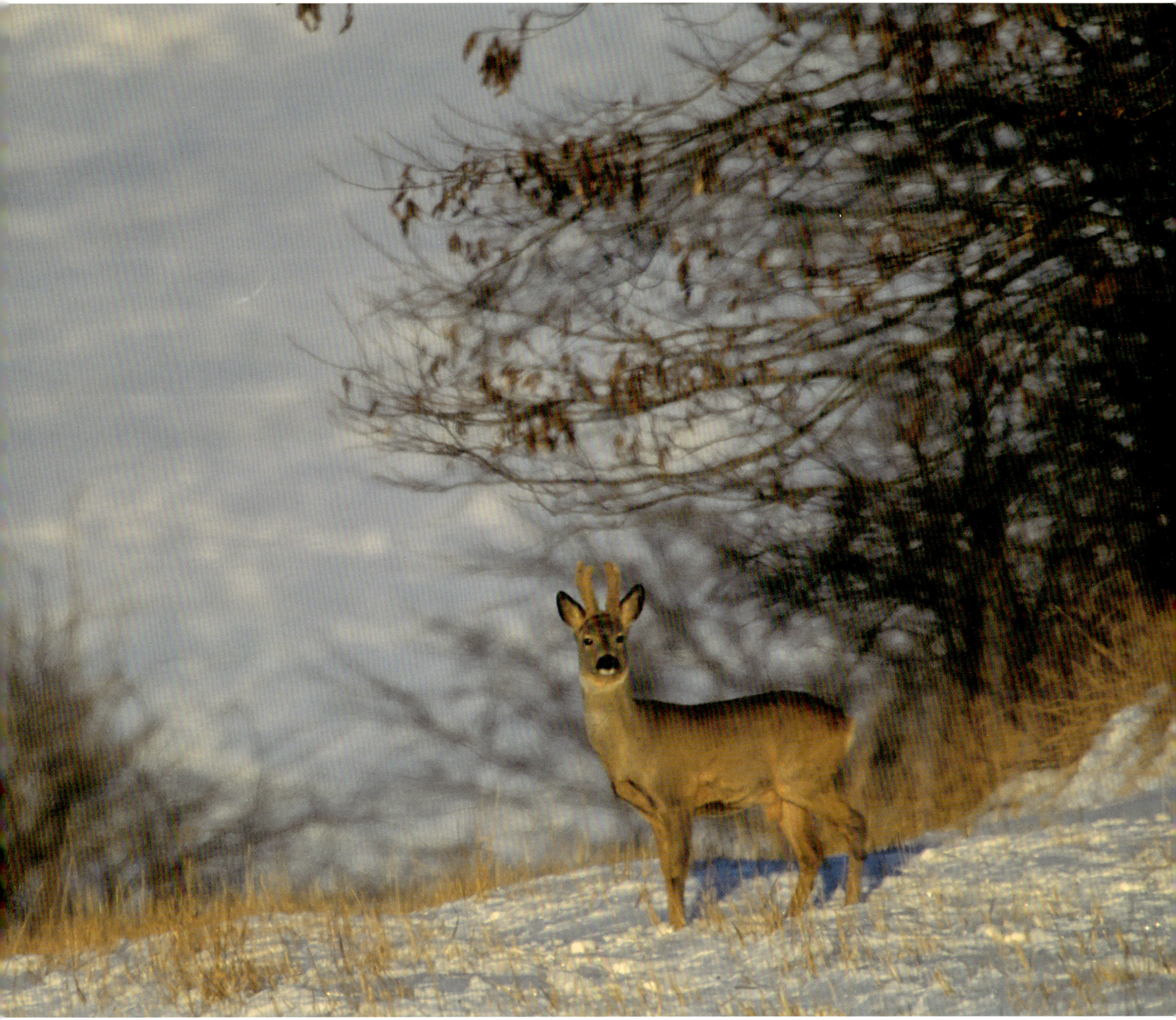

Auf der Jagd Gone hunting A la chasse

Das Bild von Jagd und Jägern in Europa mag in der heutigen Zeit oft kritisch und teils kontrovers sein – unbestritten aber war die Jagd während mehr als 95 % der Tausende von Jahren, die Homo sapiens nun auf diesem Kontinent weilt, stets essenzieller Bestandteil menschlichen Tuns. Wenn auch das Jagen einst eine existenzielle Notwendigkeit zum Nahrungserwerb war, kam ihm ohne jeden Zweifel stets auch eine wichtige soziokulturelle Rolle zu. Und auch heute noch, bei den sogenannten Naturvölkern etwa, repräsentiert die Jagd eine Mischung aus Notwendigkeit, Identität, Tradition, Kultur und persönlicher Befriedigung.

Heute ist Jagd zumeist zur Regulierung von Populationen notwendig und damit untrennbarer Bestandteil der Erhaltung der Wildtiere sowie ihrer Lebensräume. Zugleich leistet sie einen nicht unerheblichen Beitrag zur ländlichen Entwicklung. Und nicht zuletzt macht die Jagd die Gewinnung eines erstklassigen „Bio"-Lebensmittels möglich!

Darüber hinaus ist Jagd immer auch eine Beschäftigung, in der europaweit etwa sieben Millionen Männer und – immer mehr – Frauen Freude und Befriedigung finden.

Nicht-Jägern ist oft nicht leicht zu erklären, welche Art von Freude man bei dieser mit dem Töten eines Geschöpfes verbundenen Tätigkeit verspürt. Und doch ist Jagd weit mehr als bloßes Töten. Philosophen, Anthropologen, Biologen, Wildtiermanager und andere Fachleute vermögen den Mechanismus des menschlichen „Jagdinstinktes" sehr genau zu beschreiben. Sei er der Wunsch nach intensivem Erleben der Natur als Teil von ihr anstatt als bloßer Beobachter, oder die Herausforderung, das Wildtier mit seinen hoch entwickelten Sinnen und Fähigkeiten zu überlisten.

Wer verantwortungsvoll jagt, muss die persönliche Genugtuung nicht rechtfertigen, die er verspürt, wenn er sich in der Natur aufhält, vielleicht von Hunden begleitet, und versucht, ein Stück Rehwild oder ein paar Stockenten zu erlegen. Diesen Aspekt der Jagd verheimlichen zu wollen, wäre sogar falsch, zumal ihn ein überwältigender Teil der Öffentlichkeit akzeptiert – so, wie auch nur ein kleiner Teil Angler als „Killer" bezeichnet, wenn diese dem Hecht oder der Forelle nachstellen. Wir Jäger werden jedoch akzeptieren müssen, dass ein kleiner Teil der Öffentlichkeit aus moralischen oder ideologischen Gründen stets gegen die Jagd opponieren wird, auch wenn diese die Kriterien der Nutzung von Wildtieren als nachwachsende Ressourcen voll erfüllt.

Jäger haben eine besondere Verantwortung gegenüber den Wildtieren. Genau deshalb müssen wir uns ethisch tadellos verhalten, ein umfangreiches Wissen über das Wild pflegen und unsere „jagdhandwerklichen" Fähigkeiten konsequent weiterentwickeln. Diese Pflichten dürfen allerdings die Freude am Jagen nicht verdrängen. Wildtierfotografen sind im Festhalten dieser Freudenmomente im Einklang mit der Natur exzellente Könner.

While the public perception of hunting and hunters in Europe might nowadays often be critical and sometimes even controversial, it is, however, a fact that ever since Homo sapiens appeared on this continent many thousands of years ago, hunting has been an essential human activity. If hunting has been of vital importance for our forefathers there can be no doubt that it also played an important socio-cultural role. Even today, in so-called primitive societies, hunting represents a mixture of necessity, tradition, culture and personal satisfaction.

Hunting in Europe today remains mainly a necessity in order to regulate some animal populations; an incentive for conserving wild species and their habitats, contributing to rural development, and at the same time producing top quality "organic" food. It is now as it was before an activity in which some seven million men and women find profound satisfaction and happiness. It is not an easy task to describe to non-hunters what kind of pleasure one would find in an act that is likely to lead to the death of another living creature; but hunting is much more than the mere act of killing. Philosophers, anthropologists, biologists, wildlife managers and many other qualified people will be able to describe in detail the mechanisms of the human hunting "instinct"; the intense feeling of being part of nature instead of simply observing it, and the stimulating challenge of outwitting truly wild animals with highly developed senses and physical abilities. For those practising hunting, however, there is really no such need to justify the deep personal satisfaction they experience when being out in nature, alone or together with some friends, probably accompanied by their dogs, trying to bag a wild boar, a roe, some partridges or mallards.

Furthermore, it would be wrong for hunters to attempt to disguise this aspect of hunting, as the vast majority of the public will accept that pleasure and satisfaction are part of the act of hunting; just as very few will accuse anglers of being bloodthirsty killers when they are in pursuit of a pike, trout or salmon. But we will have to accept that a small proportion of society will remain opposed, on moral or ideological grounds, to hunting, angling or any other similar human activity, even if these meet the criteria of sustainable use of wild animals as a renewable natural resource.

It is precisely because hunters have a particular responsibility towards wildlife, the species generally classified as "game", that they need to demonstrate an irreproachable ethical behaviour and a profound knowledge of animal biology and character, as well as continually developing their skills of properly identifying, pursuing and eventually killing a wild animal in its natural environment. But these requirements should not prevent the hunter from enjoying hunting and everything which goes with it. And wildlife photographs are excellent reminders of these moments of happiness, in close contact with nature.

Alors que l'opinion publique sur la chasse et les chasseurs est aujourd'hui parfois négative et controversée, il ne fait pourtant aucun doute que la chasse est une activité humaine essentielle depuis l'avènement de l'homo sapiens il y a des milliers d'années. Si la chasse était une nécessité vitale pour nos ancêtres, il ne faut pas non plus oublier le rôle socioculturel qu'elle a également joué. Encore aujourd'hui, dans les sociétés dites primitives, la chasse représente un mélange de nécessité, de tradition, de culture et de satisfaction personnelle.

Chasser en Europe reste principalement une nécessité pour réguler certaines populations animales, une motivation à conserver les espèces sauvages et leurs habitats, tout en contribuant au développement rural et produire en même temps une nourriture »bio« d'excellente qualité. Le fait est qu'aujourd'hui la chasse procure une profonde satisfaction et une joie à sept millions d'hommes et de femmes. Il n'est pas facile d'expliquer à un non chasseur quel genre de plaisir l'on peut tirer d'un acte qui mène à la mort d'une autre créature vivante, mais la chasse est bien plus que le simple fait de tuer.

Des philosophes, anthropologues, biologistes, gestionnaires de faune et d'autres personnes très qualifiées seront à même de vous expliquer en détail les mécanismes d' »instinct«, la sensation intense de faire partie de la nature plutôt que de l'observer simplement, le défi stimulant de surpasser les sens très développés et la forme physique de vrais animaux sauvages. Ceux qui pratiquent la chasse, n'ont cependant pas besoin de justifier la satisfaction personnelle intense qu'ils ressentent en étant dans la nature, seuls ou accompagnés d'amis, avec parfois leurs chiens, à la recherche d'un sanglier, d'un chevreuil, de quelques perdrix ou de canards. Il serait négatif pour les chasseurs de cacher cet aspect de la chasse, la vaste majorité du public acceptera que le plaisir et la satisfaction font partie de l'acte de chasse, tout comme très peu accuseront les pêcheurs d'être des tueurs avides de sang quand ils cherchent leurs brochets, truites ou saumons. Nous devons accepter qu'une petite proportion de la société restera opposée pour des raisons idéologiques ou morales à la chasse, à la pêche ou à toute autre activité du même genre, même si celles-ci sont pratiquées dans le respect de l'utilisation durable des animaux sauvages comme étant des ressources naturelles renouvelables.

C'est précisément parce que les chasseurs ont une responsabilité particulière envers la faune, et plus particulièrement les espèces classées comme gibier, qu'ils doivent faire preuve d'un comportement éthique irréprochable et d'une connaissance approfondie de la biologie et des comportements animaux, ainsi que développer continuellement leurs capacités à identifier correctement, poursuivre et éventuellement tuer un animal sauvage dans son environnement naturel. Ces exigences ne devraient cependant pas l'empêcher d'apprécier la chasse et tout ce qui s'y rapporte. Les photographes animaliers nous offrent d'excellents moyens de ne pas oublier ces moments de joies en osmose avec la nature.

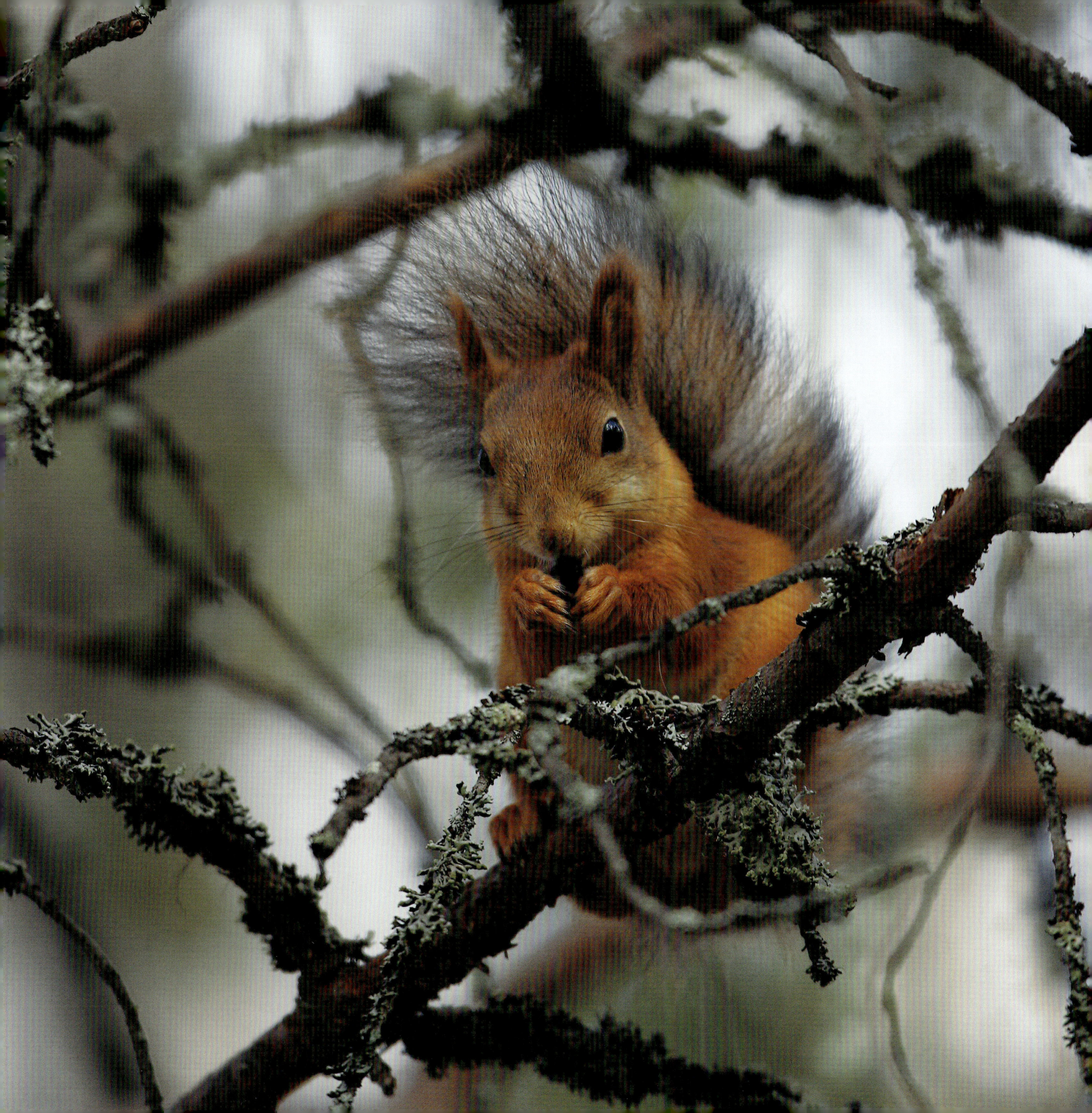

Saatkrähe *(Corvus frugileus)*

Rook

Corbeau freux

Verletzter Überläufer

A wounded Wild boar ...

Un sanglier blessé ...

Mönchs- und Gänsegeier entsorgten in „Teamwork" innerhalb zweier Stunden das kranke Stück – übrig blieben nur grobe Knochen und Schwarte. Im Verband können Geier stark geschwächte Tiere dieser Gewichtsklasse offenbar auch selbst töten!

... but it took less than two hours of "teamwork" for Black and Griffon vultures to clean up this specimen, leaving only larger bones and skin. When acting together, vultures may obviously kill weakened animals of this size!

... qui prit moins de deux heures à être »nettoyé« par une »équipe« de vautours moines et fauves qui ne laissèrent que les plus grands os et la peau. En bande, les vautours peuvent manifestement tuer des animaux affaiblis de cette taille.

Das sichere Erkennen des Wildes und handwerkliches Können – dazu zählen vor allem zuverlässige Schießfertigkeiten – sind Grundvoraussetzung bei der Jagd, Disziplin und Beherrschung nach „Hahn in Ruh" unverzichtbares Gebot!

The capacity to identify a quarry species properly and, when appropriate, to achieve a "clean kill" are minimum requirements for a good hunter. Respect for other people and animals, self-discipline and a keen interest in conservation are additional qualities.

L'aptitude à identifier correctement un gibier et, quand cela est nécessaire, la nécessité d'effectuer un »tir correct« sont des pré-requis du bon chasseur. Le respect pour les autres personnes et pour les animaux, l'autodiscipline et un grand intérêt pour la conservation de la nature sont des qualités supplémentaires.

Magyar Vizsla – Apport wie aus dem Bilderbuch

A Hungarian viszla, showing skill at retrieving

Rapport excellent du Vizsla hongrois

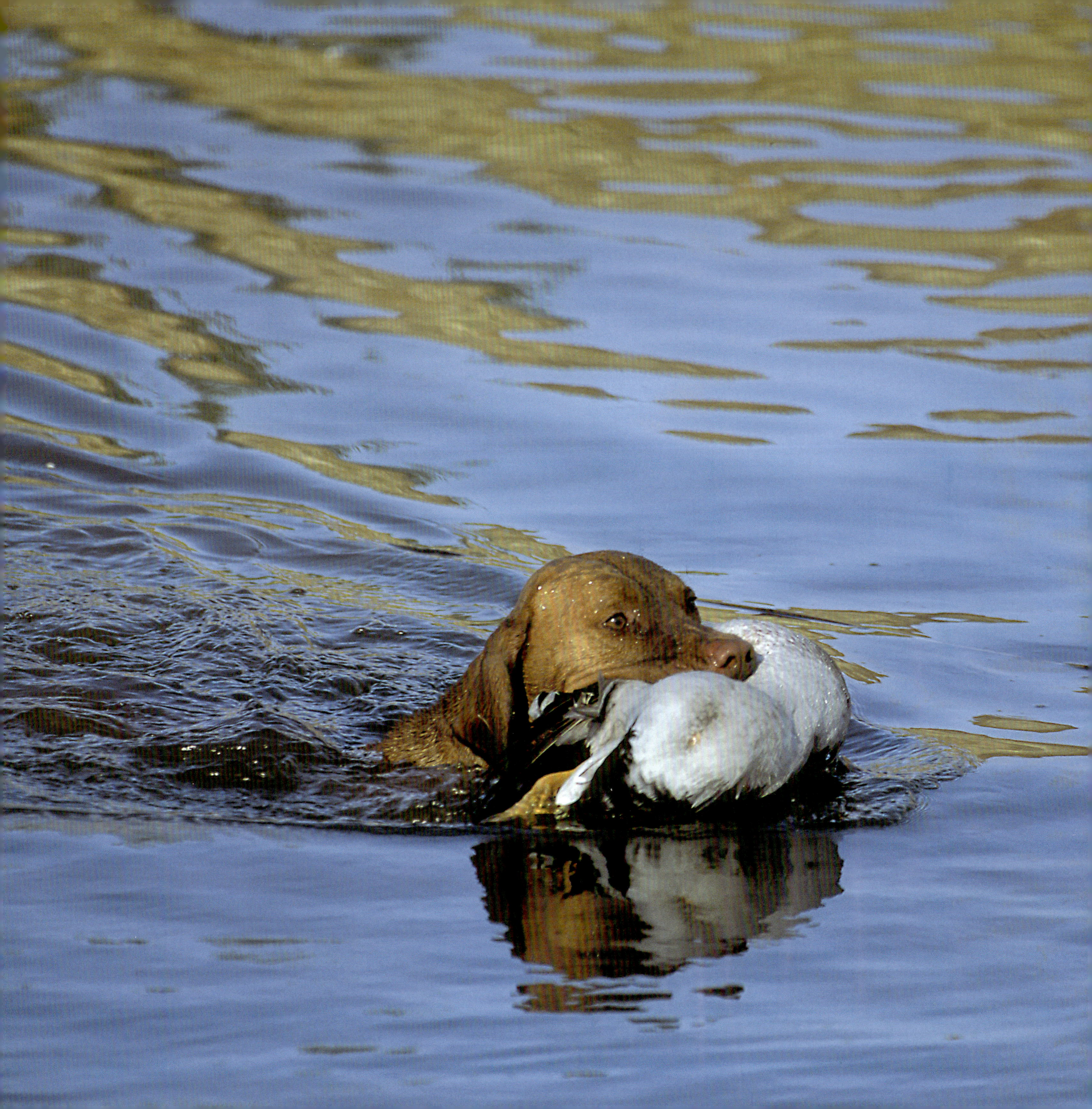

Der brave Jack Russell Terrier scheint mächtig stolz: Er hat den Bock gefunden und in Besitz genommen! Den reifen Erntebock, durch eine straußeneigroße Wucherung am Hinterlauf gehandikapt, streckte die Kugel des Jägers, den uralten Hirsch vom 17. bis 18. Kopf der Forkelstich eines Rivalen. Sein Fundort zeugte von einem qualvollen Todeskampf!

The brave Jack Russell terrier can't hide his pride: he tracked and found the Roebuck and took possession of him! A hunter killed this mature Roebuck, which was suffering from a large tumour on one of his hind legs. The very old Red stag – 17th or 18th "head" – however died as the result of being gored to death by a rival; the site where he lay was a testimony to his long agony.

Le courageux Jack Russel terrier ne peut pas cacher sa fierté: il a pisté et trouvé le brocard et en a pris le contrôle! Un chasseur a tué ce brocard mature qui souffrait d'une grande tumeur à l'une de ses pattes arrière.
Le très vieux cerf – 17ᵉ ou 18ᵉ tête – est cependant mort des suites de ses blessures causées par un rival; l'endroit où il était couché témoigne de sa longue agonie.

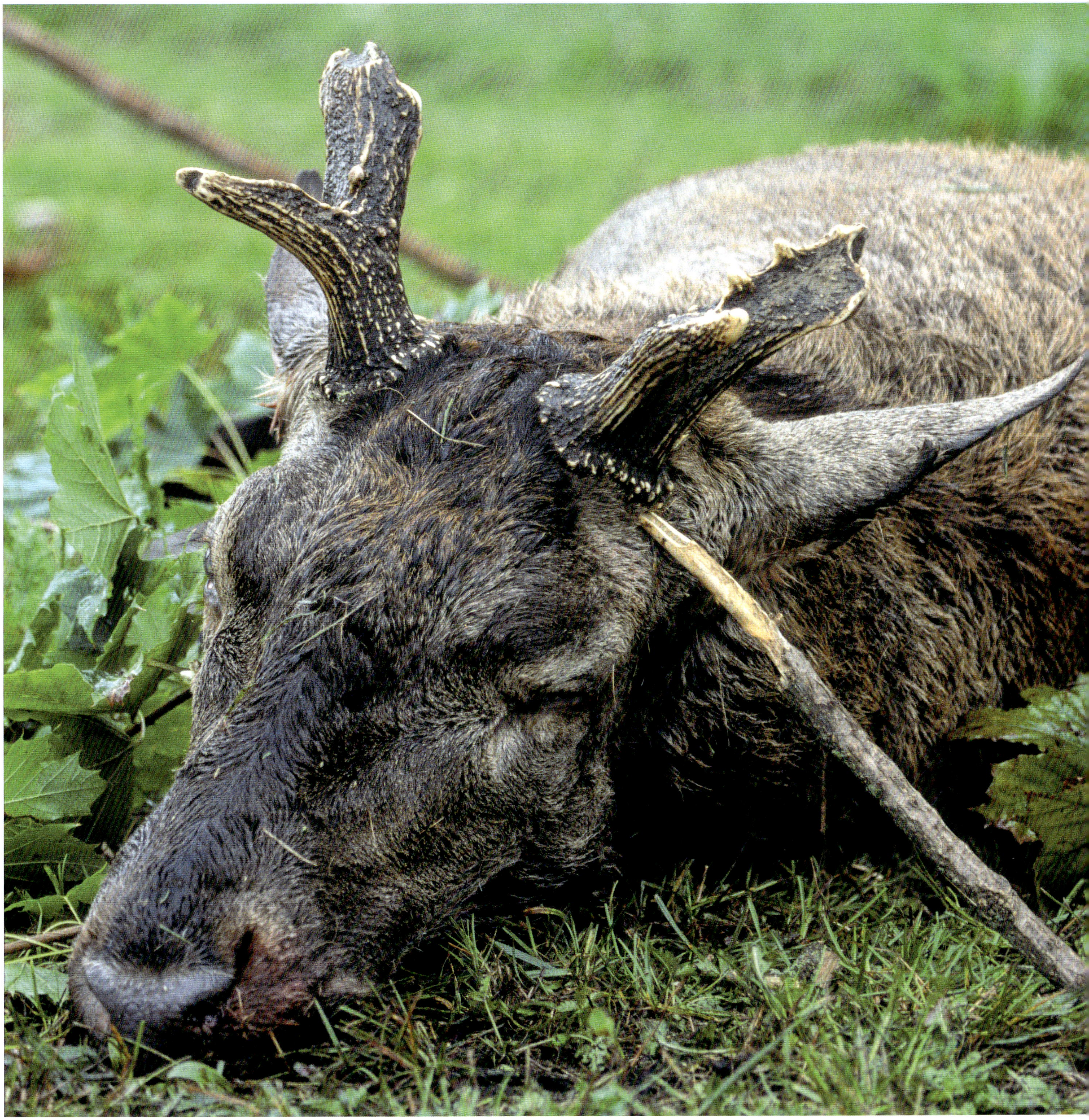

Gut organisierte Bewegungsjagden sind eine geeignete Jagdart, Wildbestände unter Konzentration der Störung und des Jagddrucks auf einen oder wenige Tage zu regulieren!

Moving or driving game, when properly organised and taking place occasionally, is an appropriate method of reducing populations with a minimum of disturbance and hunting pressure.

Lorsqu'elle est bien organisée et pratiquée occasionnellement, la battue est une méthode appropriée pour réduire les populations avec un minimum de dérangement et de pression cynégétique.

Bewegungsjagden mit Hunden –
„Wolfstage" für das Wild!

Driven hunting requires good dogs.

La battue requiert de bons chiens.

Das Rothuhn *(Alectoris rufa)* ist das Steinhuhn West- und Südwesteuropas.

The Red-legged partridge is a common and popular game-bird in South-west Europe.

La perdrix rouge est une espèce de gibier courante et populaire dans le Sud Ouest de l'Europe.

Spanische Monteria …! Hundemeuten bringen den „Stein ins Rollen", sprich das Wild „auf die Läufe" und vor die abgestellten Schützen. Sie sorgen je nach Freigabe für Strecke!

A Spanish monteria: packs of hounds move the animals and may bring them within range of the rifles.

Une Montéria espagnole: une meute de chiens fait lever les animaux et les amène à distance de tir des chasseurs.

Zuverlässig und behutsam bringt er das Huhn. So wird es sich gut in der Küche verwerten lassen …

A good retriever needs to be soft in the mouth so that the game gets to the kitchen in the best possible condition.

Un bon retriever doit être délicat pour que le gibier arrive dans la cuisine dans le meilleur état possible.

Passionierte und zuverlässige Hunde sind
auch bei der Elchjagd das A und O.

*For hunting Elk, the assistance of reliable
hounds is of great value.*

Pour chasser l'elan, l'aide de chiens fiables
et passionnés est bien nécessaire.

Die Jagd im „Hohen Norden" Europas ist traditionell eine „Fleischjagd". Einen Elch zu bergen, ist schweißtreibend, ebenso das anschließende Zerwirken. Dies alles erfordert Teamarbeit und „schweißt" die Beteiligten zusammen. Zum Schluss ein wohltuender Saunabesuch und der Ausklang am Lagerfeuer – Jagen in schönster Form!

Traditionally, hunting in Northern Europe focuses on producing "meat". To bring home and properly process an Elk requires teamwork and close cooperation. A common visit to the sauna and some drinks next to the fire afterwards are the well-deserved reward – hunting in its purest form!

La chasse traditionnelle dans le Nord de l'Europe met l'accent sur la production de viande de gibier. Ramener et préparer un élan à la maison nécessite un travail d'équipe et une coopération efficace. Une séance commune de sauna et quelques rafraîchissements autour du feu sont des récompenses bien méritées – la chasse dans sa plus pure expression!

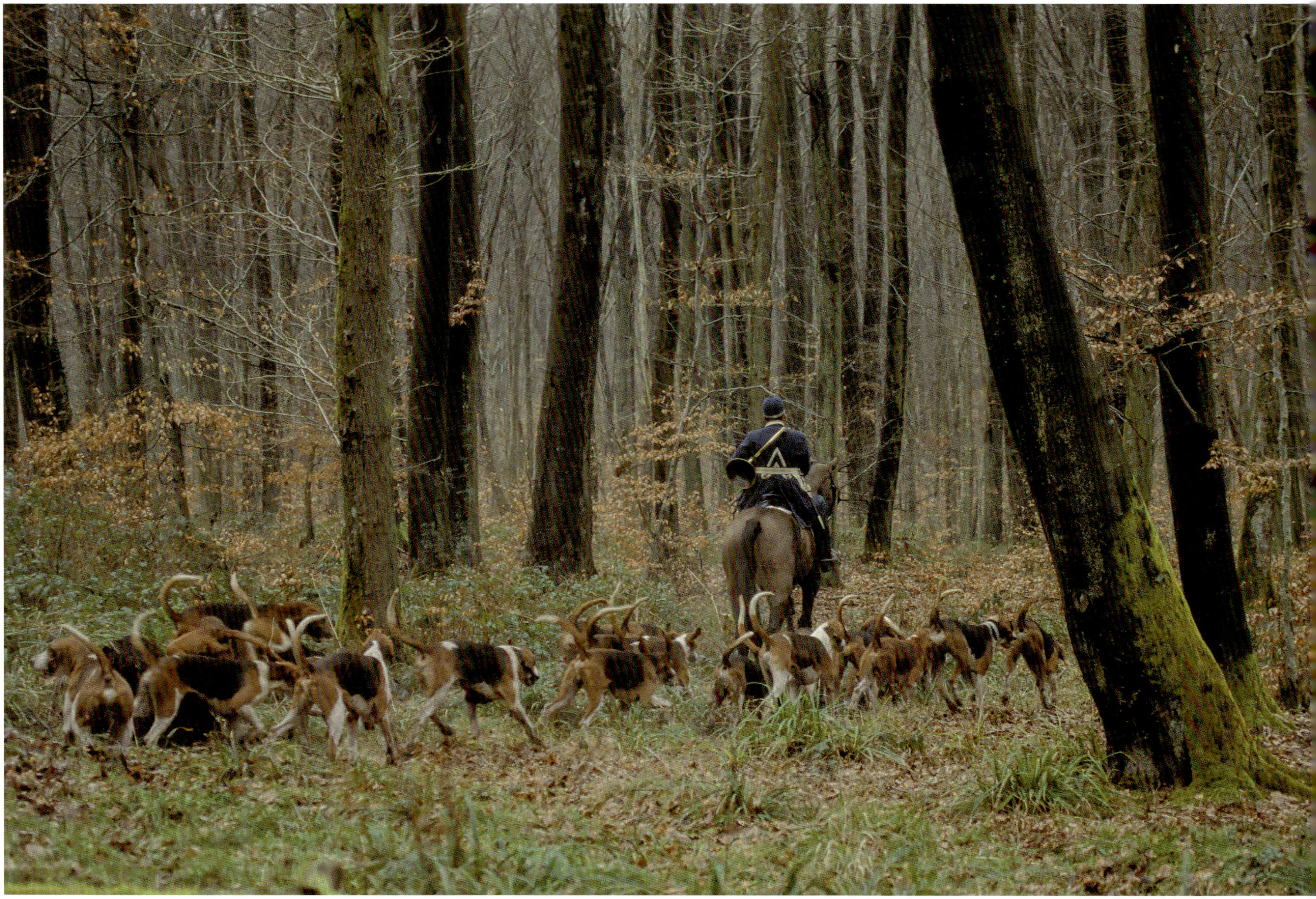

Uralte Tradition in Frankreich: Parforcejagd auf den Rothirsch

An ancient but still very contemporary tradition in France: hunting a Red deer stag with a pack of hounds

Une tradition ancienne mais très contemporaine en France: la chasse au cerf avec une meute de chiens, appelée chasse à courre ou vénerie

Weißwedelhirsche *(Odocoileus virginianus)* gelangten Anfang der 1920er-Jahre aus Nordamerika nach Finnland. Dort schätzt man sie längst als Bereicherung der Fauna und – wegen ihres delikaten Wildbrets – der Küche. Ihre schnelle Gangart mit hocherhobenem Haupt und Wedel gehört zum Überlebensinstrumentarium. Nur wenige schnelle Schritte und schon scheinen sie über den Boden zu fliegen.

In the early 1920s, Whitetail deer from North America were introduced to Finland where they are now very much appreciated as a challenging game species, producing excellent venison. They can run like hell, with head and tail high in the air; they may reach a speed of 60 kilometres an hour, outrunning any natural enemy.

Au début des années 20, le cerf de Virginie a été introduit de l'Amérique du Nord en Finlande où il est aujourd'hui apprécié par les chasseurs car il est difficile à chasser et sa venaison est excellente. Il peut courir à toute allure, la tête et la queue en l'air, atteignant une vitesse de 60 kilomètres à l'heure, semant en chemin tous ses ennemis naturels.

Der Elchhund sucht und stellt den Elch – der Führer folgt seinem Standlaut. Ein Sender am Hundehalsband hilft, den Jagdhelfer in der unendlichen Weite wiederzufinden.

The elkhound is an indispensable aid for an individual hunter going after Elk. When an Elk stands "at bay", the barking of the hound will enable the hunter to approach. The radio transmitter at the collar facilitates locating the dog in these immense Nordic forests.

La race nordique »chien d'elan« est un soutien indispensable pour le chasseur lors de la chasse individuelle à l'elan. Lorsqu'un animal se trouve »aux abois«, la voix du chien permettra au chasseur de s'approcher. Le transmetteur radio à son collier facilite la localisation du chien dans ces immenses forêts nordiques.

Die Niederwildjagd soll den jährlich unterschiedlichen Zuwachs der Wildarten nachhaltig nutzen – was der Jagdleiter vorgibt, ist Gesetz! Nicht freigegeben sind hier Fasanenhennen, Reh- und Rotwild, denn gejagt wird nur auf „Gockel", also Fasanenhähne!

Hunting small game is based on the principle of sustainable management of a wild population of which an annual surplus may be "harvested". As instructed by the leader of the shoot, this is a "cocks only" day – deer and pheasant hens are prohibited!

La chasse au petit gibier est aussi basée sur le principe de la gestion durable d'une population sauvage de laquelle on prélève le surplus annuel. Les instructions du directeur de chasse font loi : ceci est une journée dédiée uniquement au coq faisan – le chevreuil et la poule faisane ne peuvent être tirés.

"Henne!" – Auf den meisten Jagden sind Fasanenhennen tabu …

Hens are not to be shot …

Les poules ne peuvent pas être tirées …

Ein zuverlässiger Jagdhund ist für die Jagd auf Fasan, Rebhuhn und Co. unentbehrlich und ein Spiegelbild seines Führers. Wenn der Hund das Wild so vorbildlich bringt wie hier der Deutsch-Drahthaar den Fasan ... ja, da schlägt das Jägerherz höher!

A reliable dog, working in harmony with its master, is simply indispensable when hunting game-birds and other small game. A German wirehaired pointer, properly retrieving a pheasant: what more can a hunter wish?

Un chien obéissant qui travaille en harmonie avec son maître est absolument indispensable pour chasser les oiseaux et autres petits gibiers. Un drahthaar qui rapporte délicatement un faisan – un chasseur ne souhaite rien de plus!

373

Ohne herbst- und winterliche Gemeinschaftsjagden klappt die Reduzierung überhöhter Wildbestände meist nicht mehr – und schon gar nicht beim fortpflanzungsfreudigen Schwarzwild. So zu jagen ist effektiv und beschränkt die Störung für das Wild auf wenige Tage. Gerade bei Frost und Schnee ist absolute Sicherheit höchste Pflicht!

To efficiently regulate high game populations – and this certainly applies now to wild boar – driven hunting in autumn and winter is simply a necessity. An additional advantage is that this allows for less hunting days, reducing in this way disturbance and stress for the game. Proper safety precautions are however essential, in particular under icy and snowy conditions.

Pour réguler de manière efficace une population élevée de gibier – le sanglier – la battue en automne et en hiver est un must. Un avantage supplémentaire de cette méthode est qu'elle va limiter le nombre de jours de chasse et réduire ainsi le dérangement du gibier. Des mesures de sécurité appropriées sont cependant essentielles, en particulier lors de gelées et de chutes de neige.

Vorsicht! So mancher überscharfe Hund, übermotivierte Treiber oder Jäger haben die Wehrhaftigkeit von Sauen schon zu spüren bekommen!

Take care! It would not be the first time that a Wild boar decides to go for an over-enthusiastic dog, a careless beater or an imprudent hunter!

Attention! Ce ne serait pas la première fois qu'un sanglier s'attaque à un chien trop passionné, un rabatteur négligeant ou un chasseur imprudent.

Bei den Sauen gilt es vor allem die Jugendklasse zu bejagen, um ausgewogene Alterstrukturen zu sichern. Die beiden Überläufer passen also!

A balanced population requires the hunting harvest to focus on younger specimens. Both these young boar would therefore fit the bill.

L'équilibre d'une population nécessite une concentration du prélèvement de chasse sur la classe des jeunes. Ces deux jeunes sangliers feraient parfaitement l'affaire.

Signalfarben sind ein lebensrettendes Muss!

Blazing orange apparel may be vital – literally!

Porter un équipement de sécurité orange est vital!

Perfekte Organisation, ortskundige Treiber, gute und erfahrene Hunde sowie gekonntes Abstellen der Schützen sind die Schlüssel einer erfolgreichen Gemeinschaftsjagd! Erfahren und diszipliniert müssen die Schützen sein – ein Schuss in dieses borstige Knäuel wäre unverantwortlich!

A perfect organisation, experienced beaters, enthusiastic dogs and well-positioned hunters, able to control their nerves, are all contributing to the success of a day's driven hunting. Firing a shot towards this compact group of boar crossing the trail would, however, be irresponsible.

Une organisation parfaite, des rabatteurs expérimentés, des chiens passionnés et des chasseurs bien positionnés et capables de contrôler leurs nerfs … voilà les ingrédients d'une battue réussie. Tirer vers cette bande de sangliers qui traversent le chemin serait cependant irresponsable.

Ältere, „mit allen Wassern gewaschene" Sauen stürmen nicht einfach drauflos, sondern suchen die Schwachstelle in der Schützenkette und retten so nicht selten ihre Schwarte ...

As they get older, Wild boar learn that it is often better not to simply rush and dash but rather to search for the weaker spot in the line of hunters and to sneak away unharmed ...

En vieillissant, les sangliers ont appris qu'il est souvent préférable de ne pas se lancer aveuglément mais de chercher plutôt les failles dans la ligne des chasseurs et de se faufiler discrètement ...

Besonderes Gespür beweisen sehr oft wirklich grobe Sauen: Nicht selten suchen sie erst nach Ende des Treibens unbemerkt das Weite ...

Truly large boar are extremely smart; most of the time they will try to wait until the drive is over before escaping.

Les très gros sangliers sont extrêmement futés; la plupart du temps, ils vont attendre la fin de la battue avant de s'échapper.

Die Rotte ist gesprengt – nun sorgen einzeln oder zu zweit und dritt anwechselnde Sauen für spannende Momente im Winterwald! Ideal, wenn sie so gut anzusprechen sind ...

The large family group has disintegrated – Wild boar now come alone or in small gangs of two or three, easier for the hunter to identify and to achieve a clean kill – on the condition that he manages to retain his calm ...

La grande cellule familiale a »explosé« – les sangliers arrivent maintenant seuls ou en petites bandes de deux ou trois. Il est ainsi plus facile pour le chasseur d'identifier et d'effectuer un tir correct – à condition qu'il garde son calme.

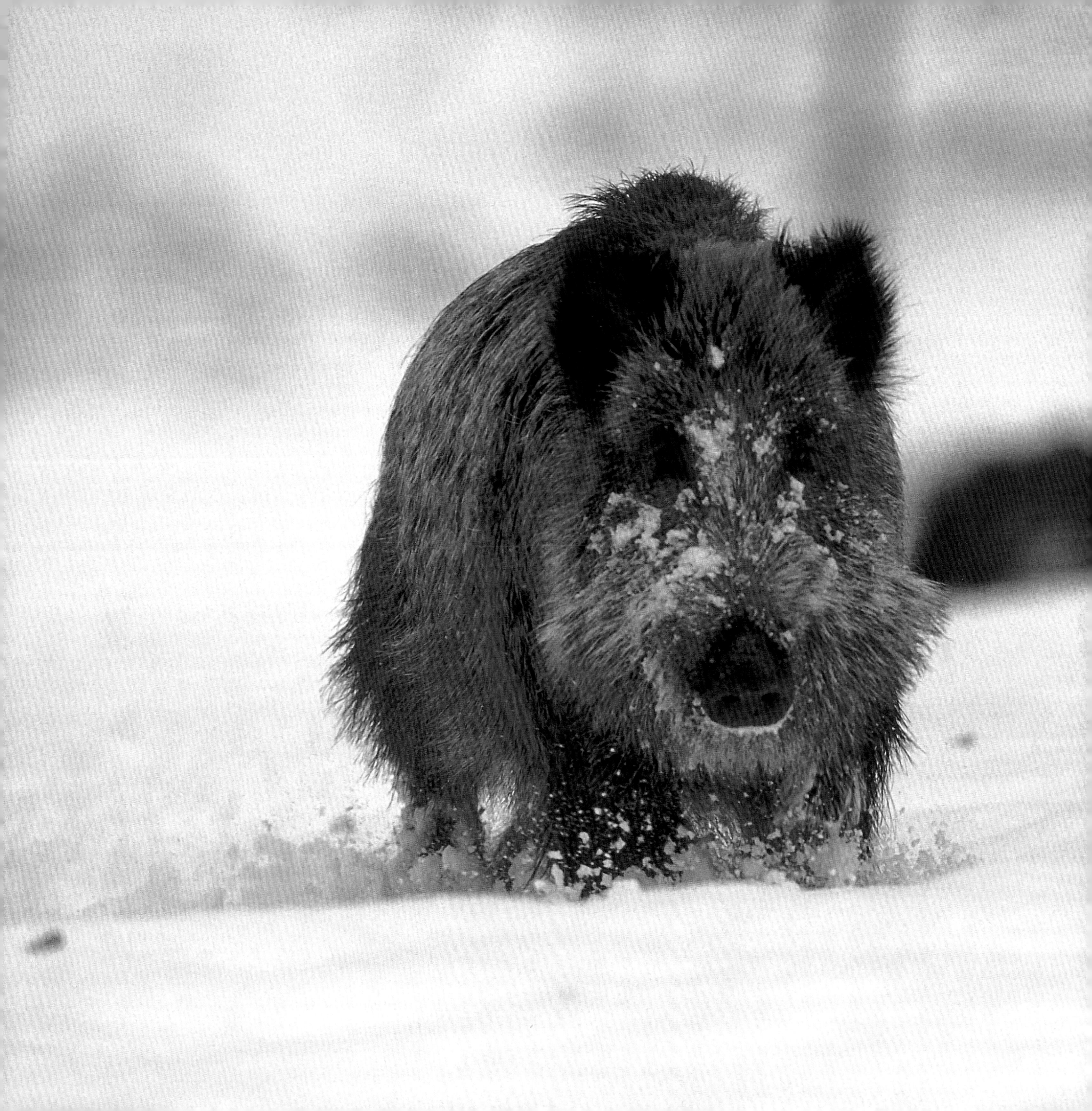

„Insignien" des Moschusbullen sind seine mächtigen, weit ausladenden Hörner. Mit zunehmendem Alter wachsen sie zusammen und bilden gleichsam einen „Helm" und ein mehr als 20 Zentimeter starkes Schild. Die ehemals spitzen, rund 60 Zentimeter langen Hörner werden mit zunehmendem Alter stumpfer. In den Kämpfen der Bullen krachen ihre gepanzerten Schädel so sehr heftig aufeinander, dass es über Hunderte von Metern hinweg zu hören ist! Ende der 1960er-Jahre hielt man die eisfreie Region um Sondre Stromfjord auf Grönland für ideal und siedelte Moschusochsen von der Ostküste dort an. Die Population stieg schnell an, natürliche Feinde waren Mangelware. So blieb nur abzuwarten, ob der Bestand irgendwann zusammenbräche oder regulierend einzugreifen. Grönlands Regierung war vernünftiger und wählte letzteren Weg.

The impressive horns, up to 60 centimetres wide, of the Musk oxen get heavier and thicker with age, growing together to form a kind of "helmet": a 20-centimetre thick shield. Bulls will fight, particularly during the rut, by banging their horns against each other, producing a noise which may be heard hundreds of metres away. The older they get, the blunter their horns become.
At the end of the 1960s, Musk oxen were trans-located from the Eastern coast of Greenland towards the ice-free region near Sondre Stromfjord. Numbers increased fast in this ideal habitat, also because of the absence of natural predators. Rather than leaving the population to grow unrestricted until it collapsed, the Greenland authorities took the wiser decision to allow well-regulated hunting.

Les cornes impressionnantes – jusqu'à 60 centimètres – du bœuf musqué s'alourdissent et grossissent avec l'âge pour former en quelque sorte un casque ou un bouclier d'une vingtaine de centimètres d'épaisseur. Les mâles se battent, particulièrement pendant le rut, en se cognant les cornes les unes contre les autres, ce qu' on peut entendre à des centaines de mètres à la ronde. Plus ils vieillissent, plus le bout de leurs cornes est émoussé.
A la fin des années soixante, des spécimens ont été transférés de la côte Est du Groenland vers la région sans glace de Sondre Stromfjord. La population a augmenté rapidement dans cet habitat idéal et grâce à l'absence de prédateurs naturels. Au lieu de laisser les effectifs s'accroître de manière non contrôlée jusqu'à ce que la situation se détériore les autorités groenlandaises ont pris l'intelligente décision d'autoriser une chasse bien régulée.

Das Wildbret alter Moschusbullen ist von geringem Wert. Vielleicht werden deshalb Jagdlizenzen nur in vergleichsweise geringer Zahl vergeben.

The meat from an old Musk ox bull is not particularly tasty. Is that the reason why the number of annual licences is relatively small?

La viande d'un vieux bœuf musqué n'est pas particulièrement savoureuse. C'est peut-être la raison pour laquelle le nombre des licences accordées est relativement faible.

Jagd mit Hundeschlitten am Polarkreis – trotz minus 30 Grad ein einzigartiges und unvergessliches Erlebnis! Ein Jagdgebiet „ohne Grenzen", zumindest fast bei 6600 Quadratkilometern ... Fischfang und Jagd sind bis heute die Haupterwerbsquellen der Inuit auf Grönland, Jagdgäste zu führen, eine willkommene Zusatzeinnahme!

Hunting from a dog-sledge near the Arctic Circle – despite a temperature of minus 30 °C, a unique and unforgettable experience! The hunting area is huge: some 6,600 square kilometres ... The main income for Inuit in Greenland derives from hunting and fishing; guiding foreign hunting guests therefore constitutes a welcome bonus.

Chasser depuis un traineau tiré par des chiens près du cercle polaire – malgré une température de moins 30, c'est une expérience unique et inoubliable. Le territoire de chasse est immense: quelque 6600 kilomètres carrés ... La principale source de revenus pour les Inuits du Groenland provient de la chasse et de la pêche; guider des invités étrangers pour chasser constitue pour eux un bonus bienvenu.

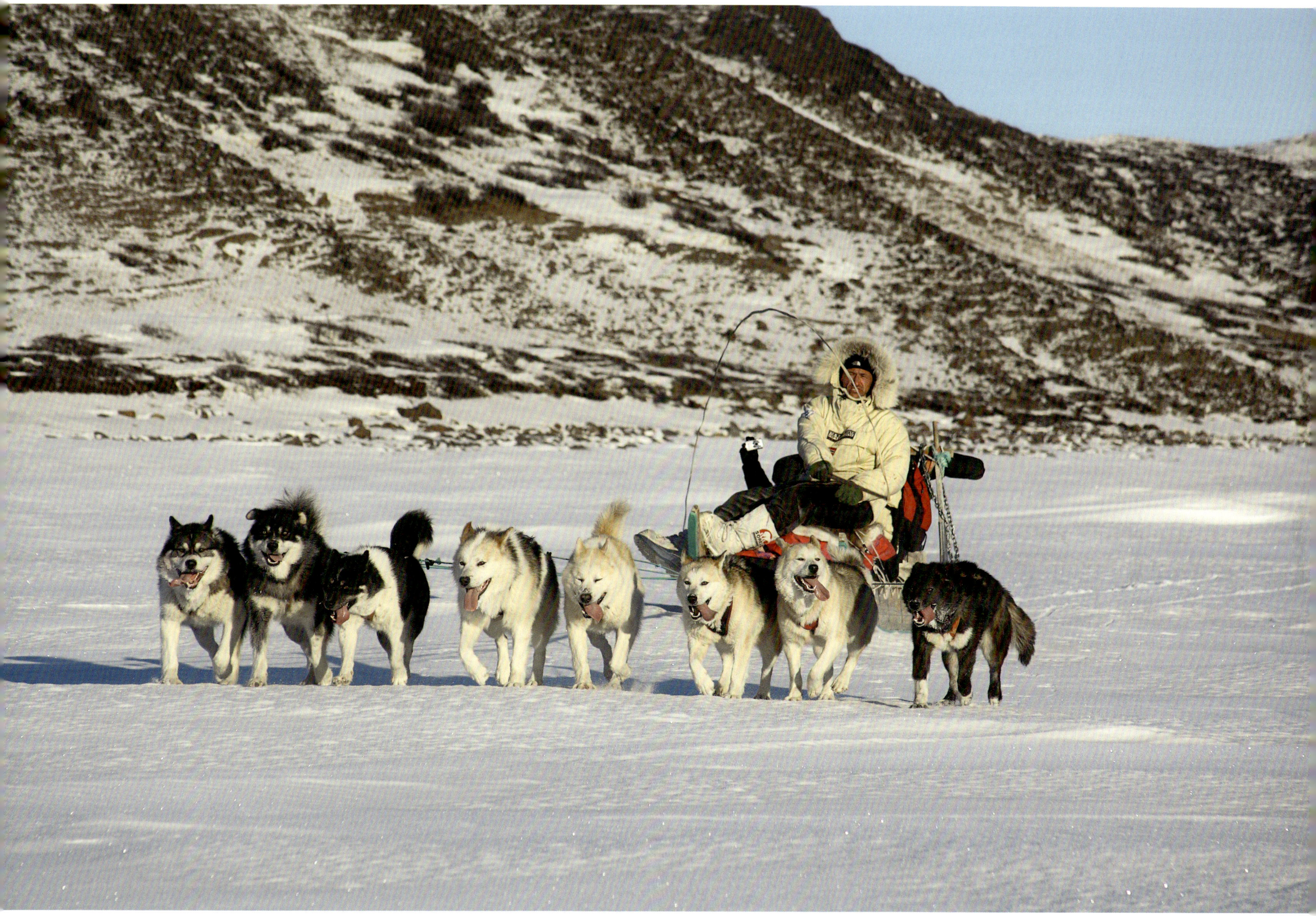

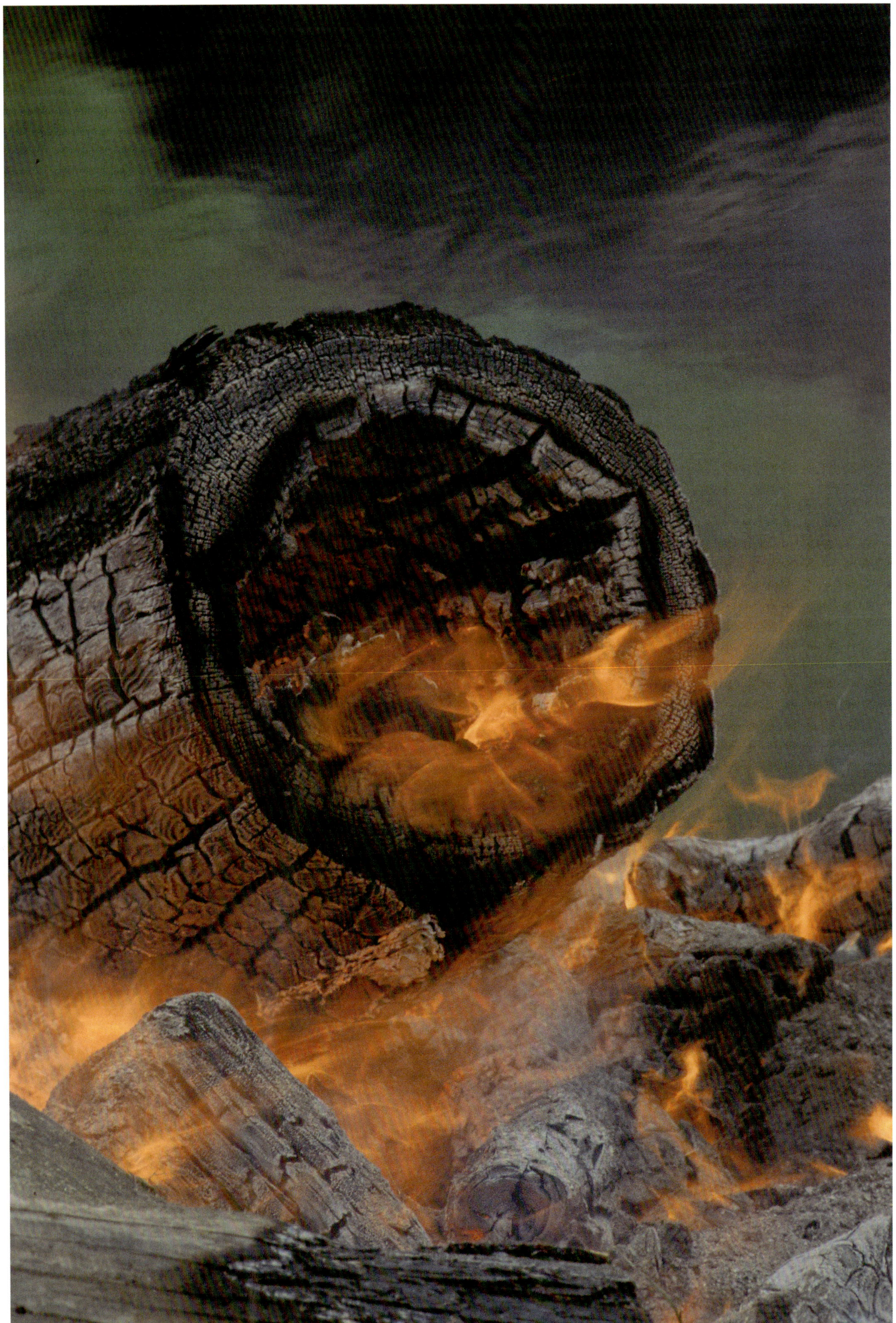

Geselliges Schüsseltreiben am winterlichen Lagerfeuer – Streckelegen, Erlebnisse austauschen und Zeit haben für freundschaftliche Kontakte ...

A good day's hunting has ended – all participants meet around the fire, giving their account of what happened, exchanging experiences and sharing friendship ...

Une bonne journée de chasse se termine: tous les participants se rassemblent autour du feu pour rapporter leurs aventures, échanger leurs expériences et partager une belle amitié.

„Jäger und Gejagter" – Schnelligkeit entscheidet
über Leben und Überleben in der freien Wildbahn!
Diese „freie" Wildbahn wird jedoch immer enger
und unfreier für die Wildtiere. Der „natürlichen
Auslese" bleibt zunehmend weniger Spielraum –
nur selten noch kann sich der Kreis schließen.

To hunt or to be hunted? Surviving in nature is often a
question of speed. However, day-by-day nature becomes
a bit less wild and wildlife a bit less free. The natural
selection or the survival of the fittest is nowadays more
often the exception than the norm.

Chasser ou être chassé? Survivre dans la nature est
souvent une question de rapidité. La nature devient
pourtant chaque jour un peu moins sauvage et la
faune un peu moins libre. La sélection naturelle et la
survie du plus fort sont aujourd'hui plus souvent
l'exception que la règle.

Sauen sind das beste Beispiel: Ohne eine gezielte Regulierung der Wildbestände geht es einfach nicht mehr!

Wild boar are a good example: without a rational regulation of their numbers everything seems to go wrong ...

Le sanglier est un très bon exemple: sans régulation rationnelle de leur population, tout semble aller de travers ...

Herbstliche Kleinode: Schilfkolben und Spinnennetz

Autumn poetry: reed-mace and cobweb

Poésie automnale: roseau et toile d'araignée

Blässhuhn (*Fulica atra*).

Coot

Foulque macroule

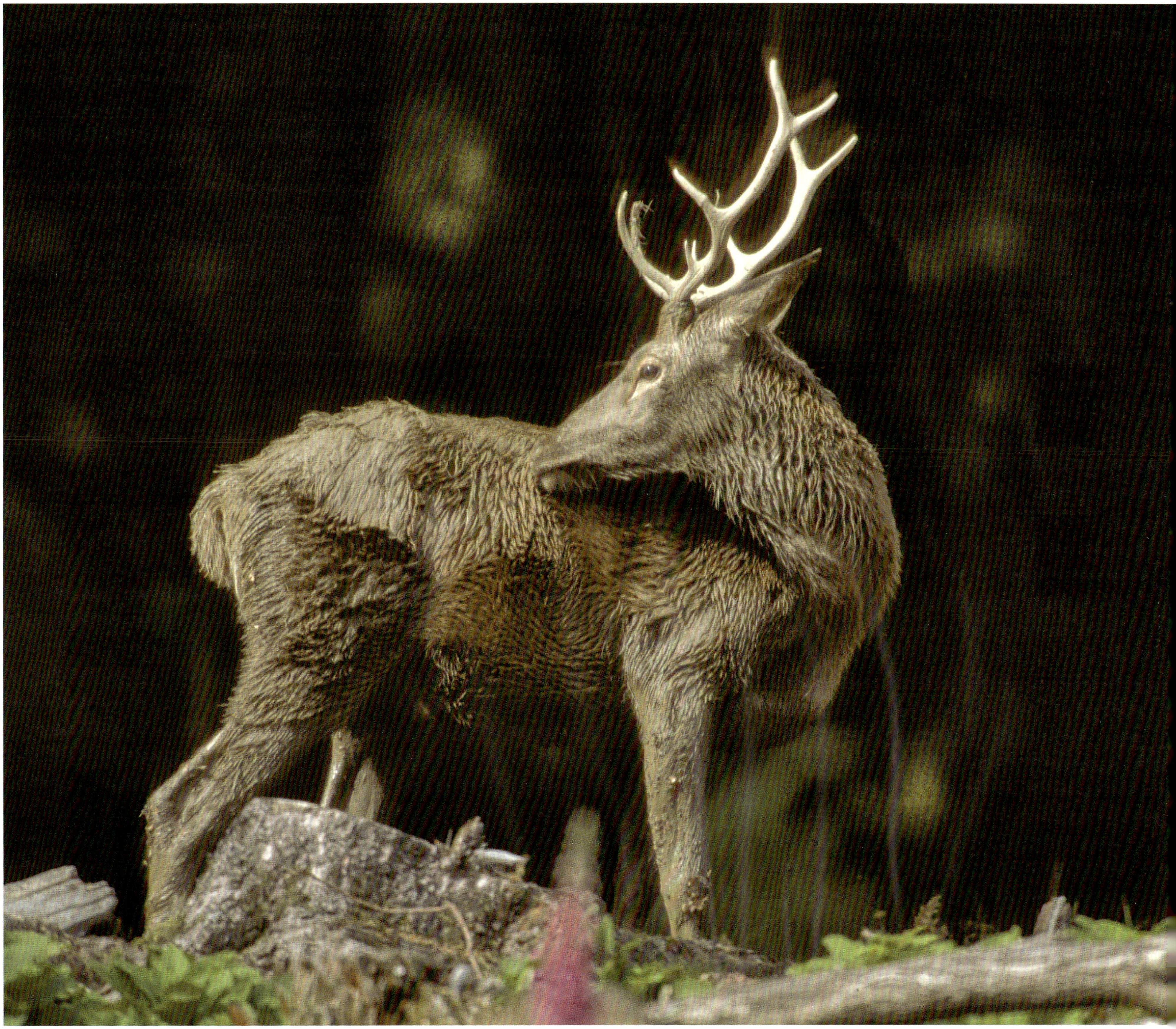

Mondbeschienen: Mehr und mehr wird unser Wild zu „Nachtschwärmern" – fehlende Ruhe und schrumpfende Lebensräume zwingen es dazu. Rotwild braucht zahlreiche Äsungsphasen während eines Tages, muss wiederkäuen und ruhen können. Wo ihm störungsarme Lebensräume das erlauben, ist es überwiegend tagaktiv – und schädigt den Wald nicht!

A moonlight serenade. Increasingly our wildlife becomes nocturnal – because of human disturbance and degradation or loss of suitable habitats. Red deer need to feed several times throughout the day, and also to ruminate and to rest. Where all this is possible without too much disturbance, the species is mainly diurnal – and causes much less damage to forestry.

Sérénade au clair de lune. Notre faune sauvage devient nocturne – à cause du dérangement humain et de la dégradation et de la perte progressive de son espace vital. Le cerf a besoin de se nourrir plusieurs fois par jour, mais aussi de ruminer et de se reposer. Là où cela est possible sans trop de dérangements, l'espèce est encore diurne – et provoque beaucoup moins de dégâts à la forêt.

Verschwimmende Grenzen – paradiesische Wahrheit oder nur ein Traum? Erleben, genießen ... und im Herzen bewahren!

Dream or reality? The distinction is not always so clear-cut. Moments to experience, to enjoy and ... to remember.

Rêve ou réalité? La distinction n'est pas toujours très claire. Ce sont des moments à vivre, à savourer et ... à ne jamais oublier.

„Jagd mit der Kamera" heißt Jagen unter doppelt schweren Bedingungen. Ohne Zugang zu interessanten Gebieten und Revieren geht sie nie: Deshalb danke ich an dieser Stelle ganz innig jenen, die mir ihr Vertrauen geschenkt und meiner Kamera liebenswert ihre Türe geöffnet haben. Die Jagd hat mir viel geschenkt und ich möchte gerne etwas zurückgeben. Dieser Bildband – „Passion für Jagd und Wildtiere in Europa" – gibt mir das Gefühl, es getan zu haben ...

"Hunting with a camera" is like hunting but under conditions twice as difficult. As I cannot practise it without having access to magnificent areas and hunting estates, I would like to thank all those people who gave me their trust and "opened their doors" to my camera and me. Hunting and wildlife have always been good to me and that is why I wanted to do something in return. This book – Passion for Hunting and Wildlife in Europe – gives me the feeling that I have succeeded ...

»Chasser avec un appareil photo«, c'est comme chasser dans des conditions deux fois plus difficiles. Comme je ne peux pas pratiquer ma passion sans avoir accès à des endroits et des territoires de chasse magnifiques, je voudrais remercier toutes les personnes qui m'ont fait confiance et qui m'ont »ouvert leurs portes«. La chasse m'a beaucoup donné. C'est la raison pour laquelle je voulais faire quelque chose en revanche. Ce livre – »Passion pour la chasse et la faune sauvage en Europe« – me donne l'impression que j'y suis parvenu ...

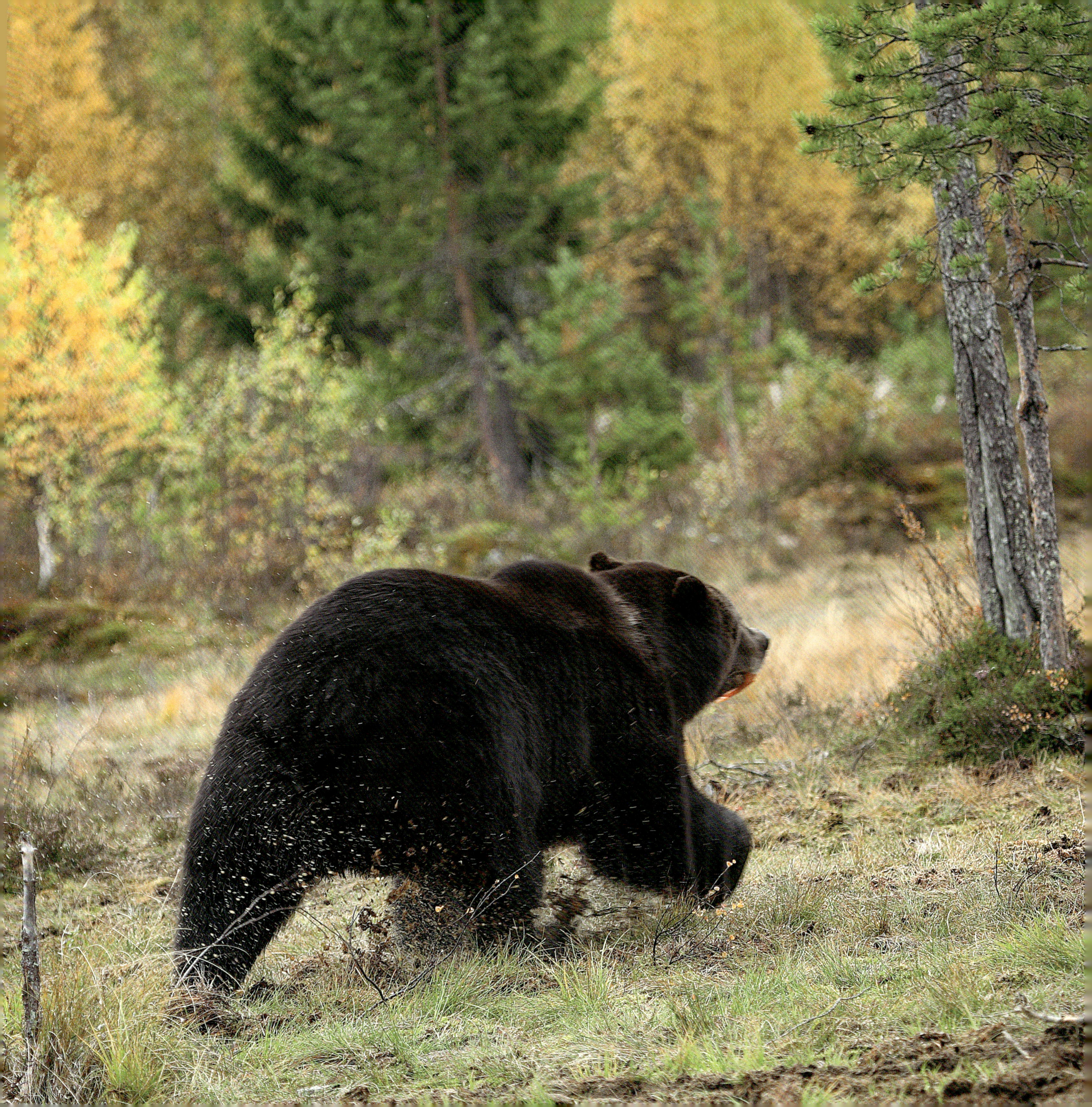

Eugène Reiter

Jäger mit Gewehr und Kamera

Eugène Reiter, geboren 1940 in Consthum, Luxemburg, „lebt" für die Jagd. Seit mehr als vier Jahrzehnten ist er Jäger und über 40 Jahre Revierinhaber in der luxemburgischen Heimat. Zahlreiche Reisen führten ihn in die faszinierendsten Wildtierlebensräumen der Erde. Er waidwerkte auf interessantes Wild und erlebte die Jagd in all ihren Facetten. Das „persönliche Waidmannsheil" war ihm jedoch nicht genug und so übernahm er weitergehende Verantwortung für die Jagd: Seit mehr als 20 Jahren gehört Eugène Reiter dem Präsidium des luxemburgischen Jagdverbandes an, seit mehr als einem Jahrzehnt engagiert er sich als dessen Delegierter im Internationalen Zusammenschluss der Verbände für Jagd und Wildtiererhaltung in der EU (FACE) sowie im Internationalen Jagdrat zur Erhaltung des Wildes (CIC). Darüber hinaus ist er Chefredakteur des Jagdmagazins der luxemburgischen Jägerschaft. Die persönliche Entwicklung des Jägers Eugène Reiter steht verblüffend beispielhaft für die vielen Gesichter und das eigentliche Wesen der Jagd selbst. So, wie sich das Waidwerk in Europa im Laufe vieler Jahrtausende weiterentwickelte – von der reinen Nahrungsjagd über ein höfisches Vergnügen bis zum heutigen Engagement für den Erhalt unserer Wildtiere und der Biodiversität in den Zivilisationslandschaften Europas – so veränderten sich auch die Schwerpunkte in Eugène Reiters jagdlichem Tun. Vor gut zehn Jahren setzte sich der erfolgreiche Unternehmer zur Ruhe und vertauschte das Gewehr endgültig gegen die Fotokamera, um ebenso „kosmopolitisch" wie zuvor nun dieser Leidenschaft nachzugehen. Zahllose „Foto-Jagdreisen" führten ihn erneut in alle Ecken Europas und viele Teile der Welt. Dabei treibt der zentrale, jahrtausendealte Kern der Jagd auch Eugène Reiter bis heute an: Das „Aufspüren und Erlegen des Wildes", wie er es selbst besser ausdrückt, als jeder andere es könnte – ob mit dem Gewehr oder mit der Fotokamera. Folgerichtig setzt sich auch der „Jäger mit der Kamera" bis heute für die Jagd in der FACE und im CIC ein.
Mit dem vorliegenden Bildband möchte Eugène Reiter nach eigenem Bekunden „der Jagd danken und ihr etwas zurückgeben". Urteilen Sie selbst, ob ihm das besser hätte gelingen können ...

Dr. Michl Ebner
MdEP 1994–2009, Präsident der EU-Intergruppe „Nachhaltige Jagd, Biodiversität & Ländliche Aktivitäten" 1999–2009

Eugene Reiter

A Hunter with Gun and Camera

*E*ugene Reiter, born 1940 in Consthum, Luxembourg, has devoted his entire life to hunting and wildlife. For over 40 years, he has been a keen hunter and throughout this whole period he has managed a hunting area in his home country. A lot of his travels have brought him to the most fascinating hunting grounds and wildlife areas around the globe. In his pursuit of highly interesting game species, Eugene Reiter has experienced hunting under many forms and aspects. However, this "personal hunting experience" was not sufficient in so far that he accepted additional responsibilities within the hunters' community that he belonged. For more than 20 years, he has been a member of the Board of the national Luxembourg hunters' organisation, and for over a decade he has represented his country in the European Hunters' Federation, FACE, as well as in the International Council for Wildlife, CIC. In addition to that, he is the Editor of the hunters' magazine for the Luxembourg organisation.

The personal development of the hunter, Eugene Reiter, is in fact very similar to the many aspects of hunting and to its deeper essence. In the same way as hunting in Europe underwent an evolution over many millenniums – from a basic effort to hunt for food, over aristocratic hunting privileges, to become finally a sincere commitment to conservation of wildlife and of biodiversity in Europe's man-made landscapes – the priorities in Eugene Reiter's attitude towards hunting have changed. About ten years ago, this successful businessman retired from his professional career and decided to exchange his guns for a camera. And as before, he started to practice his passion in the most "cosmopolitan" way, undertaking photo-safaris throughout Europe and in many other parts of the world.

Today, it is this same motivation, the essential drive of hunting for the past thousands of years, which guides Eugene Reiter's activities: the chasing and the taking of wild animals, be it with a gun or a camera. It is, therefore, no contradiction whatsoever that he continues his active involvement with FACE and CIC.

With this photo-book, Eugene Reiter admits that he wants to "thank hunting and give something in return". Up to you to judge if he has been successful in that attempt.

Dr. Michl Ebner
Member of the European Parliament 1994–2009,
President of the EP Intergroup "Sustainable hunting, Biodiversity & Countryside" 1999–2009

Eugène Reiter

Un chasseur avec son fusil et son appareil photo

*E*ugène Reiter, né en 1940 à Consthum au Luxembourg, a dévoué sa vie entière à la chasse et à la faune sauvage. Depuis plus de 40 ans, il est un chasseur passionné et gère un domaine de chasse dans son pays natal. De nombreux voyages l'ont amené dans les réserves de chasse et les parcs naturels les plus fascinants du monde. Dans sa recherche des gibiers les plus intéressants, Eugène Reiter a découvert la chasse dans toutes ses formes et aspects. Cette »expérience personnelle de la chasse« n'était cependant pas suffisante pour lui, c'est pour cette raison qu'il a accepté d'assumer des responsabilités supplémentaires dans la communauté des chasseurs: depuis plus de 20 ans, il est membre du bureau de l'organisation nationale des chasseurs luxembourgeois et depuis une dizaine d'années, il représente son pays auprès de la Fédération des Associations de Chasse et Conservation de la Faune Sauvage de l'UE FACE ainsi qu'auprès du Conseil International de la Chasse et de la Conservation du Gibier CIC. De plus, il est l'éditeur de la revue de chasse publiée par l'organisation luxembourgeoise.

Le développement personnel d'Eugène Reiter en tant que chasseur est en fait très semblable aux différents aspects de la chasse et de son essence profonde. De la même manière que la chasse en Europe a évolué durant de nombreux millénaires – évoluant d'une chasse très physique destinée à se nourrir, au privilège aristocratique de chasser, pour terminer finalement dans un engagement sincère pour la conservation de la faune sauvage et de la biodiversité des paysages façonnés par l'homme en Europe – face à la chasse, les priorités dans le comportement d'Eugène Reiter ont évolué. Il y a une dizaine d'années, cet homme d'affaires brillant s'est retiré de sa carrière professionnelle. Concernant la chasse, il a décidé d'échanger son fusil pour un appareil photographique. Comme si de rien n'était, il a repris sa passion en réalisant de manière toujours aussi »cosmopolitaine« des safaris photographiques à travers l'Europe et dans de nombreuses parties du monde.

Jusqu'à ce jour, la motivation qui conduit Eugène Reiter dans ses activités n'a pas changé d'un poil: la chasse et la prise d'animaux sauvages, que ce soit avec son fusil ou son appareil photographique. C'est pourquoi il n'y a pas la moindre contradiction à le voir toujours siéger activement au sein de la FACE et du CIC.

Par cet album, Eugène Reiter a confessé qu'il voulait »remercier la chasse et lui offrir quelque chose en retour«. A vous de juger à quel point il aura rempli ce défi …

Dr. Michl Ebner
Membre du Parlement européen 1994–2009,
Président de l'Intergroupe du PE »Chasse durable, Biodiversité et Activités rurales« *1999–2009*

Eugène Reiter

Bildnachweis

Mit 538 Farbfotografien von Autor Eugène Reiter, 1 Foto von CIC (S. 11), 1 Foto von European Space Agency (ESA) (S. 9 u.), 1 Foto von FACE (S. 7), und 2 Fotos von Horst Niesters (S. 206, 2. v. li.; 397)

Picture credits

With 538 coloured photographs by Eugène Reiter, 1 photo by CIC (p. 11), 1 photo by European Space Agency (ESA) (p. 9 bottom), 1 photo by FACE (S. 7) and 2 photos by Horst Niesters (p. 206, 2nd from left; 397)

Sources des images

Avec 538 photographies en couleurs de Eugène Reiter, 1 photo de CIC (p. 11), 1 photo de European Space Agency (ESA) (p. 9 bas), 1 photo de FACE (S. 7) et 2 photos de Horst Niesters (p. 206, 2. g.; 397)

Treffender als der Titel dieses überwältigenden Buches – „Passion" – kann man nicht beschreiben, was die Jäger in ganz Europa eint. Eugène Reiters brillante Fotografien sind Kostbarkeiten und vermitteln die einzigartige und beneidenswerte Rolle des Jägers als Beobachter und Hüter der Wildtiere. Beseelt von ihrer Leidenschaft, besitzen sich Jäger fundamentale Kenntnisse über unsere Natur, entwickeln sie ihr Verständnis für deren Belange fortlaufend weiter. Und so investieren sieben Millionen Jäger in Europa ihre Zeit und Kraft auch in den Erhalt der Artenvielfalt. Dieses Buch ist Ausdruck ihres herausragenden Engagements – eines Engagements, das sie aus tiefer Überzeugung auch hineintragen in die „Intergruppe Nachhaltige Jagd " des Europäischen Parlaments, deren Präsidentin zu sein ich die Ehre habe. Ein wahrer Künstler teilt in diesem Werk wunderbare Momente mit uns – wir wollen sie nach Herzenslust genießen!

Véronique Mathieu
MdEP, Präsidentin der EP-Intergruppe „Nachhaltige Jagd, Biodiversität & Ländliche Aktivitäten"

The title of this superb book - Passion - truly reflects the guiding sentiment of hunters throughout Europe. Eugene Reiter's excellent animal photographs are a real treasure, conveying the unique and privileged position of hunters as observers and custodians of wildlife. Thanks to their passion, hunters acquire and develop a profound knowledge and a valuable understanding of nature. Thus, the seven million European hunters invest their time and resources in biodiversity conservation. Through this book, I recognise the unique, long-term work of hunters which is equally and wholeheartedly emblazoned in the European Parliament's "Sustainable Hunting" Intergroup which I am privileged to preside. The artist shares a beautiful moment in this book – let us enjoy it fully.

Véronique Mathieu
Member of the European Parliament, President of the EP Intergroup "Sustainable hunting, Biodiversity & Countryside"

Le titre de ce magnifique livre –»Passion« – reflète bien les sentiments qui animent profondément les chasseurs à travers l'Europe. Les splendides photos animalières d'Eugène REITER sont un trésor qui révèle la position unique et privilégiée des chasseurs comme observateurs et conservateurs de la faune sauvage. Grâce à leur passion, ils acquièrent et développent une connaissance et une expertise de la nature d'une très grande valeur. Ainsi, les 7 millions de chasseurs européens utilisent de leur temps et de leurs moyens au service de la biodiversité. Je tiens à saluer, à travers cet ouvrage, un travail unique et de longue haleine, qui s'inscrit pleinement dans la perspective de l'Intergroupe « Chasse durable », que j'ai l'honneur de présider au Parlement européen. L'artiste nous offre ici un merveilleux moment de bonheur à partager avec lui, profitons-en pleinement.

Véronique Mathieu
Membre du Parlement européen, Président de l'Intergroupe du PE »Chasse durable, Biodiversité et Activités rurales«

Impressum

Umschlaggestaltung von Eugène Reiter, Patrick Pax und eStudio Calamar unter Verwendung von 2 Farbfotografien von Eugène Reiter

Mit 543 Farbfotografien

Unser gesamtes lieferbares Programm und viele weitere Informationen zu unseren Büchern, Spielen, Experimentierkästen, DVD, Autoren und Aktivitäten finden Sie unter **kosmos.de**

Gedruckt auf chlorfrei gebleichtem Papier

© 2009, 2012 Franckh-Kosmos Verlags-GmbH & Co. KG, Stuttgart
ISBN 978-3-440-13438-2

Produktion: Eugène Reiter, Patrick Pax, Markus Schärtlein und DOPPELPUNKT Karen Auch
Redaktion: Ekkehard Ophoven
Gedruckt in Deutschland

Autor und Verlag danken FACE und CIC, namentlich den Herren Kai-Uwe Wollscheid und Adrien de Roubaix herzlich für ihre hilfsbereite Mitarbeit an diesem Buch sowie insbesondere Dr. Yves Lecocq für sein großes persönliches Engagement. Dr. Lecocq und Herr Wollscheid verfassten die Einleitungstexte zu den sieben Kapiteln. Dr. Lecocq arbeitete überdies intensiv an der Buchkonzeption mit und übersetzte mit Herrn de Roubaix die Kapiteleinleitungen und die Bildtexte ins Englische und Französische.

- Dieser Bildband entstand in enger Zusammenarbeit mit FACE und dem CIC.
 FACE vertritt die Interessen von sieben Millionen europäischen Jägern in der EU und deren Institutionen. Der CIC ist in 84 Ländern vertreten.
 Beide Organisationen setzen sich für die Biodiversität unserer Erde und insbesondere die Belange der Wildtiere sowie den Erhalt ihrer Lebensräume ein – getragen von der Überzeugung, dass eine verantwortungsvolle, weil nachhaltige jagdliche Nutzung der Wildtiere in den Zivilisationslandschaften der Welt möglich und notwendig ist.

Imprint

Cover design by Eugène Reiter, Patrick Pax and eStudio Calamar including 2 coloured photographs by Eugène Reiter

With 543 coloured photographs

*A complete list of our stock and further information about our books, games, DVDs, experimental kits, authors and activities can be found at **kosmos.de***

Printed on chlorine-free bleached paper

© 2009, 2012 Franckh-Kosmos Verlags-GmbH & Co. KG, Stuttgart
ISBN 978-3-440-13438-2

Production: Eugène Reiter, Patrick Pax, Markus Schärtlein und DOPPELPUNKT Karen Auch
Editorial: Ekkehard Ophoven
Printed in Germany

The author and the editor would like to thank FACE and CIC for the helpful cooperation by Mr Kai-Uwe Wollscheid and Mr Adrien de Roubaix, and in particular Dr. Yves Lecocq for his considerable personal commitment to this book. Dr Lecocq and Mr Wollscheid wrote the introductory texts to each of the seven chapters. In addition, Dr Lecocq contributed significantly to the concept of this book and translated, together with Mr de Roubaix, the introductory articles and the captions into English and French.

- *This photographic book was developed and produced in close cooperation with FACE and CIC.*
 FACE speaks on behalf of seven million European hunters' interests in the EU and its institutions. CIC is represented in 84 countries worldwide.
 Both organisations take an active interest in the biodiversity of our planet and, in particular, its wildlife and the conservations of wildlife habitats. They have the conviction that sustainable hunting is not only possible but necessary in our man-made landscapes.

Mentions légales

Conception de la couverture de Eugène Reiter, Patrick Pax et eStudio Calamar d'après 2 photos de Eugène Reiter

Avec 543 photos en couleur

Vous trouverez notre programme complet ainsi que de nombreuses autres informations sur nos livres, nos jeux et nos boîtes expérimentales, nos DVD, nos auteurs et nos actions sur notre site **www.kosmos.de**

Imprimé sur papier blanchi sans chlor

© 2009, 2012 Franckh-Kosmos Verlags-GmbH & Co. KG, Stuttgart
ISBN 978-3-440-13438-2

Production: Eugène Reiter, Patrick Pax, Markus Schärtlein und DOPPELPUNKT Karen Auch
Rédaction: Ekkehard Ophoven
Imprimé en Allemagne

L'auteur et l'éditeur tiennent à remercier la FACE et le CIC pour la collaboration active offerte par Messieurs Kai-Uwe Wollscheid et Adrien de Roubaix, et en particulier pour l'engagement personnel considérable du Docteur Yves Lecocq à ce livre. Messieurs Lecocq et Wollscheid ont écrit les textes introductifs pour chacun des sept chapitres. Le Docteur Lecocq a de plus contribué de façon significative à la réalisation du concept de ce livre et il a traduit en anglais et en français, avec Monsieur de Roubaix, les articles introductifs ainsi que les légendes.

- Ce recueil de photographies a été conçu et produit en collaboration étroite avec la FACE et le CIC.
 La FACE défend les intérêts de sept millions de chasseurs auprès de l'Union européenne et de ses diverses institutions. Le CIC est répresenté dans 84 pays à travers le monde.
 Les deux organisations sont impliquées dans la protection de la biodiversité, en particulier de la faune sauvage, et de la conservation de ses habitats. Elles sont convaincues que l'utilisation durable des ressources naturelles par le biais de la chasse est non seulement possible mais nécessaire dans nos environments façonnés par l'homme.

FSC MIX Papier aus verantwortungsvollen Quellen
www.fsc.org FSC® C004592